RESILIENT LIFE

국가가 조장하는 위험들

RESILIENT ——
LIFE

위기에 내몰린
개인의 생존법은
무엇인가?

브래드 에반스·줄리언 리드 지음 | 김승진 옮김

RHK
알에이치코리아

깊은 신뢰로 우리와 계속 협력하고 있는
과거와 현재의 사람들에게.

차례

1장

불확실한 인류의 미래

RESILIENT LIFE
THE ART OF LIVING DANGEROUSLY

인간적인, 너무나 인간적인

프리드리히 니체Friedrich Nietzsche는 끝없는 위험 속에 존재한다는 것이야말로 살아있음의 가장 확실한 징표라고 말했다.1 이 주장의 정치적 함의와 영향을 우리는 이제야 막 깨닫기 시작하고 있다. 지난 두 세기 동안 근현대 정치의 근간은 "지상명령으로서의 안전"과 (여기서 파생되는) "경계가 확실한 공동체"라는 개념이었다. 그런데 최근 자유주의 통치 체제들이 이 두 개념을 벗어나면서 영속적인 안전에 대한 꿈은 세상이 애초부터 불안전하도록 짜여 있다고 믿게 만드는 "재앙의 상상"에 의해 밀려났다.2 물론 안전 개념이 정치적으로 구성된 허구라는 비판은 오래전부터 있었다. 많은 학자들이 안전이 중립적인 개념이라는 착각을 걷어내면서, 사실 그것이 자유주의 체제가 통치에 활용해온 "주체 형성subjectification" 기법의 핵심이었음을 드러낸 바 있다. 하지만 우리가 완전히 새로운 정치적 시대, 새로운 종류의 자유주의가 규정하는 시대로 들어서면서 과거에 적용했던 비판적 렌즈로는 이 시대를 파악하기가 어려워졌다.

안전의 달성이 가능하리라는 믿음이 근대 국민국가와 그것들로 이루어진 국제체제를 형성한 근간이었다면, 이제는 위험이 실질적으로 상존한다는 믿음이 새로운 체제의 근간을 이루게 되었으며 이에 따라 통치와 주체 형성의 기법도 새로이 생겨나고 있다. 이 새로운 믿음은 기존 체제의 토대였던 안전 개념을 비판하고는 있지만 새 개념이 기저에 깔고 있는 가정, 논리, 함의도 기존의 안전 개념만큼이나 문제가 많다. 자유주의 체제가 새로운 위험 요인들의 존재만이 아니라 회복력resilience이라는 새로운 이상을 적극적으로 받아들이면서, 안전이라는 개념 자체가 벗겨져나가고 있다. 오늘날 자유주의 체제에 복무하는 기관들은 회복력이 전 세계에 걸쳐 개인과 사회가 반드시 가져야 할 근본적인 특질이라고 소리 높여 주장한다. 회복력을 가져야만 위험과 함께 살아갈 수 있는 역량을 입증할 수 있다는 것이다.

이 책은 자유주의 안에서 현재 벌어지고 있는 회복력 담론으로의 전환이 어떤 의미를 갖는지, "위험하게 살라"는 니체의 언명을 일견 온전히 받아들인 듯이 보이는 이 전환의 정치적 함의가 무엇인지 살펴본 첫 연구서다. 특히, 회복력 담론으로의 전환이 정치적 주체의 속성political subjectivity에 미친 영향을 살펴봄으로써 이 논의를 정치 의제화하는 것이 우리의 목표다. 회복력을 가지라는 요구는 어떤 종류의 주체를 산출하는가? 회복력 있는 주체가 수행하리라고 기대되는 과제들은 무엇인가? 회복력 개념은 어떤 형태의 삶을 승인하거나 기각하는가? 이러한 질문에 답하려면, 회복력 개념이 공공연히 목표로 삼는 바가 무엇인지부터 똑바로 봐야 한다. 오늘날 회복력 개념은 주체가 자신의 존재와 여건이 "불안전하도록 짜여 있다"는 전제에 따라 생각하고 행동하게 만들려 한다. 따라서 회복력 개념에 대해 우리가 제기하는 비판은, 오늘날의 자유주의가 위험의 발생을 막거나 해결하는 것을 더 이상 목표로 삼고 있지 않으며, 더 잘 살아가려면 모든 종류의 위험에 스스로를 노출시켜야 한다는 믿음을 불어넣어서 사람들이 안전에 대한 기대, 그리고 안전이라는 개념 자체를 버리게 만드는 것을 목표로 삼고 있다는 전제에서 출발한다.

생물종으로서 인간의 미래가 매우 불확실한 것은 사실이다. 그리고

국가가 조장하는 위험들

인간이 인간 존재를 위협하는 가장 큰 요인임을 우리는 잘 알고 있다. 지구가 번성하려면 인간이 사라져야 한다는 것은 우리가 직면하지 않을 수 없는 현실이다. 조금 달리 해석하면, 인간은 그 어느 때보다 중요하고 강력한 존재로 보인다. 어느 종도 하지 못했던 방식으로 자신이 살아가는 환경을 (좋든 나쁘든) 근본적으로 재구성하고 있으니 말이다. 과학자들은 이것이 단지 새로운 정치적 감수성이나 지적 각성에서 나오는 이야기만은 아니라고 말한다. 실제로 우리가 인류세라는 새로운 지질학적 시대로 들어서고 있다는 것이다. 인류세는 인간 행동의 "규모"로 규정되는 시대다. 인류세라는 말을 널리 알린 노벨화학상을 받은 파울 크뤼천Paul Crutzen(인류세는 생태학자 유진 스토머Eugene Stoermer가 만든 말이지만 대중적으로 알린 사람은 크뤼천이다)에 따르면, 인간종이 자신의 환경에 가장 크게 영향을 미치는 요인임은 이제 부인할 수 없다. 크리스티안 슈배게를Christian Schwägerl과 함께 쓴 글에서 그는 이렇게 언급했다.

> 수천 년 동안 인간은 "자연"이라고 불리는 거대한 힘에 맞서는 반란자로서 행동했다. 하지만 20세기에 신기술, 화석연료, 그리고 급속한 인구 증가로 인류의 힘에 "거대한 가속"이 발생했다. 엉성하게나마 이제 인간은 기후부터 DNA까지 자연의 영역을 통제하게 되었다.[3]

단순히 "인간이 지구상의 변화를 일으키는 주요인"이 된 것을 넘어서, "인간이 지구의 지배자라는 오랜 종교적·철학적 관념"이 사실로 확인된 것이다. 이렇듯 인간 영역, 자연 영역, 도덕 영역이 수렴해서,

아니 강력하게 맞부딪쳐서, 이 세상에서 인간이 차지하고 있는 위치가 어디인지에 대해 새로운 인식을 불러오면서, 새로운 윤리적 감수성과 새로운 거버넌스 양식 또한 절실히 필요해졌다.

인류세는 지질학적 안정을 특징으로 하는 "충적세"라는 안락한 영역에서 우리가 중대하게 이탈했음을 의미한다. 인류세 논의에 따르면, "안정성 영역"[4]을 제공했던 충적세를 벗어나 "전 지구적 위험"이라는 현실이 안정성을 모조리 뒤흔드는 시대로 들어가면서, 안전으로 "되돌아가는 것"은 이제 불가능하게 되었다고 한다. 전에는 안전한 시대가 있었다는 듯이 말이다.[5] 우리가 사는 세계가 우리로서는 도저히 통제할 수 없을 복잡하고 역동적인 시스템이라는 인식이 높아지면서 이제는 불안정과 불안전이 정상으로 여겨지게 되었고 그에 따라 "생명 세계life world 시스템"에 대한 우리의 사고와 감각 전체가 완전히 달라지고 있다. 슬라보예 지젝Slavoj Žižek은 다음과 같이 언급했다.

> 역사상 처음으로 인류는 인류 자신을 만들어내고 있고 그것을 알고 있어서 스스로에 대해 책임이 있게 되었다. 생존가능성은 인류의 집단 이성이 얼마나 성숙할 것인가에 달려 있다. 하지만 인류세를 이야기하는 과학자들은 이와 상당히 반대되는 것을 이야기한다. 그들은 인류가 특정한 종류의 생물종을 이루면서 다른 종을 지배하는 과정에서 지질학적 변화를 일으킬 수 있는 힘을 획득했다고 본다. 다른 말로, 적어도 오늘날에는 인간이 자연적인 조건이 되었다는 것이다.[6]

인간이 스스로를 우주의 중심이라고 생각한 역사는 길지만, 전에는 인간이 "주된 설계자"의 역할을 하고 있다고까지는 생각하지 않았다. 인간이 주된 설계자가 되었다는 개념은 감당할 수 없을 만큼 막대한 부담을 불러왔다. "인류 스스로"가 "전 지구적 위험"을 일으켰다는 데서 "전 지구적 공동체"에 대한 의무가 발생하기 때문이다. 즉, 인류가 인류 전체를 파멸로 몰고 갈 수 있다는 치명적인 사실은 인류가 집단적으로 스스로를 재구성해야만 한다는 막대한 의무를 발생시킨다. 불안전이 인류의 존재 자체를 규정하게 된 것이다. 이는 인간종의 생존가능성이 인간이 택하는 정치 전략의 성공 여부에 달려 있다고 보는 "취약성의 책임감"을 추동한다. '기후변화에 관한 정부 간 패널Intergovernmental Panel on Climate Change'의 2012년 보고서 〈기후변화 적응 증진을 위한 극한 현상 및 재해 위험 관리Managing the Risks to Extreme Events and Disasters to Advance Climate Change Adaptation〉는 다음과 같이 설명했다.

> 극단적인 기후와 그에 대한 노출 및 취약성은 매우 광범위한 요인에서 영향을 받는다. 인간이 유발한 기후변화, 자연적인 기후 변동, 사회경제적인 발전 등이 그런 요인이다. "재난 위험 관리"와 "기후변화 적응"은, 위험 자체를 완전히 제거할 수는 없더라도 그에 대한 노출과 취약성을 줄이고 극단적인 기후 현상이 일으킬 악영향에서 회복력을 높이는 데 중점을 둔다.[7]

이러한 맥락에서 회복력이 의미하는 바는 개개인의 위태로움을 다루는 것을 넘어선다. 지역적인 불안정도 모두 전 지구적 위험 요인이 되기 때문에, 회복력은 전 지구적인 의무가 된다.

취약성은 "해로운 영향을 입을 수 있는 경향이나 소인"이라고 정의되며[8], 이는 "물리적인 사건의 악영향에 대한 예상, 대응, 저항, 회복 역량에 영향을 미치는 개인, 집단, 환경의 특성"을 의미한다. 여기서 "경향propensity"이라는 개념은 생존가능성이 극단적으로 끝나버리는 "미래의 상황을 향한다"는 의미에서 (다소 분열적이긴 하지만) 미래적 지향을 강조하기 때문에 중요하고, "소인predisposition"이라는 개념은 주체의 취약성에 대한 정보들(판단 지침이 될 정치적 전제들)이 "이미 존재함"을 시사하기 때문에 중요하다. 따라서 우리가 "주체-중심적"으로 사건을 이야기할 때는 불확실한 것과 확실한 것이 결합된다. 즉 ①그 사건과 그것이 포함하는 재앙 요인의 구성은 미리 알 수 없는 반면, ②사건이 발생했을 때 그것을 다룰 주체의 역량에 대한 가정들은 인간의 행위에 대해 실증적으로 확인된 진리임을 자처하는 주장들을 산출한다. 재난 관리는 생태중심적 사고양식만이 아니라 인류중심적 사고양식도 수반한다. 인류세적 논리에 완전히 복무하면서, 스스로 일으킨 재난으로 전 지구적 위험에 처하게 된 취약한 주체를 재앙의 정치적 드라마에 위치시키는 것이다. 지젝을 다시 인용하자면,

인간을 하나의 생물종으로 보면, 인류의 보편성이라는 개념은 한 동물종의 특수성이라는 개념으로 다시 떨어진다. 지구온난화 같은 현상은 우리의 이론적, 실천적 행위가 어떤 보편성을 갖든지 간에 기본적인 수준에서는 우리가 지구상에서 살아가는 여러 생물종 중 하나에 불과함을 깨닫게 만든다. 우리의 생존은 우리가 당연시 여기곤 하는 자연의 공통변수들에 의존한다. 지구온난화가 말해주는 교훈은 인류의 자유가 지구 생명 전체

국가가 조장하는 위험들

의 공통변수들이 안정적이라는 전제에서만 가능했다는 사실이다. (중략) 지구온난화로 절실히 깨닫게 된 인간 자유의 한계는 인간의 자유와 권력이 기하급수적으로 성장한 데서 나온 역설적인 결과다. 인간이 환경을 변형시킬 수 있는 능력이 커지면서 생명의 토대 자체를 뒤흔드는 지경이 된 것이다. 따라서 "자연"은 이제 문자 그대로 사회-역사적 범주가 되었다.[9]

노출을 줄이고, 위험을 이전하거나 분산시키며, 위험에 대비하거나 조직과 구조를 바꾸는 등 취약성을 줄일 수 있는 방법은 많지만, 오늘날 두드러지게 대두되고 있는 새로운 책임성의 윤리는 "회복력"을 키워드로 삼는다. 회복력은 "잠재적으로 유해할 수 있는 사건의 발생에 대해, 시스템과 그것의 구성 부분들이 악영향을 시의성 있고 효과적인 방식으로 예측, 흡수, 조정하고 그로부터 적절히 회복될 수 있는 능력"을 말하며, 이는 "필수불가결한 구조와 기능들을 보존, 복원, 향상시키는 등의 방식으로" 달성된다고 한다.[10] 여기서, "회복"과 "저항"이 개념적으로 혼합되어 있다는 점에 주목할 필요가 있다. 다음 설명을 보자.

> 강조점이 "위험 저감"으로 이동한 것은, 물리적 사건이 미칠 수 있는 악영향에 대해 다양한 사회적·지리적 규모에서, 또한 다양한 시간적 차원에서(가령 어느 경우에는 사후 처리 중심의, 어느 경우에는 사전 예방 중심의 위험 관리 전략을 쓰는 식으로) 공동체의 저항력과 회복력을 발달, 증강시키는 것의 중요성이 커지고 있음을 시사한다. 저항력이란, 중대한 정도까지 악영향을 입지는 않을 수 있는 능력을 일컫는다.[11]

그렇다면 저항은 긍정적이거나 적극적인 사고 형태를 요구하는 정치적 주장이 아니라 순전히 반작용적인 생존 본능을 의미하며, 여기서 "정치적인 것"의 속성이 무엇인지는 이미 결론이 난 상태로 여겨진다. 재앙을 겪고서도 오뚜기처럼 탄성 있게 회복되라는 과제를 주체에게 부여하면서, 현재의 체제는 모든 자원과 요소가 인간 형태를 가장 벌거벗은 의미로 축소시키는 방향으로 작동한다. 여기서 인간 생명은 조르조 아감벤Giorgio Agamben이 말한 "벌거벗은 생명," 즉 "주권 권력의 보호 영역에 포함되는 것을 법적으로 거부당한 주체"12보다도 더 벌거벗은 삶을 살아간다. 모든 것에 유기적으로 연결된 상태 속에서, 자신을 취약하게 만드는 것에 기꺼이 "노출"되어야 한다는 의미에서의 벌거벗은 삶이기 때문이다.

회복력과 저항력의 개념이 혼합되면서, 자유주의적 주체가 세계에 대해 어떤 자신감을 가졌었든지 간에 이제 그런 자신감은 모두 사라졌다. 더 이상 긍정적인 자기확신을 갖지 못하고, 헤게모니적(때로는 "보편적"이라고 여겨지던) 비전에 힘입어 드러냈던 뻔뻔한 대담함도 갖지 못하게 된 자유주의적 주체는 이제 모든 곳에서 꼼짝 못하고 사로잡혀 있는 듯이 보인다.

궁극적으로 저항은 종속 관계를 인정하는 데서 생겨난다. 자유주의에 대한 저항은 자유주의가 저지른 폭력이 명백히 드러난 데서, 특히 다른 지역들에 자유주의를 강요하려 시도했을 때 발생한 치명적인 악영향이 드러난 데서 촉발된 면이 크다. 하지만 무엇이 무엇을 정복하는가의 문제는 자유주의가 더 큰 헤게모니를 가진 무언가에 의해 밀려났다는 식의 양자적 상호작용으로 간단히 설명될 수 없다. 한 시스

국가가 조장하는 위험들

템이 다른 시스템으로 간단하게 대체되는 일은 어디에서도 벌어지지 않았다.

자유주의 사회들은 다른 것으로 대체되기는커녕 자신의 나르시스트적 충동에 사로잡혀버렸다. 자신의 통치가 가진 한계를 깨닫지 못하고 자신의 토대가 된 진리 주장들을 기꺼이 내버린 나머지, 통치의 정당성을 떠받치던 규범적 기초가 자기의심으로 가득 차게 되는 지경에 이른 것이다. 물론 권력의 보편성에 대한 주장은 늘 기만이었다고 말할 수도 있을 것이다. 언제나 경제 논리들이 정치 질서를 누르고 승리했으니 말이다. 하지만 이제는 우리가 그리는 상 자체가 근본적으로 달라졌다. 이제 우리는 인류가 고통을 극복해내는 미래상을 공공연히 선언하지 않는다. 우리가 맞닥뜨리는 미래상은 재앙이 지나간 후 사체와 잔해가 여기저기 버려져 있는 진정한 폐허의 풍경이다.

인류세 이론은 전 지구적인 문제들을 논한다. 급진적으로 상호연결된 생명세계 시스템과 이러한 상호연결이 산출하는 전 지구적 위험 요인들을 파악하고자 하는 것이다. 이러한 위험 요인들은 지리적 경계도, 위험을 관리하기 위한 규율적 장치도, 모두 무시한다. 이전과 크게 달라진 점은 인류가 인류 자신에게뿐만 아니라 생명영역biosphere 전체에까지 위험을 일으키는 요인이 되었다는 점이다. 전 지구적 문제가 정치적 사안으로 점점 더 두드러지게 대두되면서 물론 국가안보 개념에 큰 변화가 생겼다. 하지만 이뿐만이 아니다. 자연세계와 사회세계 사이의 경계를 허무는 방식으로 물질과학, 자연과학, 사회과학 사이의 협업이 추동되는 결과도 낳았다.

이제 인간 생명은 다른 생명 형태와 명확히 구별된다고 여겨지지 않으며, (넓은 의미에서) 우주의 복잡한 구조보다 크다거나 작다거나 하는 식으로 이야기되지도 않는다. 이제 인간의 문제는 생명영역의 문제이고 생명영역의 문제는 인간의 문제다. 이렇게 전 영역을 아우르는 방향으로 사고의 전환이 이루어졌음을 명백히 보여주는 사례로 저개발 담론, 안전 담론, 환경 담론의 결합을 꼽을 수 있다.[13] 이를테면, 빈곤은 분쟁의 원인이 될 수 있기 때문에 지역적인 위협으로만 그치지 않는다. 또 특정 지역의 환경 재앙은 긴장과 갈등을 고조시켜 경제를 휘청거리게 만들 수 있으며, 다시 이는 예기치 못했던 전 지구적 경제 위기로 이어질 수 있다. 이렇게 보면, 연결된 존재로서 우리는 모두가 서로에게 위험 요인이고 재앙 지형의 일부다. [국가의 경계가 확실하고 실질적으로 존재하는 상황을 상정한] 카를 슈미트Carl Schmitt 같은 사람들은, 해법을 제시하는 것은 고사하고, 이런 상황이 오리라는 것을 상상도 하지 못했을 것이다.

여기에는 생명의 질적 측면에 대한 세세한 가정들을 가리는 매우 정교한 생명관리정치가 작동하고 있다. 양적인 면으로 보면 생명이 이렇게나 "인간적"인 적이 없었다. 예수가 등장했을 때 세계 인구는 2억 명이었다. 이제는 적게 잡아도 61억 명이며 2075년이면 "최고 임계치"인 92억 명에 달할 것으로 추산된다.[14] 인간의 수가 지금보다도 50퍼센트나 증가한다는 의미다. 이런 종이 선택하는 삶의 방식은 당연히 전 지구적인 발자국을 남긴다.

2008년에서 2010년 사이 어느 시점에 매우 역사적인 전환점이 있었다. 세계 인구 중 도시 인구가 농촌 인구보다 많아진 것이다. 전 세계 인구 중 다수가 (농촌에 비해) 매우 빠르게 변화하는 환경에서 살게

국가가 조장하는 위험들

되었다는 의미다. 2050년이면 전 세계 인구 중 도시 거주 인구가 70퍼센트까지 달할 것으로 보인다. 이는 인간의 이동과 이주가 매우 곤란한 문제를 야기할 수 있는 방식으로 도약했음을 보여준다. 1800년에는 도시 인구가 전체의 3퍼센트에 불과했지만 이제는 30억 명이 도시에 산다. 소비 위주의 시장 논리가 지역 단위의 자급자족 논리를 누르게 되면서, 이러한 변화는 인류의 주된 생산 양식에 막대한 영향을 미쳤다.

하지만 더 근본적인 영향은, 한때는 비교적 깔끔하게 구분되는 경계를 가졌던 주권 국가들의 통치가 "전 지구적으로 퍼져 있고 복잡하게 네트워크화된 권력 형태"로 넘어가면서 통치의 주요 토대가 달라졌다는 데 있다. 이는 매우 많은 측면에서 중대한 시사점을 갖는다. 특히 주목할 만한 것은, 시스템을 위협하는 위험 요인들이 시스템 자체를 모방하면서, 우리가 위험을 (극단적인 형태이긴 하지만) 시스템 자체의 내재적인 논리가 드러난 것이라고 여기게 되었다는 점이다.

이는 우리가 우리 존재의 유한성을 전에 없이 강렬하게 직면하도록 만든다. 여기서 매우 중요한 개념이 "생존가능한 임계기준"과 "지구위험한계선"이다. 인간 사회가 경로를 변화시켜 결정적인 티핑포인트를 비켜가지 못한다면 급속하고 불가역적인 변화를 피할 수 없으리라는 것이 과학계에서 대체로 인정되는 사실이다.[15] 하지만 여기서 "경로를 변화시킨다"는 것은 무엇을 의미하는가? 이것은 자유주의적 권력 체제를 버리는 것을 의미하지 않는다. 인간의 상호작용과 사회적 관계를 추동하는 핵심 기제로서 시장이 갖는 지배적 위치에 문제 제기하는 것도 의미하지 않는다. 여기서 경로를 변화시킨다는 것은

"특정한" 인구 집단이 특정한 행동을 조정하게끔 만들어서, 전 지구적으로 급속한 교란이 일어나더라도 자유주의의 근본 교리가 도전받지 않고 살아남게 하는 것을 뜻한다.

국제사회에서 신흥 권력으로 부상한 국가들이 기존의 선진국이 성장 과정에서 저질렀던 실패를 반복하지 않도록 하기 위해 많은 일이 이루어졌다. 하지만 전 지구적 재앙이라는 전망 속에서 새로이 떠오른 "지구를 보살피는 거버넌스"가 역설적이게도 환경 파괴에 가장 책임이 적은, 자원이 풍부한 지역의 토착민에게만 가혹하게 적용되는 경향이 있다는 사실은 간과되고 있다. 그와 동시에, 지구를 보살펴야 한다는 개념이 신자유주의 거버넌스의 필요성을 주장하는 쪽으로 귀결되면서16, 특히 시장이 개인의 행동을 [지구를 보살피는 쪽으로] 가장 확실하게 재구성할 수 있는 방법이라고 여겨지면서, 진보주의자들이 "문제"라고 여겨온 것[시장]이 되레 "믿을 만한 유일한 해법"으로 재포장되고 있다.

위험한계선과 임계기준은 오늘날 자유주의 통치가 촉진하는 재앙 이미지에 결정적으로 중요하다. 적어도, 위험한계선을 넘게 만들 사건이 발생할 방대한 가능성이 존재한다는 점만큼은 분명해 보인다. 학계에서는 많은 정치학자들이 (모든 자유주의 정부가 이제는 자신이 직면하는 문제가 전 지구적인 틀에서가 아니면 파악될 수 없다고 말하고 있는데도) 여전히 주권 개념을 넘어선 문제에 대해 의미 있는 질문이나 분석을 제시하지 못해 현실적합성을 잃어가고 있지만, 정책 싱크탱크의 학자들은 자유주의 권력의 작동을 그보다는 더 정직하게 평가하면서, 회복력 담론이 그리는 상을 형성하는 데 필수적인 미학적 주장들도

함께 산출하고 있다.17 '스톡홀름 회복력 센터Stockholm Centre for Resilience'
는 위험한계선을 "전 지구적 규모로 벌어지는 환경의 변화 과정과 관
련해 인류가 넘어가서는 안 될 구체적인 지점들"이라고 정의했다.18
이들도 인정하듯이, 이러한 한계 지점들은 "과학적 정보를 바탕으로
하고는 있지만 대체로는 위험에 대한 인간의 인식에 기반한 규범적
판단"이다. 하지만 더 중요한 것은, 인간의 생존 가능성을 절대적으로
좌우할 공통변수들이 여전히 존재한다는 사실이다. 다양한 기관에 소
속된 28명의 연구자가 공동 작성한 또 다른 논문도 "지구시스템"의 관
점에서 보면 "지구위험한계선"이라는 개념이 매우 급진적인 의미를
가질 수밖에 없음을 잘 드러내고 있다.19

> 지구위험한계선 접근법은 세 개의 과학 분야에 기초하고 있다. 첫째는 인
> 간 행동의 규모를 지구가 지탱할 수 있는 역량과의 관련 아래 연구하는
> 것으로, 이는 생태경제학의 중요한 의제다. "생명부양 환경"이 인간의 후
> 생을 위해 수행하는 필수적인 역할 및 [지구시스템의] 하위 시스템인 경제
> 체제가 어디까지 확장될 수 있는지를 규정하는 생물물리학적 제약에 대
> 한 연구들이 그 토대다. 둘째는 지구시스템의 본질적인 작동 과정들(인간
> 의 행동도 포함된다)을 최근 지구시스템 과학에서 이루어진 전 지구적 변
> 화에 대한 연구들, 그리고 지속가능성 과학에서 이루어진 연구들의 맥락
> 에서 살펴보는 것이다. 셋째는 회복력에 대한 연구로, 살아 있는 시스템들
> 의 복잡한 동학과 자기조절에 회복력이 어떻게 관련이 있는지를 다양한
> 끌개영역과 임계 효과를 중심으로 살펴보는 것이다.

위험한계선 접근법은 지속가능성 개념을 유한성의 문제에 직접적으로 연결시킨다. 스톡홀름 회복력 센터가 "재앙의 임계치들을 비켜가야 한다"고 언급했을 때 의미한 바가 바로 이것이다.[20] 유한성의 문제는 이제 우리의 사고에 너무나 깊이 들어와 있어서 "인간이 없으면" 세상이 어떻게 될지 생각해보는 사람들까지 생겼다. [《인간 없는 세상The World Without Us》의 저자] 앨런 와이즈먼Alan Weisman은 다음과 같이 언급했다.

> 한 세대 전에 인류는 핵무기로 인한 절멸을 절묘하게 피해냈다. 운이 좋으면 앞으로도 핵 위협 및 그 밖의 대규모 테러들은 어떻게든 피할 수 있을 것이다. 하지만 이제는, 우리도 그 일부인 지구 자체를 우리가 펄펄 끓여서 아니면 독을 끼얹어서 망가뜨려버린 게 아닌가 하는 생각에 자주 봉착하게 된다.[21]

와이즈먼은 인간의 소멸이 다른 생물들에게는 에덴동산으로의 귀환이리라는 생각이 매우 설득력 있으므로 인간 없이 지구가 번성할 수 있을지 아닐지를 진지하게 연구 대상으로 삼을 필요가 있다고 주장한다. 와이즈먼이 그린 (인간에게) 최악의 시나리오에 대해 각자의 생각이 어떻든 간에, 이 시나리오가 허구로서 제시된 게 아니라는 데 주목할 필요가 있다. 와이즈먼의 미래학은 인류세적 우려를 담고 있다. 우리는 스스로의 존재를 말살하는 요인이 될 것인가? 극단적인 방식이긴 하지만, 결국 와이즈먼이 보이고자 하는 것은 지구상의 모든 것이 유한한 수명을 가지며 너무나 명백하게 인간종도 여기서 예외가 아니라는 널리 알려진 깨달음이다.

그렇다면 우리는 죽음보다 더 나쁜 운명, 즉 집단적인 자살로 우리를 몰고 갈 비극의 감독이자 주연 배우다. 이는 "세상이 무대"라는 윌리엄 셰익스피어william Shakespeare의 묘사를 논리적으로 뒤집는다. 더이상 우리는 우리에게 부분적인 배역만 맡기지 않으며, 주체(배우)의 문제를 공연이 이루어지는 환경(무대)에서 분리할 수도 없다. 우리 자신의 "소멸" 가능성이 주된 걱정거리인 한편으로, 우리가 살아가는 기이하고 사건으로 가득한 역사에는 "끝"이 존재하지 않는다. 역사의 전개는 우리가 정치적으로 종결을 맺을 수 있는 방식의 출구를 제공하지 않으며, 우리는 그러한 역사의 전개에 그저 참여해야 할 운명이다. 인류세에 들어선 우리는, "기후변화 부인론자"(이 말도 이 자체에 암시된 재앙적 사고 이외에 다른 것에는 여지를 주지 않는 도덕적 절대주의의 용어다)가 될 게 아닌 다음에야, 모든 자연 재난이 이런저런 방식으로 인간의 활동과 관련된다는 주장의 진실성을 반박할 수 없다. 각각의 자연재해가 모두 인류세의 틀에서 이해되어야 하는 것이다. 증명되었든 아니든, 모든 재앙은 이 세계에 인간이 존재한다는 사실, 그리고 인간종이 선택해온 삶의 방식이 점점 더 고갈되어 가는 생명부양 체계를 매순간 계속해서 더 훼손해왔다는 사실과 관련이 있다. 논박할 수 없는 과학적 사실의 덮개를 쓰고 있지만 명백히 이것은 예언이다. "재앙이 펼쳐질 땅"이라는 미래는 우리 모두가 믿어야만 하는 비전이다. 이미 확실하게 시작된 것으로 보이는 운명의 조류에 맞닥뜨려서, 우리는 스스로의 존재를 진정으로 한탄하게 된다. 그리고 어떤 노력도 미미해보이기 때문에 명백한 관성이 자리 잡는다. 자동차 대신 자전거를 타든, 채식을 하든, 화산이 폭발해 짧은 시간 동안 항공 운항이 교란되는 것을 보고 숙명주의적으로 기뻐하든 간에, 우리는 우리가 지구에 저지른 폭력과 지구가 우리에게 보복으로 가하는 폭력에 대해 죄책감을 느낀다. 오늘날 우리의 정치적 상상이 작동하는 수준은 기껏 이 정도다.

인류가 처한 현재의 역사에 대해 시사점을 주는 장르가 또 하나 있다. 바로 그리스 비극이다. 소포클레스Sophocles의 〈오이디푸스 왕Oedipus Rex〉22은 오랫동안 정치 이론에 큰 영향력을 미쳐온 고전이다. 특히 오이디푸스가 체현하고 있는 구조화되고 가부장적이며 남성적인 형태의 지배는 근대 국민국가에서 드러나는 억압의 형태들을 고찰하는 데 매우 유용했다. 하지만 오늘날에 대해 말하자면, 오이디푸스적 리바이어던은 자신이 가짜 예언자라고 말할 것이다. 이제 주권자는 자신이 형성될 수 있었던 토대인 "안전의 약속"을 더 이상 제공할 수 없기 때문이다. 이렇게 주연 배우가 사라지면서, 정치체의 핵심 요소로 여겨지던 것[안전의 약속]이 안티고네Antigone가 표상하는 공포에 의해 밀려나게 되었다. 여기서 안티고네는 우리 시대의 취약성을 구현하고 있는 인물이라고 볼 수 있다. 이것이 현재 우리가 감수해야 할 폭력의 자해적 속성이다. 오늘날 우리의 자유가 의존하고 있는 새로운 치명성의 운명적 결과인 것이다. 또한 이것은 "회복력 있는 주체"가 생길 수 있는 조건이기도 하다. 유한성의 문제를 어떻게든 이해해보려는 노력에서, 개인의 취약성을 존재론적 사실로 받아들이고 집단을 불가피한 위험의 한 형태로 받아들이게 될 것이기 때문이다. 따라서 주체는 회복력 원칙이 요구하는 바를 받아들이거나 아니면 이를 부인하고

국가가 조장하는 위험들

덜 노출된 상태로 남아 있다가 더 끔찍한 운명에 처하게 되거나 둘 중 하나를 선택해야 하는 상황이 된다. "치명적인 조건들만 존재하는 선택지"가 인류 앞에 놓인 것이다.

유한성의 문제는 개인적으로도, 또 학문적으로도 우리가 감당하기에 너무나 벅찬 질문이다. "절대적 미지"에 제 발로 걸어 들어가는 상황을 어떻게 흔쾌히 받아들이고 그에 맞게 살아나갈 수 있을 것인가? 사실 이것이 급작스럽거나 우발적인 질문은 아니다. 철학의 본래 질문이었던 "죽는다는 것은 무엇을 의미하는가"의 문제라고 볼 수 있기 때문이다. 죽음과 함께 살아가는 법을 배우는 것은 어떻게 가능한가? 이에 대해 코넬 웨스트Cornel West가 설득력 있는 설명을 제시했다.[23]

플라톤Plato은 철학이 죽음에 대한 명상이자 준비라고 말했습니다. 플라톤이 말한 죽음은 죽는다는 사건 자체가 아니라 삶 속에서의 죽음입니다. 죽음 없이는 환생도, 변화도, 변모도 없기 때문입니다. 따라서 질문은 이렇게 바뀌게 됩니다. 죽는 법을 어떻게 배울 것인가?

철학을 한다는 것은 살아 있는 동안 죽음을 배워가는 실천이다. 이어서 웨스트는 이렇게 언급했다.

죽는 법을 어떻게 배울 것인가를 논하지 않고는 진리를 논할 수 없는 법입니다. 죽는 법을 배우고 자신을 성찰하며 옛 자아를 더 나은 자아로 변모시킴으로써 우리가 더 강렬하고 더 비판적이며 더 풍성하게 살 수 있기 때문입니다.

즉 "죽는 법을 배워나감으로써만," 죽음을 긍정적인 조건으로 여길 수 있는 "메시아적 순간"(발터 벤야민Walter Benjamin의 표현이다)을 기꺼이 고대함으로써만, 우리는 현재의 조건을 변화시키고 "우리의 세계를 거꾸로 뒤집어" 새로운 자아를 창조할 수 있다.

그런데 회복력 개념은 죽는 법을 배워나간다는 긍정적인 임무를 우리에게서 앗아간다. 회복력 개념은 비非죽음을 살 수 있을지도 모를 가능성을 위해 생명을 치명적인 것들에 노출시킨다. 이제 우리의 상처가 우리보다 먼저 존재한다.

여기서 한 가지 짚어야 할 점이 있다. 인간의 유한성을 명백히 보여주는 듯한 대규모 재난과 폭력에 우리 사회가 난타당하고 있는 것은 사실 아니냐는 반론이 제기될 수 있을 것이다. 물론 어느 정도는 사실이다. 하지만 그러한 유한성의 순간은 극단적인 경우에만 언론에 보도된다. 우리는 인류가 임계치에 다다랐음을 다시금 확인시켜주는 죽음을 애도하는 법만 배운다. 9·11 테러, 쓰나미, 대규모 재난, 치료 불가능한 바이러스 등에 비해, 우리가 일상에서 겪는 괴로움은 뉴스가 될 가치가 없다고 여겨지거나 그냥 무시된다.

지그문트 바우만Zygmunt Bauman이 설명했듯이, 자유주의 사회들이 폭력의 장관에 (특히 엔터테인먼트로서) 홀려 있는 동안 철학적 성찰의 경험으로서의 죽음은 공공의 관심이 닿지 않는 사적인 문제가 되었다.24 이를테면, 망자의 묘비에 그가 "자연사했다"고 쓰는 일은 없지만 (모든 이의 죽음에는 반드시 사연이 있다), 죽음을 이후의 재탄생을 위한 존재론적 조건으로 생각하는 것은 미신이거나 병리적인 태도, 아니면 자기희생의 폭력을 통해 자유주의 논리에 맞서려는 위험한 시도로 여겨진다. 이런 점을 생각해볼 때, 회복력 개념에 엄정한 비판을 가하려면 "자유의 치명성"과 "철학적 질문으로서의 죽음" 사이의 갈등을 다루어야 한다. 바로 이것이 생물학적 수준을 넘어 의미 있는 삶을 산다는 것이 무엇인지에 대해 깊이 뿌리박힌 존재론적·형이상학적 주장들을 드러내줄 수 있을 지점이기 때문이다.

숭고한 아비투스

인간 세계와 자연 세계가 전략적으로 무차별해졌다는 것은 우리의 사고에 놀라운 전환이 있었음을 나타낸다. 고래로부터 인간은 자연의 거대한 힘을 인식할 수밖에 없었다. [화산 폭발로 하루 사이에 멸망한 고대 로마 도시] 폼페이부터 물 밑에 가라앉은 도시 아틀란티스, 이집트를 휩쓴 역병 등에서 보듯 생명이 자연의 힘에 절멸될 수 있다는 생각은 인류 역사 내내 자명한 것으로 받아들여져 왔다. 그러나 1755년에 리스본을 덮친 세 개의 대재앙(대지진, 화재, 쓰나미)은 인류가 재앙에 대해 가져왔던 태도에 중대한 교란을 일으켰다. 전에는 재앙을 신의 노여움이나 응징으로 설명할 수 있었지만, 번성하던 유럽 도시를 덮친 1755년의 재앙은 너무나 무작위적으로 보여서 신의 징벌이나 응보라고 생각할 수 없었다. 이는 그저 "작동 중인 자연"이 일으킨 결과였다. 이 사건으로 천상의 악과 지상의 악을 분리해 생각하게 되면서 철학에도 심대한 변화가 생겼지만[25], 사람들이 사회적 아비투스를 생각하는 방식도 근본적으로 달라졌다. 자연이 인간에게 문제를 일으키는 존재라면 무슨 수를 써서든 인간이 길들여야 하는 대상이 되기 때문이다. 이렇게 리스본 사건 이후로 인간의 안전을 보장하는 것은 인간의 몫이라는 개념이 철학과 정치 이론에 등장했으며, 자연의 힘에 대응하기 위해 인간이 대대적으로 개입해야 할 필요성이 대두되면서 "도시화"가 유토피아적 비전으로 두드러지게 떠올랐다.

이 시기에 또 하나의 중대한 철학적 교란이 있었다(당시에는 별개로 보였지만 지금은 이 둘이 원래부터 매우 밀접하게 관련되어 있었던 것처럼 보일 정도로 사실상 하나로 수렴했다). 임마누엘 칸트Immanuel Kant는 미학을 논하면서 "아름다운beautiful 것"과 "숭고한sublime 것"을 구분했다. 리스본 이전에도 철학자들은 "숭고"를 논했지만, 리스본의 재앙은 칸트가 숭고의 개념을 근본적으로 도덕적·철학적인 개념으로서 한 차원 더 높여 사고하게 만들었다. 인간의 지각으로는 도저히 이해할 수 없을 것 같은 재앙의 거대함에 어떻게든 직면하려면 꼭 필요한 일이었을 것이다. 칸트는, 숭고 자체가 꼭 두려움을 일으키는 것일 필요는 없지만 숭고가 수반하는 경이롭고 압도적인 힘은 모종의 공포심을 요구한다고 봤다. 이에 더해, 칸트의 숭고 개념은 무한히 가능하고 경계가 없는 "무정형"의 것을 의미했다(칸트는 숭고 개념에 수학적·동학적인 속성을 부여한 책《판단력 비판Kritik der Urteilskraft》에서 이를 상세히 설명했다). "아름다움"이 형태가 있는 물체의 미학이라면, "숭고"는 구체적으로 위치를 짚거나 포착할 수 없고 고정된 준거를 파괴하는 힘에 기반한 특질이라고 볼 수 있었다. 이런 의미에서 발터 벤야민은 칸트의 숭고 개념, 그리고 이 개념으로 리스본 지진과 쓰나미 같은 사건이 드러낸 재앙의 "규모"를 철학적으로 이해하고자 한 노력에서 재앙 현상을

국가가 조장하는 위험들

연구하는 학문이 생겨났으며 이것이 현대 지진학의 토대를 닦았다고 설명했다.[26]

하지만 칸트가 제시한 아름다움과 숭고함의 깔끔한 구분은 이제 경계가 흐릿해졌다. 회복력을 가지려면 자신의 주변을 경찰처럼 세세히 살펴야 한다. 이는 우리 모두가 신자유주의 정부의 아웃소싱 논리에 따라 자기 주변을 낱낱이 살필 임무를 떠안아서 "미시적 자경단自警團"이 되도록 만든다. 일상의 수많은 걱정거리로 불안전성과 불안정성이 증폭되면서 자신을 돌보는 "미시적 자경"의 실천은 사적인 것이 공적인 것으로, 군사적인 것이 시민적인 것으로, 무생명의 것이 생명의 것으로 붕괴해 들어갔음을 보여준다. 또한 회복력 담론에서는 위험이 우리 세계에 내재적인 것으로 여겨지므로 우리는 우리가 생산하고 소비하는 것을 두려워하게 된다. 따라서 "우발적인 위험"이라든가 "부수적인 위험"은 다 과거의 일이다. 이제 위험 요인들은 우리의 생명세계 시스템을 구성하는 요소들(의 뒤틀린 조합)에서 나온다. 여기에 비극적인 역설이 있다. 생산 측면에서 우리의 성취가 높아질수록 파괴의 잠재력도 증폭되는 것이다.

그렇다면 회복력 개념이 우리에게 알려주는 교훈은 우리가 "끔찍하면서도 정상적인" 공포와 경외에 압도된 채로 계속 살아가야 한다는 것이 된다. 모든 미학적인 순간은 무심히 존재하는 듯이 보이는 주변 환경에서 엄청나게 거대한 일이 벌어질지도 모른다는 점을 암시하게 되며, 따라서 아름다움과 숭고함의 경계가 사라진다. [인프라 같은] 무생명의 것이 사회의 형태와 직조를 망가뜨릴지도 모를 몹시도 두려운 무언가로서 우리의 감정을 자극하고, 그에 따라 한때는 단지 "세련되다"고 여겨졌던 것이 이제는 "불경하다"는 느낌을 강렬하게 불러일으킨다. 이렇듯 우리는 무한한 위험에 영구히 처해 있음을 깨닫게 되면서 계몽되고 각성된다.

이러한 개념은 유토피아의 이상을 눈에 띄게 손상시켰다. 역사적으로 유토피아 개념은 미래를 "아직 실현되지 않은 세계의 환상들이 투사된 열린 공간"으로서 표현하는 양식과 연결되곤 했다. 물론 유토피아는 한 번도 안정적이거나 정적인 개념이었던 적이 없고, 대부분 더 강렬한 디스토피아적 요소들 때문에 우리 자신에 대해 깊은 의심을 계속 불러일으키기도 했지만, 우리가 유토피아적 이상 자체를 더 이상 그려보지 않게 되었다는 점은 우리 시대의 정치에 대해 시사하는 바가 크다. 프레드릭 제임슨Fredric Jameson은 이렇게 언급했다.

> 유토피아 개념의 쇠퇴는 근본적인 역사적·정치적 징후를 드러내며 (효과적인 처방까지는 낼 수 없다 하더라도) 그것 자체로 분석하고 진단해야 할 필요가 있다.27

제임슨이 말하고자 하는 바는, 역사적 감각이 모조리 약화되고 정치적 상상력도 죄다 붕괴되면서 우리가 암울한 현 상태 외에는 아무것도 그려보려고 하지 않게 된 것에 대한 우려다. 이런 의미에서 볼 때, 유토피아는 독특한 혁명적 역량을 가진다. 유토피아의 이상은 우리가 현재의 정상성을 잠시 중지시키고 "정신의 자유"(물론 이것은 보편적인 것이 아니라 특정하고 구체적인 것이다)를 발휘해 현재의 금지된 경계를 넘고 미래의 가능성을 믿을 수 있게 해준다. 물론 유토피아주의가 막상 현실에서 실천되었을 때는 전체주의적 형이상학을 발현하는 쪽으로 귀결된 사례가 많아 비판을 사곤 하지만, 현재의 자유주의 통치가 촉진하는 재앙 이미지에 대한 제임슨의 진단은 매우 설득력 있다.

> 좌파 생태학이 정치 제도와 지구 사이에서 생산적인 협업 가능성을 찾고자 절박하게 노력하는 동안, 시장이 자연적이고 자생적으로 성장했다고 보는 개념이 정치사상에 되돌아와 복수하고 있다. (중략) 생태학은 지구온난화나 신종 바이러스 출현 같은 종말적이고 재앙적인 형태로서가 아니면 어느 때보다도 힘이 미약해보인다. (중략) 이러한 변화는 갇혀 있는 사람에게 구출되고 싶다면 개인의 특성을 완전히 버려야만 한다고 경고한다는 데서 SF 소설 같은 특성을 보인다. 과거의 기억 등 현재의 개인성을 구성하는 모든 요인의 다양한 영향들을 흔적도 없이 없애야만 한다는 것이다. 개인성을 제거하는 수술이 끝나고 나면 "의식"만 남게 될 테지만, 이성으로든 상상력으로든 대체 어떤 노력을 들여 생각해야 이것이 여전히 "동일한 주체"의 의식이라고 생각할 수 있을 것인가? 이러한 전망을 그려볼 때 우리가 휩싸이게 되는 공포는 죽음의 공포와 다르지 않다.[28]

포스트 유토피아주의에서는 이상적인 삶의 양식이 공공재의 형태로가 아니라 배재의 형태로 제시된다. 여기에 이상주의라 부를 만한 요소가 아직 남아 있다 해도, 그것은 사회에 "포함"될 가능성이 아니라 사회에서 "빠져나갈 수 있는" 가능성을 필요로 한다. 정신 사나운 군중을 벗어나 인적이 드물고 한적한 은신처로 휴양을 떠나라는 신문 광고들이 이를 단적으로 보여준다(물론 우리는 그러한 은신처도 악천후 등 위험 요인에 얼마든지 노출될 수 있어서 취약하다는 것을 잘 알고 있다). 그뿐 아니라 위험의 논리가 각자 알아서 보호 구역을 만들도록 요구하면서, 보안문이 있고 거주자만 출입 가능한 주거지가 단적으로 나타내는 고도의 "분리"가 인간 주거 형태의 새로운 정상이 되고 있다. 이러한 주거 형태는 회복력의 정치에 대해 특히 의미심장한 시사점을 제공한다. 미셸 푸코Michel Foucault의 말을 빌리면, 이러한 주거지는 네트워크화된 시스템에 위험을 분산시키기 위해 고안된 안전장치의 새로운 형태라고 볼 수 있다. 그 안에 사는 사람들은 그들에게 요구되는 회복력을 가시철망, 담 벽, 감시 카메라, 방재 건축, 보험료, 무장한 경비 직원 같은 거주지 내의 여러 장치에 아웃소싱한다. 더불어 살아가는 삶과 공유된 자원에 모두가 접근할 수 있는 가능성을 이야기했던 토마스 모어Thomas More의 유토피아 비전과는 완전히 딴판이다.

인간 주체의 형성과 함께 시작된 "가둬두기"(위험 요인을 가두는 것이든 위험으로부터 안전 영역을 확보하는 것이든 간에)의 방법, 즉 접근이 통제되는 삶을 만들어내는 장치에 대해 생명관리정치적으로 문제제기를 해보면, 회복력 개념이 "객관적인 위험 평가"라는 장막을 치고는 있지만 사실상 인종적·문화적·젠더적 차별을 촉진하는 신자유주의 이데올로기와 결합되어 있다는 점이 명백하게 드러난다. 뒤에서 다시 언급하겠지만, 회복력 개념이 드러내는 비극적인 역설은 "실제로 위험에 처해 있는 사람들"을 문제를 일으킨 주범으로 여긴다는 점이다. 회복력 개념을 실천하거나 습득할 필요가 거의 없는 사람들로부터 그들을 확실하게 격리하고 가둬두기 위해서 말이다.

"건조 환경built environment(지어진 환경)"이 정치적 고려 대상에 포함

국가가 조장하는 위험들

되고 나자, 인프라가 생명 시스템을 이해하는 데 "결정적인" 요소가 되었다. 이제 "결정적 인프라Critical Infrastructure"는 보안화securitization, 특히 글로벌 도시들의 보안화를 말할 때 핵심 개념이다. 마틴 코워드Martin Coward는 이렇게 언급했다.

> (그러므로) 도시 보안화는, 한편에서는 보안 의제가 도시화되고 다른 한편에서는 도시성이 (불안전성과 취약성을 발생시키는 한에서) 보안화되는 상호적 동학을 의미한다.[29]

도시가 전략적 공격에 취약하다는 것은 전부터 잘 알려져 있었지만(가장 끔찍한 사례는 "도시성"의 문제를 전에 없이 심각하게 제기한 히로시마와 나가사키 원폭 투하일 것이다), 공격이나 사고가 실제로 발생하기 "전에" 미리 테스트되어야 한다는 개념(가령 그러한 공격으로 발생할 수 있는 붕괴의 정도를 가늠하고 취약한 부분이 어디인지를 미리 파악해 조치를 취한다는 개념)은 "선제적 거버넌스"라는 새로운 원칙이 시작되었음을 말해준다. 코워드에 따르면, "그 결과 도시는, 전쟁 형태에서, 그중에서도 특히 도시의 직조를 위험에 빠뜨리거나 악용할 수 있는 구체적인 방식들에서 도출되었다고 하는 실질적·가상적 위험 요인에 대한 대응으로서 보안화된다." 스티븐 그레이엄Stephen Graham이 지적했듯이, 여기서 중요한 것은 시간의 측면에서 도시의 수행성에 대한 우리의 인식이 전환되면서(즉, 실제로 공격이 발생하기 전에 미래를 직접 내다보는 식으로 전환되면서), 우리 주변의 물리적 세계가 "애초에 교란과 장애가 있도록 짜여 있다"는 감각이 생겨나게 되었다는 점이다.[30]

미국에서 도시 디자인에 대한 새로운 접근 방식의 최전선에 있는 것은 건축 분야다. 〈결정적 인프라 보호 지원을 위한 국가 연구개발 계획 The National Plan for Research and Development in Support of Critical Infrastructure Protection〉(2004)은 물리적 시스템이 "회복력 있고, 자율적이며(스스로 고치고, 스스로 지탱할 수 있어야 한다), 생존 가능해야만 위기 여건에서 작동 불능이 되어버리지 않고 역량이 다소 줄어든 상태로나마 계속 작동할 수 있다"고 설명한다.[31] 이렇게 해서 인프라는 적극적인 주체성을 부여받게 되었다. 한때는 생명이 없다고 여겨졌던 것에 말 그대로 숨이 불어넣어진 것이다. 이는 더 전체적으로 평가할 필요가 있다. 인간, 건조 환경, 사이버 환경이 이제 "결정적 인프라" 속에 모두 섞여 들어갔기 때문이다.

전에는 인프라가 객관적·외부적으로 존재하는 무언가였을 테지만, 이제 "결정적 인프라"는 "단지 건물이나 구조물"이 아니라 "매우 상호의존적인 과정에서 함께 작동하는 인간 시스템, 물리적 시스템, 사이버 시스템을 모두 포함한다."[32] 따라서 결정적 인프라를 방어한다는 것은 인간이 다른 인간에게 당할지 모르는 죽음의 위협에서 자신을 방어한다는 일반적인 개념이 아니라, 더 근본적으로 자유주의 체제가 (자신의 생존과 안전에 결정적으로 중요하다는 것을 최근에 깨달은) "물리적·기술적 인프라의 결합"을 방어하는 것을 뜻하게 되었다.[33] 하지만 여기서도 안전 개념은 통치 합리성의 가장 불안전한 측면들을 가리는 기만이다. 건조 환경이 우리에게 안전을 약속해주기는커녕 재앙의 가능성이 되면서, 우리는 우리의 성이 모조리 모래로 만들어져 있음을 깨닫게 된다. 사람들의 안전을 보장하려고 노력하던 데서 병

국가가 조장하는 위험들

리적으로 반복되는 우연성을 받아들이려는 쪽으로 이동하면서, 생명
관리정치의 개념 또한 달라졌다.

통계학이나 인구학이 아니라 복잡계 과학이나 생태학에서 분석의 실마리
를 얻음으로써, 신자유주의 생명관리정치는 생존 가능성의 극한에서도
존재할 수 있고 회복력이 있으며 불확실성과 우연성에 잘 적응하는 생명
을 촉진하려 한다. 이러한 생명은 미래를 알고자 하는 시도, 그리고 그와
관련해 안전을 추구하고자 하는 시도를 모두 버리게 된다. 회복력 개념은
세대간 사회보험 같은 규범적 제도를 통해 사람들을 사회적 병리로부터
자유롭게 만들려던 근대의 목표들을 제공하지 않는다. 그보다, 회복력 개
념은 신자유주의 윤리와 잘 부합한다. 우연성을 받아들이는 태도를 진취
성과 [미래를 대비하는] 신중함의 핵심 요소로 내세우면서, 예기치 못한 사
건을 받아들일 자유만 허용하기 때문이다.

회복력 담론에 따르면, 자본주의는 금지된 한계들을 지속적으로 넘어서
는 속성이 있고, 어느 것도 오랫동안 가만히 있게끔 놔두지 않으며, 사회
적·제도적 삶에 영속적인 혁명을 일으킨다고 한다. 이제 생명은 자본주
의적 소비, 축적, 재생산의 사이클을 더 확장하는 데 필요한 인프라와 생
명영역 시스템에 유용한지, 무관한지, 위협적인지에 따라 분류된다.[34]

지식의 불완전성

9·11이나 7·7(2005년에 일어난 런던 폭탄 테러―역주) 같은 정치적

사건들, 그리고 그보다 자주 일어나는 자연재해들은 재앙이 대상자를 가리지 않는다는 것을 보여주는 듯하다. 부유하든 가난하든, 서구인이든 비서구인이든, 종교가 있든 없든, 21세기 안보 환경을 규정하는 위협은 주체의 신분이 무엇이든 간에 은신처를 찾을 여지를 남겨주지 않는 것 같아 보인다. 모든 것이 위험을 강화하는 요인이 될 수 있는 상황에서는 모든 사람의 위험이 증가한다. 이것을 자유주의가 자신의 정치적 상상이 포괄할 수 있는 범위 밖의 것은 무엇이든 부인한 데서 나온 불가피한 결과라고 생각해볼 수도 있을 것이다.

[자유주의 통치에서] "예외"(법적 보호 영역의 외부에 있는 것을 가리키는 것뿐 아니라 현재보다 전적으로 앞서 존재하는 것을 가리키는 것까지 포함한다)의 정치는 원칙적으로 규탄 받는다. 따라서 "어떤 것도 면제되지 않으며 여기에는 예외가 없다"는 논리가 성립한다. 다른 말로, 자유주의 통치는 예외적인 것(법적 영역의 측면에서든 다른 어떤 측면에서든)은 어느 것도 허용하지 못하기 때문에, 아직 밝혀지지 않은 무언가가 있다면 호기심의 대상 수준을 넘어서는 중대성을 갖게 된다. 아직 미지인 것은 반드시 밝혀져야 하며 그렇지 못하면 우리는 계속해서 우연의 노예로 남게 된다. [자유주의 통치의 입장에서] 이는 "풀리지 않는 딜레마"인 동시에 "새로운 가능성의 여건"이기도 하다. 현재에 대한 지식은 모두 전적으로 잠정적인 것처럼 보이므로 "미지의 것"에 접근하는 것은 영원히 불가능하다. 최종적인 안전이라는 꿈을 버리는 것은 완벽한 지식이라는 꿈을 포기하는 것을 의미한다. 따라서 자유주의 사회는 [구조적으로] "불안전하도록 짜여 있을" 뿐 아니라, 인식론적으로도 우리가 지식의 불완전성을 깨닫는 것을 전제로 한다. 실제

국가가 조장하는 위험들

로 자유주의 통치 체제는 생명에 지속적으로 개입하는 것을 정당화하기 위해 이러한 불완전성에 의존한다.

"불완전한 지식"이라는 개념은 회복력 전략의 출발점이다. 하지만 회복력 전략은 결코 보편적으로 적용되지 않는다. 취약성은 모든 이가 겪는 보편 경험이 아니며, 위기에 대처하는 메커니즘이 시대를 초월하는 자연 법칙을 따르는 것도 아니다. 취약성과 대처 메커니즘 모두 구체적인 시간과 공간 속에서 그것을 경험하는 주체의 상황에 따라 크게 달라진다. 그리고 이는 통치 전략의 측면에서 매우 환영받는 지점이다. 지식의 불완전성을 깨닫는 것이 오늘날 우리가 처한 "무한한 위험의 상태"를 이해하는 데 필수적인 것으로 여겨짐에 따라, 지식의 불완전성은 "불안전하도록 짜여진" 상태를 산출하는 통치 체제를 가능케 하는 조건을 제공한다. 여기서 "지식의 불완전성"은 보편적인 속성처럼 제시되어 있긴 하지만(칸트의 영향을 받은 자유주의자들이 흔히 말하듯이, 누구도 완벽하지는 않다), 그렇더라도 어떤 이들은 자유주의적 주체로서의 특질을 덜 가지고 있어서 다른 이들보다 지식이 더 많이 불완전하다고 여겨진다.

이러한 평가는 기술적인 해법들이 동원되기 전에 회복력의 담론과 실천에 의해 내려지는 정치적 조치다. 생명의 유의미성은 진취성과 퇴행성을 가늠하는 다양한 도식을 따라 평가되며, 이렇게 해서 취약성에 대한 평가는 과학적으로 입증 가능한 진리로서 제시된다. 모두가 불완전한 주체지만 그중에서도 더 진취적인 특질을 가진 주체는 취약성을 덜 경험한다. 그리고 취약성이 덜한 주체는 이미 진취적으로 대처하고 있기 때문에 회복력 원칙에 따라서 사고하고 행동해야 할 필요성도 적다. 이 논리는 객관적·기술적인 용어로 자유주의 권력의 정치적 공모를 가리는 가면으로만 그치는 것이 아니다. 생명관리정치적 진리 담론은 어떤 생명이 "잘 살아가고 있는 생명인지"에 대해 명백히 도덕적·규범적인 함의를 갖는다. 우리가 이를 제대로 파악하지 못한다면, 회복력 담론은 기술관료적 용어로 제시된 해법을 전면에 내세움으로써 정치적 함의에 대해서는 모조리 면죄부를 받게 될 것이다.

포스트모더니즘과 집단 기억상실

포스트모더니즘에 대해서는 잘못 알려져 있는 것이 많다. 포스트모더니즘은 모더니즘 이전에서 이후로 넘어가는 특정한 시점을 말하는 것이 아니다. 또 물질적 생산 양식이 산업화에서 비물질적 형태의 노동과 생산물로 전환된 것을 의미하는 것도 아니다. 포스트모더니즘은 사고의 양식, 즉 세상과 관계를 맺는 양식의 일종이며, 그것 자체는 특정한 시간성이나 물질성을 갖지 않는다. 포스트모더니즘은 지배적인 도그마, 물화된 가정, 진리를 자처하는 전체주의적이고 비타협적인 주장에 문제제기함으로써 기존의 것들을 폭로해 새로운 가능성의 지평을 열어준다. 하지만 여기서 짚고 가야 할 점이 있다. 포스트모더니즘이 새로운 개념의 창조("사상의 사건")와 관련 있기는 하지만 새로이 제시된 개념이라고 해서 위험성이 없거나 더 숨 막히고 반동적인 담론을 뒷받침하는 수단으로 귀결될 가능성이 없다는 말은 아니다. 포

국가가 조장하는 위험들

스트모더니즘 도그마들도 정치적 현실주의나 자유주의 담론의 도그마들만큼이나 경직적이다. 어떤 개념이 어떤 메타 서사에 반대한다고 해서 우리가 꼭 그 개념에 충성해야 하는 것은 아니다.

들뢰즈는 좋은 의도로 제시된 개념이라 해도 제국적 요인들에 의해 악의적으로 차용될 수 있다며, 이런 종류의 불운을 누구보다도 심하게 겪은 철학자로 니체를 꼽았다. 들뢰즈에 따르면, 니체의 개념들은 "저주받은 사상가의 행렬에 흔히 모습을 드러내는 자들의 남용에 의한" 조악한 반박을 훨씬 넘어서는 수준으로 곡해되었다.[35] 또한, "자의적으로 선택된" 문장들만으로 "잘못 독해되거나 전치되는" 상황도 겪었다. 역사상 원저자가 오독으로 이렇게 심하게 살해당한 경우는 찾아보기 어려울 것이다.

니체 본인도 자신이 시대에 맞지 않음을 잘 알고 있었다. 그는 "나는 내 운명을 안다"고 말하기도 했다.[36] 들뢰즈의 글도 자의적인 취사 선택에 의한 오독을 겪었고 몹시 혐오스러운 폭력 행위를 정당화하는 데 오용되기도 했다. 그의 개념 상당수가 21세기 안전 거버넌스의 재앙적 형태를 이론적으로 정당화하는 데 쓰였다는 것은 잘 알려진 사실이다. 의도했든 아니든, 들뢰즈가 제기한 문제들은 그 이전에 아무도 알아차리지 못했던 안전의 딜레마와 직접적으로 관련이 있다. 하지만 우리는 그들의 정치적 중요성을 아직도 제대로 깨닫지 못했다. 우리가 그들의 글을 성의 있게 읽어서 구조와 한계를 거부하는 포스트모던적 메시지를 알아봤다 해도, 확신이 있어서 그런 것은 아니었다. 그래서 페터 슬로터다이크Peter Sloterdijk는 지금까지도 니체는 "아직 오지 않은 예언자"라고 말한다.[37]

포스트모더니즘이 불합리하고 위험하게 개입하는 지점을 하나 꼽으라면 망각의 정치를 요구한다는 점일 것이다. 물론 과거에 대한 "진실"은 현재를 식민화하기 위해 조작될 가능성이 있다. 하지만 그렇다고 삶을 뒤흔든 과거의 사건들을 그냥 잊자고 하는 것은 말이 되지 않는다. 히로시마 폭격이나 9·11 테러를 잊는 것을 생각이나 할 수 있겠는가? 그런 주장은 신경생물학적으로도 말이 안 될 뿐더러 우리를 가장 사악한 형태의 추상으로 끌고 간다는 점에서 윤리적으로도 문제가 있다. 과거가 우리를 괴롭힌다면 그것은 경험의 다층성이 얼버무려졌기 때문이지 과거의 사건 자체 때문이 아니다. 뒤에서 설명하겠지만, 긍정적인 삶을 사는 기술의 핵심은 진실을 신뢰할 수 있는 능력이다. 이 기술을 실천할 때 우리는 "현재의 역사"(푸코의 표현이다)를 적극적·긍정적으로 받아들인다. 역사적 순간들에 세심하게 관심을 기울임으로써 재앙의 잿더미에서 경험의 다층적이고 경합적인 속성을 발굴해내는 것이다. 그렇게 하지 못하면 과거의 사건에는 단 하나의 논리만 부여된다. 망각이 일단 실행되고 나면 현재의 역사를 수행하는 것은 전적으로 불가능해진다. 그뿐 아니라, 오늘날과 관련해서 말하자면, 망각의 실행은 신자유주의 통치 논리에 직접적으로 기여한다. 회복력의 미래 전략이 집단적 기억상실에 의존하기 때문이다.

회복력은 과거의 트라우마 기억을 상기시킴으로써 역사와 독특한 관계를 갖는다. 하지만 여기서 상기되는 역사는 "우리가 고통을 함께 겪고서 회복되었다"는 단 하나의 진실이다. 이러한 서사는 해당 사건이 내재적으로 폭력적인 속성을 가졌다고 설명함으로써 인간 존재가 처한 위험성과 취약성을 다시금 확인한다. 또 새로운 관점의 필요성

국가가 조장하는 위험들

도 다시 확인한다. 이 새로운 관점에서, 과거에 발생한 특정한 교란은 더 일반적이고 보편적인 통치 조건을 형성하는 데 기여한다. 이렇게 해서 과거의 비극이 전략적으로 현재에 연결된다. 삶이란 전적으로 우연적인 것임을 모든 이가 명확히 인식하게 만들어야 할 필요성에서, 생물학적 생존의 문제로서 본능 수준의 지상명령을, 그리고 끝없이 재앙에 시달리는 공동체의 문제로서 형이상학 수준의 지상명령을, 우리에게 각인시키기 때문이다. "공동체를 위해서"라는 명목으로 수행될 미래의 통치 활동을 정당화하기 위해 과거가 현재에 부여되며, 여기서 공동체는 근본적으로, 그리고 전적으로 위험에 처해 있는 것으로 상정된다.

생명이 정치적으로 자격을 인정받는 것은 그 생명이 처한 존재의 비극으로부터 시작된다. 이 비극은 무작위적이고 불가피한 폭력에 맞닥뜨리게 된다는 데서 나온다. 이러한 위험에 대해 우리가 할 수 있는 대응이라곤 완전한 위험 속에서 살아간다는 사실에 어떤 형태로든 스스로를 노출시킴으로써 그나마 조금 더 나은 상태를 갖추는 것뿐이다. 하버드 대학의 교수이자 버락 오바마 행정부 시절 국토안보부 정책자문을 지낸 줄리엣 케이엠Juliette Kayyem은 과거에서 무엇을 기억할 것인가에 대한 우리의 선택은 "분노"(특히 유한한 자원의 분배에 대한 분노. 이런 분배는 일반적으로 정부가 제공하는 수급권의 형태로 더 잘 보장할 수 있다)에 의해서가 아니라 우리의 불안전성을 "차분하게 받아들이는 것"에 의해서 이루어져야 한다고 주장했다.

"국토안보"가 나쁜 일이 덜 일어나게끔 하는 것을 의미하긴 하지만 진짜 시험대는 나쁜 일이 불가피하게 발생했을 때 그에 대해 사전에 아무 노력을 하지 않았을 경우보다 상황을 덜 나쁘게 만들 수 있는가가 될 것이다. 언젠가는 이 생각이 정치적으로나 대중적으로 더 잘 받아들여질 수 있을 것이다. 어떻게 보더라도 취약할 수밖에 없도록 되어 있는 나라에서 잘 살아가기 위해 두 이데올로기 모두에 여지를 줄 수 있을지는 다음에 대규모 테러가 일어났을 때 정치권과 대중이 보일 반응을 통해서만 테스트될 수 있을 것이다.[38]

하지만 과거 중에서 어떤 것이 현재의 집단 기억에 들어오는가? 역사적 사건의 다층적이고 경합적인 속성은 분명히 들어오지 못한다. 공유된 고통과 슬픔이라는 진실성에 의문을 제기하는 개인적인 증언도 들어오지 못한다. 9·11 당시 강 건너편에서 건물이 무너지는 동안 강 맞은편 브루클린에서 사람들이 여유로운 한때를 보내는 모습을 포착한 토머스 횝커Thomas Hoepker의 사진이 이를 잘 보여준다. 이 사진은 9·11 5주년이 되어서야 공개될 수 있었다. 처음에는 구도가 "모호하고 혼란스럽다"는 이유로 그의 사진집 출판이 보류되었다. 정치적으로 너무 민감했던 것이다. 사진 속 개인들에 대한 가치판단은 차치하고, 또한 이를 일반화해서 감정적으로 파산 상태인 것처럼 보이는 "무심함의 문화"를 비난하는 것도 잠시 접어두고 보면, 횝커의 사진은 각색되지 않은 날것 상태에서 역사적 순간이 얼마나 다층적이고 경합적인 속성을 가지는지를 잘 보여준다. "추락하는 사람" 사진(AP 통신사의 리처드 드류Richard Drew가 찍은 사진으로, 세계무역센터에서 추락하는 남성의 모습이 담겨 있다-역주)도 그랬듯이, 횝커의 사진은 "비극의 발생과

국가가 조장하는 위험들

이를 극복하는 시민적 영웅주의"라는 미학적 변증법을 교란한다. 이 선호되는 서사와 달리, 휩커의 사진은 모종의 "거리두기"에 의해 가능해진, 지극히 정상적인 상황을 묘사하고 있다. 이 사진의 구도가 명백하게 보여주듯이, 물리적 근접성만으로는 취약성의 공감을 불러일으키지 못할 수도 있다. 모든 사건은 다르게 경험된다. 수천 킬로미터 떨어진 곳에서 9·11 소식을 접하면서 휩커의 사진에 나오는 사람들보다 더 깊이 상처입고 충격 받은 사람도 많다.

하지만 회복력 개념은 사회에 아무런 문제를 일으키지 않는 종류의 성찰과 회고만 허용하므로, 사회에 대한 많은 가정들, 그리고 사회가 재앙과 맺는 관계에 대한 많은 가정들은 복잡한 기억에서 숨아진다. 9·11 발생 10주년 즈음 회복력은 명백하게 사회의 지배적인 모티프가 되어 있었다. 잡지 기사부터 예술 전시에 이르기까지, 9·11은 미국이 적대적인 상황에 처했었지만 결국에는 건재함을 이야기하는 수사적 장치가 되었다. 또한 9·11의 트라우마를 말하는 방식이 복수 담론에서 삶의 취약성을 차분하게 인정하는 담론 쪽으로 전환한 데서 보듯, 이와 결부된 정치적 의미도 달라졌다. 여기서 삶의 취약성을 인정한다는 것은 절망적인 것으로 제시되지 않는다. 유한한 존재로 산다는 것의 의미를 더 잘 이해하고서 재앙의 잿더미에서 다시 일어나는 능력, 바로 여기에 낙관주의가 있었다. 즉, 낙관적이 된다는 것은 9·11의 치명성을 더 가깝고 친밀하게 느끼는 것을 의미했다. 그래야만 그날의 트라우마가 자유주의적 의지의 도덕적 확실성을 다시 확인하고 자유주의 체제가 산출하는 삶의 방식을 다시금 강화하는 쪽으로 방향을 잡을 수 있기 때문이다. 9·11 발생 10주년에 있었던 버락 오바마 대통령의 그라운드 제로 연설이 이를 잘 보여준다.

> 지난 10년이 말해주는 것은 회복력의 이야기입니다. 펜타곤은 수리되었고 애국적인 공무원들이 일상적인 목적을 수행하며 일하고 있습니다. 생크스빌은 그곳의 주민들과 그곳에서 사랑하는 사람을 잃은 가족들 사이의 우정의 장소가 되었습니다. 뉴욕은 여전히 예술과 산업과 패션과 상업의 수도입니다. 세계무역센터가 있던 곳에는 하늘로 치솟은 새 건물이 태양에 빛나고 있습니다. 우리 국민들은 여전히 고층건물에서 일하고, 우리 경기장들에는 운동 경기를 보러온 팬들이 가득하며, 우리 공원들은 공놀이를 하는 아이들이 가득하고, 우리 공항들은 여행객들로 붐비고, 우리 버스와 지하철로 수백만 명이 목적지에 오갑니다. 식구들은 일요일에 식사를 함께하고 학생들은 학교 갈 준비를 합니다. 먼 해안에서 이 땅을 찾아나섰던 사람들의 낙관과 인간의 자유를 위해 숨진 사람들의 용기로 이 땅은 맥동하고 있습니다.[39]

여기서 과거는 제한된 양의 지침만 제공하며, 미래는 우리가 아직 알지 못할 형태로 재앙이 또 오리라는 것만 약속한다. 과거는 그것으로부터 미래를 확실하게 예측할 수 없다는 점에서 여전히 불완전하고, 미래 또한 계속해서 전적으로 우연적이다. 무한한 가능성의 세계에서 유한한 역량만 가지고서 유한한 존재로 살아가는 우리는 "진실을 다룰 만한" 역량이 없다. 자유주의 정치인들은 더 이상 진리가 저기 어딘가에 있어서 가서 잡기만 하면 영구히 확립될 수 있는 것처럼 이야기하지 않는다. 이렇게 고정된 본질을 추구하기를 포기하고 나면,

국가가 조장하는 위험들

진리란 우리가 만들어나가는 것이 된다. 우리가 생명과 자유와 해방의 의미를 다른 모든 것처럼 소비할 수 있는 제품으로 만들어나가듯이 말이다. 여기에 주의할 점이 있다. 자유주의의 "진리 만들기"(여기서 진리는 취약성에 직면했을 때 생겨난다)는 권력에 대해 진실을 말하는 용기를 의미하는 게 아니라 권력이 말하는 진리에 충성하는 것을 의미한다. 정치적 주체의 가치는 이미 설정되어 있고, 우리는 그 가치를 말하는 진리에 충성한다. 이런 면에서 보면 회복력 있는 주체의 지식과 사변적인 철학의 지식에는 공통점이 있다. 정치 주체들은 현재의 상황에서 결정적인 정치적 교란을 추구하기보다 진리에 대한 충실성을 보여야 할 임무를 부여받는다. 여기서 진리는 세상에 대한 모종의 법칙으로 환원 가능한 논리를 따르며, 주체는 닥쳐오는 사건들을 겪어나가면서 그 진리를 목격하게 될 것으로 기대된다. 다른 말로, 여기에 걸려 있는 것은 취약한 주체가 겪는 "진리-사건"이다. 이 진리는 재앙의 순간에 생기며, 지극히 부정적인 누군가가 자신의 사후死後에 우리에게 말해주는 것과 같은 형태를 띤다.

어떤 진리가 자신의 새로움을 입증하려면 "보충적인 것"이 필요하다. 이 보충적인 것은 우연에 의해 채워지며, 예측되거나 계산될 수 없다. 이것은 존재하는 것의 너머에 있는 것이다. 나는 그것을 "사건"이라고 부른다. 진실은 이런 식으로 새로움 속에서 드러난다. "사건"이 그것을 새롭게 보충하면서 동일한 반복을 교란하기 때문이다. (중략) 사건은 "결정될 수 없음"이라는 개념에 연결된다. 다음의 진술을 보자. "사건은 상황에 속한다." 이 진술에 대한 판단이 결정될 수 있는 것이라면, 즉 기존에 확립된 지식 규칙들을 이용해서 참인가 거짓인가를 정할 수 있는 것이라면, 이른바 사건이라는 것은 사실상 사건이 아니게 된다. 그것의 발생이 상황 안에서 계산될 수 있기 때문이다. 그렇다면, 무엇도 "여기 진리가 있다"고 말하도록 우리에게 허용하지 않는다. 사건이 상황에 속하는지 아닌지 결정할 수 없다는 점을 전제로 한다면, "도박을 걸어야 할" 필요가 발생한다. 그 때문에 진리는 "진리의 공리"로 시작한다. 즉 진리는 토대 없는 결정으로부터 시작한다. 그 결정이란, "사건이 벌어졌다"고 말하는 것이다.[40]

그렇다면, 우리가 처한 취약성을 알고자 하는 의지에 의해 발견될 진리 외에는 어떤 진리도 있을 수 없다. 과거는 무의미하다. 과거는 시간 속에서 지나간 우연적 순간일 뿐, 새로 생기는 "진리-사건"의 관점에서 보면 현재적 진실성을 남기지 않는다. 하지만 여기에 실제로 걸려 있는 도박은 무엇인가? 그것은 상황의 계산 불가능성도, 복잡성도 아니다. 여기에 걸려 있는 도박은, 결정될 수 없는 것을 결정될 수 있는 것으로 만들고, 교란을 정상으로 만들며, 불확실한 것을 확실한 것으로 만들어줄, 의심의 여지없이 순수한 진리처럼 보이는 무언가를 발굴해 재앙의 발생으로부터 정치적 진리를 회복시켜낼 수 있는지다. 그렇다면 확립된 규칙이 존재하지 않는다는 주장이야말로 이 전략의 핵심이 된다. 취약성과 불안전성은 확립된 질서에 대한 모든 주장을 전적으로 쓸모없게 만든다. 방금 지나갔고 곧 잊힐 것 외에는 어떤 진리도 존재하지 않기 때문이다. 이렇게 해서 집단 기억상실증은 탄탄한 기반을 가진 원칙들이 아니라 공리적 가정들을 이야기하는 통치 체제의 토대가 된다. 이러한 공리적 가정은 곧 사라질 일시적인 것이

국가가 조장하는 위험들

면서도 주체의 존재론적 처지(취약성), 인식론적 논리(급진적 불확실성), 그리고 순수하게 우연적인 힘(재앙적 사건)에 대해 어떤 이의도 제기할 수 없는 전제들을 제공한다.

누구를 위한 지속가능 발전인가

생존가능성 문제는 언제나 생명관리정치의 핵심 관심사였다. 어떻게 하면 우리가 현재 처해 있는 존재의 한계를 넘어서서 살 수 있을까? 이는 생명관리 전략을 염두에 두는 거버넌스 기관들이 종종 제기해온 질문이다. 생명관리정치는 권력의 진보적 작동을 묘사할 때 사용하는 핵심 개념이다. 유한한 존재인 인간을 위협하는 요인들에 대해 [국가] 권력이 전략적으로 맞서고자 한다는 개념은 근현대 시기를 규정하는 주된 특징이었다. 그런데 오늘날에는 "회복력"이 생명관리정치적 개입의 핵심 개념이 되었다. 회복력 전략은 [인간에게뿐만 아니라] 생명영역에 위협적인 요인들까지 광범위하게 개념화하면서 [위험의] 무한한 가능성을 전략적 개입 지점으로 삼는다. 다른 말로, 회복력 전략은 당사자들이 가진 지식과 그들이 자신의 방식대로 문제를 풀어나갈 수 있는 자율적 역량을 이야기하는 것과는 별로 관련이 없다. 그보다, 회복력 개념은 자유주의 권력이 스스로가 자초한 쇠락에 어떻게 직면하고 있는지를 보여준다.

자유주의 권력은 자신의 야망을 달성하는 것이 불가능해진 상황에서도 생명을 규율해야 할 새로운 이유를 여전히 필요로 한다. 자유주의가 자신의 유한성에 직면하게 되면서(이는 오늘날의 자유주의적 생명 철학이 "생명의 유한성" 논리만큼이나 "[위험의] 무한한 가능성" 논리를 강력하게 설파한 탓이기도 하다), 회복력 전략으로의 전환은 불가피했다고 볼 수 있다. 자유주의의 역사에서 이것은 핵심적인 전환점이다. 보편 열망은 모두 버려졌고 "모든 생명은 양도할 수 없는 권리를 갖는 자율적 주체"라는 주장도 모두 버려졌다. 생명의 외부 환경이 급진적으로 상호연결된, 그리고 내재적으로 위기를 가진 지형으로 대체되면서, 생존가능성은 진정으로 정치적인 게임을 일컫게 되었다.

하지만 회복력 개념은 임박한 재앙에 대비해 주위를 더 잘 살피고 더 잘 준비하라는 요구에서 그치지 않는다. 회복력은 행위자들이 재앙을 통해 배워나감으로써 앞으로 더 나빠질 운명에 더 잘 반응할 수 있게 만들자는 개념이다. 이 개념은 생명 시스템을 구성하는 요소들이 고칠 수 없게 망가진 상황에서도 어찌어찌 계속 살아갈 수는 있게 해주는 종류의 적응성을 촉진한다. 또한 이 개념은, 공동체의 형태를 계속해서 재구성하고 우리의 삶의 방식에 "필수불가결"한 핵심 가치들을 재확인하는 지식을 창출해 "공유된 지식"으로 삼는다.

이런 점을 생각하면, 회복력 개념이 생태학에서 나왔다는 것은 우연이 아니다. 생태학은 생명 시스템의 "완충 역량"을 강조한다. 완충 역량이란, "충격을 흡수"하는 역량, 혹은 "생명 시스템이 행위를 통제하는 변수나 과정을 바꿔서 구조를 아예 변경해야 하는 상황이 되기 전에 흡수할 수 있는 교란의 규모"를 말한다.[41] 생태학자들에 따르면, 생명 시스템은 위험 요인을 막아 자신을 보호함으로써가 아니라 작은 것부터 재앙적인 것까지 온갖 위험을 겪고 적응함으로써 발달한다.

생명 시스템은 위험이 일으키는 충격에도 불구하고, 아니 충격 "덕분에" 진화해간다. 즉, 위험 요인에 노출되는 것은 생명 시스템이 발달하는 과정에 필수적이다. 따라서 단순히 어떻게 위험을 막고 안전을 확보할 것인가가 아니라 어떻게 위험에 적응할 것인가가 핵심 문제다. 생태학자들은 이렇게 위험에 적응하는 역량이야말로 모든 살아 있는 시스템의 "회복력"을 규정하는 핵심 요소라고 말한다.

회복력 개념의 계보학을 이해하는 데는 멜린다 쿠퍼Melinda Cooper와 제레미 워커Jeremy Walker의 연구가 매우 유용하다. 복잡성에 대한 이론들이 구성되어온 여러 방식을 고찰하면서, 쿠퍼와 워커는 생태적 사고양식과 경제적 사고양식간의 복잡한 연결고리들을 드러냈다. 쿠퍼와 워커에 따르면, "90년대 이래로 국제통화기금, 세계은행, 국제청산은행 같은 전 지구적 금융기관들은 위기관리, 금융규제(완화), 경제개발 등에 "회복력" 전략을 점점 더 많이 도입하는 추세다."[42] 경제 영역에 회복력 개념이 널리 적용된 데는 오스트리아의 대경제학자 프리드리히 폰 하이예크Friedrich Von Hayek의 학문적 유산이 지대한 공헌을 했다. 하이예크는 경제 시스템에 발생하는 충격은 우리의 통제를 벗어난 요인들에 의해 발생하므로 경제 시스템에는 "불안정성"을 전제로 한 거버넌스 체제가 필요하다고 주장했다. 이런 면에서, 생태학이 "피해갈 수 없는 재앙"이라는 상상을 불러일으켜 회복력 전략을 보편화·도덕화했다면, 이는 신자유주의 이론 및 통치 체제와도 직관적으로 매우 잘 부합한다.

국제기구들이 기후변화가 미칠 수 있는 사회경제적 영향을 인식하기 시작하면서 자원 관리와 관련해 회복력 과학이 제시하는 적응 모델이 빠르게 확산되고 있다. 이와 함께 생명영역의 증권화securitization가 촉진된다. 훼손되지 않은 생태계가 제공하는 생태 서비스를 사유화하고 거래가능하게 만드는 것이다. 가령 우림과 수원은 결정적으로 중요한 "자연 인프라자산"이므로, 기업들이 생물다양성 보호의 "가치를 포착할 수 있게" 하려면 우림과 수원이 제공하는 생태 서비스가 금융시장으로 들어와 가격이 매겨져야 한다. 이런 식으로, 신자유주의적 환경주의는 생태계의 파괴와 훼손을 전 지구적인 안전security 문제로 이야기하면서 그에 대한 유일한 해법이 생명영역을 증권화secritization하고 금융화하는 것이라고 말한다.43

이렇게 보면, 회복력 개념은 인간의 기본적인 생존 본능을 촉진시키자는 요구를 넘어선다(회복력 개념이 촉진된 결과 생명은 기본적인 생존의 수준으로 환원되어버리지만 말이다). 회복력 개념은 특정한 정치적·경제적 논리로 뒷받침되는 이데올로기 프로젝트다. 이 정치적·경제적 논리는 생명을 존재론적인 문제로, 즉 존재론적인 의미에서 생명이 가지는 잠재력[혹은 한계]에서 발생하는 문제로 간주한다. 또한 이 이데올로기 프로젝트는 회복력을 갖춰야 할 필요성을 과학적 기정사실로서 확증해주는 지식 공동체들에 의해 뒷받침된다. 회복력은 막대한 계층 불평등을 특징으로 하는 오늘날의 권력 체계를 창출하는 데 핵심적인 전략이다. 그렇다면 가장 취약한 처지에 있는 사람들을 회복력 담론이 가장 심각하게 우려의 대상으로 여긴다는 것은 놀랄 일이 아니다. 그들의 불안정성과 불안전성이 심화되는 것이야말로 위험 사회의 실제 악영향들에서 잘 격리되어 충분히 보호받고 있

국가가 조장하는 위험들

는 사람들의 안전과 안락을 위협하는 정치적 위험 요인이기 때문이다. 유엔개발계획, 유엔환경계획, 세계은행, 세계자원연구소가 공동으로 후원한 보고서 〈회복력의 근간The Roots of Resilience〉의 서문을 보면 회복력 담론의 정치적 함의를 엿볼 수 있다.

> 회복력은 도전에 직면해도 적응하고 번성할 수 있는 역량을 말한다. 이 보고서에서 우리는 가난한 사람들이 성공적으로 (그리고 지속가능하게) 생태 기반의 사업 규모를 키울 때 세 가지 차원에서 회복력이 높아질 수 있다고 주장하고자 한다. 첫째, 그들 자신이 경제적으로 더 회복력을 갖춰 경제 위기에 더 잘 대처할 수 있게 된다. 둘째, 그들과 그들의 공동체가 사회적으로 더 회복력을 갖춰 구성원들이 상호 이익을 위해 더 잘 협력해나갈 수 있게 된다. 셋째, 그들이 살아가는 생태계가 생물학적으로 더 회복력을 갖춰 더 안정적이고 생산적인 상태가 될 수 있다.[44]

이는 "지속가능 발전"이라는 개념과 연결된다. 지속가능 발전은 경제 발전이 국가와 국민의 안전성에만 기여하는 것이 아니라 모든 살아 있는 시스템의 회복력을 증가시키는 데도 기여해야 한다는 주장으로 시작되었다. 이 개념은 인간 생명에서 생명영역 전체로 관심사를 이동시켰다. 여기서 생명영역은 인간의 경제 발전이 일으킨 파괴 때문에 위험에 처한 모든 생물종 및 모든 종류의 서식지를 포함한다. 지속가능 발전 개념에 따르면, 인간의 번영을 증가시키는 것이 어느 정도까지 허용될 수 있는가의 답은 경제 논리가 아니라 생명 논리가 제공해야 한다. 이러한 원칙의 등장은 안전의 문제뿐 아니라 안전의 속성에 대해서도 경제 개발 분야에 막대한 시사점을 가지는 일이었다. 개발의 대상이 단지 국가나 인구 집단이 아니라 생명영역에 속하는 모든 생명이 되면, 개발과 연계되는 안전성의 개념 또한 달라져야 하기 때문이다. 국가의 이해관계, 영토, 군사 역량, 경제 번영, 인적자원, 인구 자산 등을 암시하던 기존의 안보 개념은 수그러들었고 회복력이라는 새로운 개념과 가치가 그 자리를 차지했다. 지속가능 발전을 주창하는 사람들은 회복력이 단지 국가의 역량도, 국민의 역량도, 인간 집단들의 다양한 정치적·사회적·경제적 실천의 역량도 아닌, 생명 자체의 역량을 뜻한다는 점에서 이 개념이 유용하다고 주장한다.

회복력 개념이 지속가능 발전 원칙에서 나왔고, 지속가능 발전 원칙은 기존의 국제개발 기구들과 신자유주의 국가들이 안보 원칙하에서 설정하던 것과는 다른 종류의 정책적 문제를 제기하기 위한 것이었던 만큼, 회복력 개념은 이전의 "개발-안전 결합"을 형성한 인간 위주의 관심사보다 생명영역에 속하는 모든 생명의 관심사를 우선시하게 될 것으로 기대되었다. 개발 담론의 원칙이 "경제개발"에서 "지속가능 발전"으로 전환된 것의 한 측면이 경제 논리를 생명 논리에 종속시키는 것이었다면, 이와 관련된 또 다른 측면은 "안전"에서 "회복력"으로의 전환이었다. 그런데 이렇게 다시 규정된 개발의 개념은 부유한 사람과 가난한 사람이 삶의 기회에서 갖게 되는 격차를 없애려는 노력과 관련 있다기보다는 지역적으로 자조와 자립을 촉진하려는 전략과 더 관련이 있었다. 물이 오염되었는데도 계속해서 물고기 잡는 법을 가르치는 것이다. 마크 더필드Mark Duffield는 이렇게 설명했다.

국가가 조장하는 위험들

개발은 경제적으로 더 나은 상태를 따라잡으려는 근대화 전략이 아니다. 여기서 개발은 새로운 형태의 사회 조직을 통해 자립적인 삶의 회복력을 향상시키는 것을 의미한다.[45]

개입의 도덕적 근거가 당연히 주어진 것으로 여겨지면서, 지속가능 발전은 "위험에 대해 보험을 갖추지 못한 [저개발 지역의] 잉여 인구가 움직이면서 불안정성을 일으키는 것을 제한하고자" 한다. "기대치를 [하향]조정해야 하는 부담을 잠재적 이주자들에게 지워서 그들이 [이주하지 않고] 제자리에 머물면서 자립성과 회복력을 향상시키도록 하는 것이다."[46] 그렇다면 회복력은 전 세계의 가난한 사람들을 그들이 처한 환경에 계속 머물도록 가둬두는 정치적 전략의 일부라고 볼 수 있다. 그곳이 그들이 자연적으로 속한 곳이라고 말하면서 말이다.

2002년 남아프리카공화국 요하네스버그에서 열린 '지속가능 발전 정상회담World Summit on Sustainable Development'을 통해 지속가능 발전의 시대가 도래했음을 널리 선포한 무렵에는 회복력 개념이 정치 전략으로서 확고하게 중요해진 상태였다. 스웨덴 정부의 환경자문위원회를 대표해 작성된 보고서(이 회담에서 논의를 진행시키는 데 매우 중요한 문건이었다)는 회복력 개념이 종의 다양성에만 관련된 게 아니라 "인간이 가질 수 있는 기회," 특히 인구 집단들 사이에서 적응과 학습을 유지하고 촉진할 수 있는 "경제적 선택지"의 다양성과도 관련된 것이라고 천명했다.[47] 이렇게 유려하게 재규정된 문제 설정에서, 시장이 경제적 다양성의 토대라고 보는 신자유주의적 경제개발 전략은 지속가능 발전이 목표로 삼는 회복력 증진에 필수불가결한 요소로 등극했다. 이에 따라, 요하네스버그 회담 이후로 지속가능 발전과 회복력의 결합은 신자유주의적 개혁을 명시적으로 산출하기 시작했다.

이러한 개혁은 평등을 촉진하기 위한 전략을 모조리 내버리는 와중에도 "인도주의적"인 조치라고 포장되었다. "생태적 무지"는 생명영역의 회복력뿐만 아니라 인간의 회복력도 위협하는 것으로 여겨지기 시작했고, "회복력"은 인간의 경제개발로 일으킨 손상에서 회복되어야 할 생명영역의 특질이기만 한 것이 아니라 "경제적 선택지"를 증진시켜서 육성해야 할 인간의 특질이기도 한 것으로 여겨지게 되었다. 전에는 생명영역이 인간의 경제 행위 외부에 존재하는, 그리고 인간의 경제 행위로 훼손되는 별도의 경제 영역으로 여겨졌지만, 놀랍게도 이제는 "인간에게 생태 서비스를 제공하는" 경제 영역이 되었다.[48] 즉, 환경은 인간의 후생을 위한 도덕적 원천이자 인간 해방의 조건으로서 생명-정치화되고 생명-자본화되었다.

이렇듯 요하네스버그 회담 이후 지속가능 개발과 회복력의 결합이 정교화되면서, 상호연결된 이중적인 변화가 나타났다. 한편으로는 생명영역의 특질이던 "회복력"이 인간의 특질을 의미하게 되었고, 다른 한편으로는 [인간] 경제의 요소이던 "서비스"가 생명영역의 역량을 의미하게 되었다. 이 이중적 변화의 교차점에서 가난한 사람들이 희생되었다. 회복력을 키우도록 요구 받는 사람들인 동시에 생태계 서비스를 훼손한다고 비난을 받는 사람들이기 때문이다. 요하네스버그 회담 이후 유엔환경계획 같은 개발기구들은 점점 더 가난한 사람들의 회복력 증진을 명시적인 목적으로 제시하고 있다.[49] 이들에 따르면, 생명영역에 가해지는 위협을 완화하려면 가난한 사람들의 회복력을

국가가 조장하는 위험들

증강시켜야 한다. 가난한 사람들이 "생태적으로 가장 무지하고," 따라서 "생태계 서비스"를 지속가능하지 않은 방식으로 쓸 가능성이 가장 높기 때문이다. 즉 생명영역의 회복력을 확보하려면 가난한 사람들을 더 회복력 있는 주체로 만들어야 하고, 가난한 사람들을 더 회복력 있는 주체로 만들려면 그들의 생태적 무지를 줄여야 하며, 그들의 생태적 무지를 줄이려면 경제, 거버넌스, 주체성을 신자유주의적 프레임으로 재구성해야 한다. 이를테면, "유연하고 개방적인 사회 제도와 여러 수준에서의 거버넌스 시스템을 통해" 가난한 사람들의 회복력을 높일 수 있다는 것이다.[50] 유엔환경계획에 따르면 "생태계 서비스에 대해 시장과 가격 신호가 부재"한 것이 가장 큰 위험 요인이다. 가격 신호의 부재는 "생태계 여건의 변화들이 포착될 수 없다는 의미"이기 때문이다.[51]

재산권 제도가 이런 논리를 잘 보여준다. 생태계 서비스에 대해서까지 시장이 작동할 수 있도록 재산권이 확장되어야 했기 때문이다.[52] 시장은 "정부가 부재해도 기능할 수 있고 빠르게 회복될 수 있어서 인간의 제도 중 가장 회복력이 큰 제도"라고 여겨진다.[53] 만약 시장이 회복에 실패하면, 회복력을 높이기 위한 개발 정책은 "시장에 대한 접근성을 보장"하는 것을 목표로 삼아야 한다.[54] 또한 가난한 사람들의 회복력을 높이기 위해서도 그들이 사용하는 생태계 서비스를 계속 점검하고 확인해서 생태계 서비스가 지속가능하게 관리될 수 있도록 신자유주의적 거버넌스 시스템을 구축해야 한다.[55] 여기서 스스로를 변화시키는 주체가 되려면, 가난한 사람들은 "자연자원을 존중하고 지속가능한 소득 흐름을 달성할 수 있도록, 지속가능성 있는 자원관리 결정을 내릴 역량을 가진 존재"가 되어야 한다.[56] "생태계 서비스를 과다하게 획득, 사용, 남용하거나 인공적인 시스템으로 전환하면 생태계의 조절 능력이 훼손되며 이는 다시 생태계 서비스의 생산과 흐름을 감소시키기" 때문이다.[57] 가난한 사람 중에서도 특히 여성이 이러한 주체 형성의 주요 대상이다. 예를 들면, 카리브해 연안의 가난한 여성들은 유럽연합의 자금을 지원 받기 위해, 조지 오웰George Orwell의 〈동물농장Animal Farm〉 속 동물들처럼, "나는 내 생활양식, 농사 방식, 사고방식을 변화시킬 것입니다"라고 반복해서 읊어야 한다.[58] 회복력은 가난과 관련있을 뿐 아니라 생명을 취약성에 따라 구분하는 문화적, 젠더적 측면과도 관련이 있다. 그럼으로써 생명의 자격이 "과학적으로" 구분되고 그에 기반해 생명에 전략적으로 개입할 수 있게 된다.

위에서 설명한 이중적 전환은 신자유주의가 지속가능 발전이 제기한 비판을 성공적으로 흡수하는 데, 또 취약성 개념을 활용해서 생명의 자격 구분을 근본적이고 자연스러운 것처럼 보이게 만드는 데 핵심적으로 중요했다. 처음에 지속가능 발전 주창자들이 회복력 개념을 제시했을 때는 인간의 후생에 꼭 필요하지만 인간의 경제 시스템 외부에 존재하는 "생명부양 시스템"의 특질을 일컫기 위한 것이었지만, 요하네스버그 회담 이후로 회복력은 인간의 특질을 지칭하게 되었다. 인간의 특질인 회복력은 언제나 더 육성하고 개발하는 것이 가능하며 아무리 많이 가져도 지나치지 않다. 또한 인간 집단의 특질로서 회복력은 첫째, 시장 안에서의 인간 집단의 호명, 둘째, 경제 주체로서의 인간 집단의 다양성, 셋째, 자연자원을 지속가능한 방식으로 사용하게 할 거버넌스 체제에 대한 인간 집단의 종속에 의존한다. 회복력 원칙

국가가 조장하는 위험들

은 원래 신자유주의적 경제개발 정책을 비판하기 위해 제기되었지만, 시장의 도입과 시장 안에서 주체 호명에 기초하는 신자유주의적 개발 모델을 정당화하는 쪽으로 귀결되었다. 이제 "회복력 있는 주체"는 신자유주의 사상을 가장 확실하게 구현하는 존재다. 취약성의 정치적 의미에 대해 문제제기하지 않고 그저 신자유주의가 제시하는 지침에 복종하기 때문이다. 어떤 혁명적 충동이 그에게 존재했든지 간에 그런 충동은 주체가 스스로에게 불러와야 할 의무가 있는 치명성의 정교한 형태에 의해 제거된다.

이런 이유에서, 우리는 회복력이 허무주의적 개념이라고 본다. 허무주의는 주체의 가치를 절하하는 데서만 그치지 않고 주체가 정치적인 "무無에의 의지"를 적극적으로 일구도록 만든다. 회복력 개념은 주체가 스스로를 치명적인 위험에 노출시키도록 독려하면서, 주체의 정치적 야망을 현실에 적극적으로 적응해야 한다는 임무로 중화시켜 버린다.

2장

신자유주의 시대의 안전이란 무엇인가

RESILIENT LIFE
THE ART OF LIVING DANGEROUSLY

적응하는 주체로서의 인간

근대를 거치면서 서구 철학의 인간관은 막대한 변화를 겪었다. 인간은 신성이 부여된 동물이며 인간만이 가진 이성을 행사해 자연으로부터 안전을 획득할 수 있으리라고 본 르네 데카르트René Descartes부터, 인간 이성의 병리적 속성을 짚어내고 안전이 "착각"임을 드러내면서 생명영역에서 발생할 수 있는 재앙에 인간이 매우 취약한 존재라고 보는 오늘날의 관념까지, 서구 근대의 철학적 상상은 크게 달라졌다. 자유주의는 이러한 변화에서 예외도 희생양도 아니었다. 오히려 자유주의는 이러한 변화를 구성한 요인이었다고 봐야 한다.

자유주의는 인간 주체의 생물학적 측면을 강조함으로써 데카르트적 개념에 도전하는 데서 시작되었다. 미셸 푸코가 수많은 저술에서 밝혔듯이, 자유주의의 탄생 및 발전은 생명관리정치 시대의 탄생 및 발전과 분리할 수 없다. 생명을 정치 전략의 핵심 대상으로 삼는다는 것은 늘 자유주의를 다른 사조와 구분해주는 특징이었다. 즉 [생명으로서의] 인간이 진보적 통치 의지의 주된 대상이 되면서 자유주의는 언제나 생명과학과 관련이 있었다. 하나의 생물종으로 인간 존재를 규정했을 때 인간을 어떻게 통치할 것인가? 어떻게 하면 생물종으로서 인간이 가진 욕구와 이해관계를 감안해 지배할 수 있을 것인가? 이와 관련해 자유주의 체제에 생명관리정치적 지침을 제공해준 주요 분야는 정치학이나 국제관계학이 아니었다. 인간 거버넌스의 문제에 대해 자유주의 체제에 가장 많은 지식을 제공한 것은 생명에 대한 과학, 즉 넓은 의미에서의 생명과학이었다.

종의 발달과 안전을 가능케 하는 조건이 무엇인지 알고자 하는 생명과학적 연구는 17세기 말부터 본격적으로 수행되었다. 이러한 탐구는 생산적인 생명 형태와 생명에 해악을 끼치는 형태를 구분할 수 있다는 믿음으로 이어졌다. 후자는 생명에 위협적이거나, 생명을 취약하게 또는 불안전하게 만들거나, 생명에 직접적으로 적대적이거나, 생명이 잠재력을 실현하는 것을 저해하는 생명 과정이나 생명 조직을 의미했다. 여기서 "자유주의적 행위자"는 종으로서의 자신의 존재가 완전하게 해방되고 물질적으로 번영을 누릴 수 있는 가능성을 추구하고 실현시켜가는 존재로 상정되었다. 이러한 생명과학적 사고는 초창기의 주요 자유주의 정치철학 이론들과 다르지 않으며, 18세기, 19세기, 20세기까지도 산업화를 배경으로 한 자유주의 철학에 직접적으로 드러나 있다. 또한 21세기인 오늘날 흔히 볼 수 있는, 인간을 지속적인 적응과 생산적인 변화의 장으로 보는 더 복잡한 서술에서도 마찬가지다.

하지만 생명은 데카르트적 주체의 토대에 늘 문제를 일으켰다. 실은 생명이 결코 안전을 확보할 수 없기 때문이다. 이 논리적 난제는 칸트가 명확하게 표현한 바 있다. 데카르트적 이성론을 비판하면서 칸트는 자신이 개진한 보편 이론을 "자유의 타락"이라는 개념으로 보충했다. 생명은 스스로의 변질에 대해 영원히 유죄다. 칸트에 따르면, 생명은 아무리 노력해도 자신이 달성하고자 하는 고결한 보편성에 도달할 수 없다. 따라서 영구적인 평화라는 칸트의 비전도 종국에는 무덤으로 귀결될 운명에 처하게 된다. 생물학적으로 말하자면 생명이란 "취약성의 구현체"에 다름 아니기 때문이다. 산다는 것은, 죽을 가능성이 있으며 언젠가는 반드시 죽어야만 하는 존재가 된다는 의미다. 생명은 생명력을 유지할 수 있는 짧은 기간 동안 다른 생명들과 경쟁하면서 끊임없이 생존을 위해 투쟁해야 하는 존재다. 망가지고 부패할 위험을 언제나 가진 채로, 기껏해야 "회복력"의 의미에서만 번성할 수 있을 뿐이다. 생명이 할 수 있는 최선은 자신이 노출되어 있으며 짧은 기간 동안 의존하고 있는 환경에 혁신적으로 적응하는 것뿐이다. 인간을 이런 존재로 상정하면서, 자유주의는 인간이 생물학적 존재임을 초월해 안전을 달성할 능력이 있다는 믿음을 알게 모르게 늘 인간에게서 박탈했다. 이 때문에 주권 개념은 언제나 자유주의 사상에 근본적인 문제를 일으켰다. 또한 이 때문에 자유주의 사상은 안전의 개념을 생명관리정치적으로 재구성해야 했다. 표면적으로야 어떻게 가늠되든 간에, 생명관리정치적으로 규정된 새로운 안전 개념은 근본적으로 "불안전하도록 짜여" 있다.

이것이 푸코가 자유주의적 주체의 기원을 분석할 때 강조했던 바다.[1] 푸코에 따르면, 자유주의적 주체를 규정하는 것은 "그의 자유도 아니고, 영혼과 신체의 대립도 아니다."[2] 자유주의적 주체는 쾌락을 주는 것을 불러오고 고통이나 괴로움을 줄 수 있는 것을 거부하려는 성향에 단단히 토대를 두고 있다. 이러한 선호는 주체의 의지 범위 안으로 환원될 수 없다. 따라서 자유주의적 주체는, 지속적인 고통과 괴로움을 피할 수 없는 여건에서, 자신의 생존 역량을 감소시키거나 위협한다고 여겨지는 것에 대해 회복력을 갖고자 하며, 이러한 추구 역시 주체의 의지 범위 안으로 환원될 수 없다.

하지만 이 책에서 우리는 자유주의적 주체의 생명관리정치적 "기원"을 더 탐구하기보다, "오늘날에는" 생물학적 주체 개념이 자유주의적 통치를 어떻게 구성해내고 있는지 살펴보고 이것이 회복력의 담론과 실천을 통해 현재의 자유주의 통치 전략과 권력 관계 속에서 어떻게 작동하고 있는지 드러내는 데 초점을 맞추고자 한다. 냉전 종식 이후 자유주의의 영향력이 증가하면서 어떤 변화들이 생겨났는지를 관찰해보면, 주체를 규정하는 특질 중 생물학적으로 정의되는 것의 범위를 전에 없이 넓혀야 할 필요성에서 만들어진 이론과 실천들이 대거 발견된다. 그렇다면 우리는, "자신이 살고 있고 의존하고 있는 바로 그 세상에 대해 인간은 매우 취약한 존재"라는 것을 사람들이 점점 더 강하게 인식하게 되고 그와 함께 "적응력"과 "회복력" 담론이 부상하게 된 과정을 상세히 살펴봐야 한다. 오늘날 생물학적 인간관이 지배적인 영향력을 갖게 된 것, 또 특유의 재앙적 상상과 위험 논리 속에서 그 인간관이 어떤 비판에도 처하지 않고 자명한 진리로 정상화된 것은 냉전 종식 이후 자유주의가 절대적 위치로 부상하는 과정에서 부수적이거나 우발적인 일이 아니었다. 주체가 스스로의 취약성을 인식하고 인정하게 되면서 통치 권력은 생명에 개입할 수 있는 새로운 조건을 갖게 되었고, 이는 신자유주의 통치의 전 지구적 폭력을 도덕적으로 승인했다. 따라서 이는 냉전 종식 이후 자유주의를 추동한 사상적·담론적 요인 중 매우 핵심적인 것이었다고 봐야 한다.

뒤에서 설명하겠지만, 오늘날 회복력 담론을 촉진하는 통치 정책은 자유주의 권력이 전 지구적 규모로 생명에 영향을 미치려고 하면서 달라진 지형을 드러낸다. 자유주의의 회복력 담론은, 개인과 집단이 위험으로부터 안전을 확보할 수 있는 역량을 키우게 하기보다는 안전의 가능성을 믿는 것이 위험한 일이라고 여기게 만드는 쪽으로 작동한다. 이는 자유주의 사상이 예로부터 가지고 있었던 개념의 확장이라고 볼 수 있다. 언제나 자유주의는 불안전을 정치적 통치의 조건으로 삼아왔으니 말이다.

회복력 있는 존재가 되려면 주체는 안전을 확보할 가능성에 대한 믿음을 모두 버리고서, 삶이란 통제 영역을 벗어나 있(다고 여겨지)는 위험들에 끊임없이 적응하는 과정이라는 것을 받아들여야 한다. 이는 끝없는 혼돈의 시대에서 신자유주의 논리를 따를 역량을 그럭저럭 잃지 않으면서 살아가는 것을 의미한다. 회복력 있는 주체는 자신을 세계에 적응시키기 위해 영구히 투쟁해야 한다.[3] 이런 의미에서, 회복력 있는 주체는 자신의 방식대로 세계를 변혁시키는 것, 그러한 변혁을 가능케 하는 구조와 조건 같은 것을 상상할 수 있는 정치적 주체가 아니다. 회복력 있는 주체는 자신이 살아가는 세계가 위험하다는 것을 그 세계에 참여하기 위한 조건으로서 받아들여야 하고, 그 세계에 내재된 불가피한 위험 요인들에 맞춰 [세상을 변화시키는 게 아니라] 스스로를 변화시키라는 명령을 따라야만 한다. 지그문트 바우만은 이렇게 언급했다.

두려움은 우리 시대의 개방된 사회에 똬리를 틀고 있는 악마 중 가장 사악한 악마일 것이다. 그중에서도 가장 공포스럽고 참기 어려운 두려움을 만들고 키우는 것을 꼽으라면 현재의 불안전성과 미래의 불확실성일 것이다. 불안전성과 불확실성은 다시 무력함을 낳는다. 개인으로든, 몇 명이 모여서든, 집단으로 모여서든 간에, 우리는 더 이상 통제력을 갖지 못한 것으로 보이며, 설상가상으로 우리의 정치를 권력이 이미 자리 잡고 있는 수준까지 끌어올릴 수단도 갖지 못한 것으로 보인다.[4]

회복력 있는 주체를 형성한다는 것은 사람들에게서 정치적인 습관, 경향, 역량을 무력화시키고 그 대신 적응적인 습관, 경향, 역량을 밀어 넣는 것을 의미한다. 회복력 있는 주체는 자신이 직면하는 위험에 저항하거나 그것으로부터 안전을 추구하지 말아야 한다. 또한 재앙 너머의 세계를 내다볼 역량도 갖고 있지 않다. 회복력 있는 주체는 위험을 사적 재화로 간주하고 그러한 위험이 개인과 집단의 삶에 필수적이라는 믿음을 불러일으키려는 신자유주의 논리를 받아들여서 그나마 조금이라도 더 생존을 가능케 해주는 여건에 적응해야 한다. 필리파 렌즈토스Filippa Lenztos와 니콜라스 로즈Nikolas Rose는 회복력이란 "어떤 보증도 취약한 상태에서 불안전과 불안정을 받아들이는 삶"을 적극 촉진하는 것이라고 언급했다.

> 회복력은 복잡한 세계에서 붕괴해버리지 않으면서 교란을 더 잘 예측하고 교란이 왔을 때 더 잘 버티며 교란의 충격에서 더 잘 회복될 수 있기 위해 주관적인 배열과 물질적인 배열을 조직적·구조적·개인적 차원에서 체계적이고 광범위하게 강화하는 것을 의미한다. (중략) 회복력 논리는 위험의 가능성이 상존하는 세계에서 모든 이가 자유롭고 자신감 있게 살 수 있게 해줄 주관적, 구조적 상태와 체계적 상태를 만들고자 한다.[5]

회복력 촉진의 이면에 있는 이론적 가정과 그것이 정치적 주체에

국가가 조장하는 위험들

대해 갖는 함의를 생각한다면, 우리는 회복력, 적응력, 취약성 담론을 탈자연화하고 비판할 수 있는 생명관리정치적 분석틀을 구축해야 한다. 이 책에서 우리는 회복력 담론이 인간을 규정하는 분석틀에 문제 제기하고, 인간을 "정치적 주체"로 규정하는 새로운 분석틀을 구성해야 한다고 주장할 것이다. 회복력을 발휘해 생물학적 자연세계에 영구히 적응해야 하는 존재로서가 아니라 세상에서 맞닥뜨릴 적대적 요소들로부터 스스로의 안전을 확보할 역량이 있다는 오만한 믿음을 통해 역능이 강화된 존재로서 인간을 규정하는 틀이 필요하다. 자유주의 통치가 인간의 오만을 어떻게 제거했는지 알려면 신자유주의적 주체 형성과 관련된 생명관리정치를 살펴봐야 한다. 즉, 인간을 다른 생물종과 공유하는 생물학적 특질과 능력으로만 축소해서 생물학적 인간으로서의 주체를 만들어내는 통치 방식을 알아봐야 한다. 우리는 생명을 자연요인의 수준으로만 환원하는 통치 방식, 그럼으로써 생물학적 존재임을 넘어 의미를 찾으려는 주체의 욕망이 아무런 정치적 반향을 갖지 못하게 하는 통치 방식에 반대한다.

푸코가 분석했던 이전 시기 자유주의의 생명관리정치는 사람들을 위험에서 지켜줄 수 있다는 약속을 통치 권력의 기반으로 삼고 있었다. 이러한 통치 논리는 여러 가지 진보적 조치들을 통해 "생명이 잘 살아갈 수 있게" 함으로써 생명 자체를 보호한다고 자처했다. 근대를 거치면서 자유주의는 이러한 통치 합리성에 더 깊이 뿌리를 내렸고, 그 결과 생명에 적대적이라고 간주되는 주체들에 대한 병리화는 더욱 악랄해졌다. 이러한 폭력에 대해서는 이미 많은 연구가 이루어져 있다. 그런데 인류세가 도래하면서 새로운 문제가 대두되었다.

오늘날의 신자유주의 통치를 면밀히 살펴보면, 생명이 본질적으로 위험에 처해 있는 존재로 재규정되면서 통치 권력이 정당성을 주장하기 위해 동원하는 용어들이 달라졌음이 발견된다. 신자유주의 통치 권력의 정당성은 푸코가 연구했던 고전적 자유주의 통치 권력과 달리 인간의 생명이 아니라 생명영역의 생명을 보호할 수 있다고 주장하는 데 토대를 둔다. 신자유주의는 단지 인간종의 발달과 관련된 실천만이 아니라 생명영역 전반의 발달과 관련된 실천을 통해 정당성을 주장한다는 점에서 푸코가 분석했던 과거의 자유주의와 다르다.

안전 거버넌스, 경제개발, 생명영역의 생명, 이 세 가지가 연결되면서(우리는 이것을 "안전-개발-환경 결합"이라고 부른다) 인간의 생명만을 대상으로 삼았던 과거 생명관리정치의 토대는 점점 더 잠식되고 있다. 그렇다면, 자유주의가 어떻게 작동하는지, 특히 자유주의가 어떻게 전 지구적으로 정치적 헤게모니를 갖게 되었는지 파악하려면, 생명의 범주가 체계적으로 조직되고 급진적으로 변형되면서, 통치의 실천들이 지구 차원의 생명(과 그 안에 있는 모든 것)을 "안전 의제화"하는 것과 밀접히 연결된 과정을 파악해야 한다. 따라서 오늘날 사회적 수준에서 생명을 조직하는 방식 상의 변화, 그리고 "인간"[휴먼] 주체에서 "포스트휴먼" 주체로의 전환은, 과거의 자유주의 정치론과 현실주의 정치론을 넘어서서 21세기 신자유주의 권력의 현실을 날 것 그대로 다루고자 한다면 근본적으로 중요한 주제일 수밖에 없다.

국가가 조장하는 위험들

"사회적인 것"을 몰아내기

지난 30년 간 사회적 국가는 막대한 타격을 입었다. 시장이 자유와 해방을 가져다줄 정치적 힘을 가진 것으로 상정되면서 오스트리아 학파 경제학이 신자유주의 권력에 도덕적 의제를 새로이 제시해주는 한편으로, 이 개념은 안전 거버넌스 영역에도 흡수되어 주권 국가가 제공하던 공공 서비스가 [시장이 제공하는] 분절된 형태의 후생 서비스로 대체되었다. "전문가들에 의한 통치"라고 불리는 이러한 전환은 사회적 책임과 돌봄이 신자유주의 원칙 및 시장화된 공급에 순응하게 되는 방식으로 공적인 것과 사적인 것 사이에 새로운 연합을 산출했다.

여기서 핵심은, 신자유주의가 희소한 자원을 가장 효과적이고 효율적으로 분배할 수 있는 인센티브 시스템이라는 주장이다. 이것은 단지 세련된 경제적 주장에 불과한 것이 아니다. 이것은 안보, 권력, 조직, 정치적 진실성 부여, 그리고 생명관리정치적으로 해석된 인간종의 의미 등에 대한 오늘날의 담론에서 핵심이다. 해결해야 하지만 답이 없는 문제로서, 그와 동시에 사회적 국가의 편재에서는 부인되었던 삶의 양식을 가능케 하는 조건으로서 "취약한 주체"가 발견되는 지점이 바로 여기이기 때문이다. 취약성은 모든 것이 잠정적이고 유동적이라는 믿음에 부합하는 세계에 참여하도록 신자유주의 주체를 규율하는 데 필수불가결한 개념이다. 바우만은 이제는 종말을 고한 것으로 보이는 "사회적인 것"에 대해 다음과 같이 언급했다.

이렇게나 유동적인 세계에서는 다른 모든 것과 마찬가지로 지혜와 지식도 빠르게 말라 없어지고 낡아져서 한때 제공할 수 있었던 유용성을 더 이상 제공하지 못하게 된다. 그래서 생산성과 효과성을 높이려는 사람들은 "확립된 지식"이나 전례를 따르려 하지 않고 오랜 경험이 쌓인 전승 지혜의 가치도 의심하게 된다. 관리자들은 "가능할 법한 것들의 네트워크"를 "훑어 보면서" 기회가 있는 것 같으면 잠시 멈춰서 그것을 잡았다가 또 다른 기회가 온 것 같으면 그쪽으로 다시 옮겨간다. 그들은 불확실성의 게임에 기꺼이 나서며 질서보다 혼돈을 추구한다.[6]

헨리 지루Henry Giroux는 이러한 상황을 "사회적인 것의 황혼"이라고 칭했다. "사회적 진보는 개인의 행동, 가치, 취향, 성공이 펼쳐지는 무대로서의 역사적 소임을 더 이상 수행하지 않는다. 한때 진보의 의미를 규정했던 '공공의 것'이나 '공적인 것'이 이제는 모두 병리적으로 여겨지거나 개인의 자유와 재량을 모조리 짓눌렀던 사회주의 악몽의 잔재를 의미하게 된 것과 마찬가지다."[7] 파울 클레Paul Klee의 그림 〈앙겔루스 노부스Angelus Novus(새로운 천사)〉에 대해 발터 벤야민이 쓴 글을 언급하면서, 지루는 유토피아를 그려보던 데서 재앙의 전망을 받아들이는 쪽으로 우리의 사고가 전환했다고 지적했다. 재앙의 가능성과 재앙의 폭력성을 받아들이는 쪽으로 사회적 태도가 이동했다는 것이다. "사회적 책임"이라는 개념이 "스스로를 돌본다"는 신자유주의적 개념으로 대체되면서, 벤야민이 말한 "역사의 천사"는 눈이 멀어 자신의 발밑에서 벌어지는 파괴를 보지 못하며 자신의 날개를 마비시키는 구름도 보지 못한다. 이제 "역사의 천사"는 과거의 기억도 없고 미래

국가가 조장하는 위험들

에 대한 고려도 없는 채로 폭풍 속에 옴짝달싹 못 하고 묶여 있다.[8]

지루의 이 주장은 이 책 앞부분에서 우리가 언급한 집단 기억과 유토피아적 비전에 대한 논의와도 같은 맥락이라고 볼 수 있다. 여기서 우리가 맞닥뜨리게 되는 것은 "반복 없는 차이"다. 과거의 기억은 미래에 대해 아무것도 말해주지 않으며, 재앙적 사건으로 말하자면 어떤 것도 반복되지 않는다. 그 자리를 차지한 것은 정치 광장을 텅 비워버리는 위험과 위협의 이미지다. 이 이미지는 특정한 지식 공동체들을 "언제나, 그리고 이미" 한물 간 것으로 비난하는 맥락에서 작동한다. 떠오르고 있는 시대에는 그것들이 "언제나, 그리고 이미" 부합하지 않는 것으로 보이기 때문이다.

> 의지할 것이라고는 점점 더 자기 자신의 자원과 수완밖에 없는 상황에 처하게 되면서, 개인은 사회적으로 발생한 문제에 대해 개인의 자산과 기술로 개인적인 해법을 찾도록 요구받는다. "칙령에 의한 개인화"라고 칭할 수 있을 이러한 경향은, 제도적 개입으로 완화되지 않는다면, 필연적으로 개인들 사이에서 삶의 기회를 양극화하고 차등화하게 된다. 그뿐 아니라, 이러한 양극화는 사실상 자기촉진적이고 자기가속적인 과정이 된다.[9]

하이예크가 주장한 바와 달리, 신자유주의는 모든 것을 시장에 넘기고자 한 적이 없다. 엄밀한 의미에서 "자유시장"은 존재하지 않는다. 신자유주의는 욕망하는 주체들을 더 많이 만들어내기 위해 개인과 집단의 "행위를 지휘관리하는conducting conduct"[통치하는] 것에 여전히 깊은 관심을 가지고 있다. 바우만이 말한 "칙령에 의한 개인화"는 회복력 담론이 신자유주의적 개입주의의 한 형태임을 잘 포착하고 있다. 이러한 개입은 통치를 위해 생명을 취약성에 따라 차등적으로 구분하면서도 이것이 "자기촉진적"인 과정이며 "해방의 지향"을 내포하는 것이라고 주장한다. 이러한 개입이 오늘날 긴축 조치와 밀접히 관련된다는 점이 특히 주목할 만하다. 긴축 조치는 해방의 장을 여는 것이나 정치적인 과정 등과는 관련이 없다. "정치적인 것"은 오히려 긴축 조치의 수행을 방해하는 병리적 행위로 치부된다. 여기서 요구되는 것은, "사회적 책임"의 개념을 새롭게 규정해서 위기의 부담을 전 세계의 가난한 사람들에게 지우고 "사회적 안전망"이 시스템상의 문제점으로 여겨지게 만드는 것이다. 이는 회복력의 전제에 기초한 새로운 형태의 개입주의를 필요로 한다. 여기서 회복력의 전제란, 불안전하도록 짜인 복잡한 사회 직조 속에서 개인이 처하는 [취약한] 위치에 대해 그 개인 스스로가 책임을 받아들이는 것을 의미한다. 따라서 긴축주의는 제약만을 의미하는 것이 아니다. 긴축주의는 사회가 유해하고 치명적인 격동에 직면해도 [기존 체제에 대한] 희망을 버리지 않게 하는 식으로 태도가 전환되었음을 드러낸다. 급진적인 정치 의제를 받아들이지 않게 하는 것은 물론이다. 마크 네오클레우스Mark Neocleous는 다음과 같이 설명했다.

신자유주의가 부상하면서 "회복력" 개념이 더 두드러지게 되었다는 것은 의미심장하다. 회복력이 미래 계획 수립과 관련해 국가의 막대한 역할을 전제한다는 점에서 보면 신자유주의와 회복력의 연결은 일견 이상하게 보일지 모른다. 하지만 여기에서 미래는 알 수 없고 불확실하다는 것이 핵

국가가 조장하는 위험들

심이다. (중략) 이 용어는 공적인 것뿐 아니라 사적인 것으로도, 정치적인 것뿐 아니라 개인적인 것으로도, 객관적인 것뿐 아니라 주관적인 것으로도 확장되었다. 그래서 오늘날에는 정치적 주체를 "회복 역능"을 통해서가 아니면 생각할 수 없을 정도로 시스템적·조직적·정치적 회복력이 개인적 회복력과 연결되었다. 회복력이 시민-주체가 "균형, 자신감, 개인적 강점을 달성하기 위해" 혹은 (어떤 책의 부제를 빌리면) "내면의 강점을 발견하고 삶의 장애물을 극복하기 위해" 혹은 삶에서 맞닥뜨리는 고난으로부터 "탄력 있게 회복되기 위해" 각자 배우고 습득하는 개인적 특질인 듯이 말하는 책이 무수히 쏟아져 나온 것도 이와 무관하지 않다.10

내면의 강점을 만들어내려면 특정한 형태의 개입이 필요하며, 언제나 이것은 강요로서 표현되는 정치적 개입이다. 강요는 개념의 영역에서만 표현될 수도 있지만 행동의 영역에서 표현될 수도 있다. 개입이란 생명이 이러저러한 기질을 바꾸도록 요구하는 것이기 때문에 언제나 폭력을 의미한다. 개입한다는 것은 어떤 식으로든 생명의 신체에 폭력을 가하는 것이다. 미래에 그 생명이 "회복"될 가능성을 가질 수 있으려면 현재의 신체에 부여된 것들은 푸닥거리로 물리쳐야 한다. 회복력은 그러한 푸닥거리가 가차 없이 이루어지고 난 뒤에 오는 것이다. 즉, 회복력은 생명을 현재의 상태대로 인정하지 않는다. 회복력은 지속적인 조작과 개입만이 생존가능성을 보장해줄 유일한 방법이라며 [권력이] 생명에 제약 없이 접근해야 한다고 주장한다.

회복력 개념도 "생명 너머의 생명"을 상상하긴 하지만 이는 개입주의적 맥락에서이며, 자신의 존재론적·인식론적 위치를 지속적으로 조정하도록 주체를 몰아붙인다는 점에서(주체는 언제나 자신의 노력 여하에 따라 조금 더 안전해질 여지가 있다고 여겨지며, 이는 적응과 조정이 끝없는 과정임을 암시한다) "생명 너머의 생명"에 대한 상상은 여전히 정치적으로 충실한 프레임 안에서 작동한다. 즉 회복력은 주체가 재앙에 기꺼이 노출되고자 하는 태도를 갖도록 독려한다(우리는 이것을 "치명성 원칙"이라고 부른다). 그렇게 함으로써 생명이 더 확고한 목표를 가지고 살아갈 수 있게 되리라는 것이다. 이는 "위험에 가장 잘 대처하는 방법은 위험의 발생을 자신의 생존에 필수적인 네트워크 안에 내면화하는 것"이라는 믿음을 나타낸다. 그래야만 우리가 현재의 자아보다 더 나은 자아가 될 수 있다고 말이다.

다음 단락에서 보겠지만, 이것은 "네트워크화된 자아"를 특정한 종류의 주지주의主知主義(지성이나 이상의 기능을 감정이나 의지의 기능보다 우선시하는 입장. 감정을 중심에 두는 주정주의主情主義, 의지를 중심에 두는 주의주의主意主義와 대비되는 개념이다 – 역주)를 촉진하는 기술적·자연적 프레임의 그물에 묶어버림으로써 주체의 속성에 근본적인 영향을 미쳤다.

포스트휴먼과 테크놀로지

"사회에 소속된다"는 전통적인 개념이 "연결성"이라는 네트워크의 언어로 대체된 상황에서, 주체는 무엇으로 변화하게 되는가? 또 이것은 생명관리정치의 관심사가 "인간"에서 "생명 전체"로 옮겨간 것과

국가가 조장하는 위험들

어떤 관련이 있는가? 푸코는 근대 시기가 되어서야 "주체"가 존재할 수 있었다고 주장했다. 그때에서야 개인이 사회를 염두에 두면서 생산적으로 살도록 강요받기 시작했다는 의미에서다. 주체가 존재할 수 있으려면 생명은 일종의 "문제"로서 새롭게 "발명"되어야 했다. 즉, 생명의 존재와 관련된 사실들이 과학적으로 확증되어야 했고 지금의 상태를 넘어서까지 주체를 "투사"할 수 있는 진리 체계가 광범위하게 개발되어야 했다. "근대" 자체가 계속해서 유의미하게 존재할 수 있기 위해서는, 그리고 그것의 통치 대상이자 정당화의 원천인 생명(통치행위가 생명을 위한다는 명목으로 수행되므로 생명은 정당화의 원천이 된다)에 대해 확고한 장악력을 가질 수 있기 위해서는 근대의 주체가 지속적으로 다시 작업되어야 했다.

휴머니즘은 이러한 투사의 매개로서 매우 호소력이 있었다. 휴머니즘 담론 안에서, 주체를 위한 모종의 헌신이 주체의 자기파괴적 역량을 강화하는 방향으로 구축될 수 있었기 때문이다. 결국 휴머니즘이란, 주체가 영원하고 신성한 지위를 달성하고자 열망하지만 그가 가진 한계 때문에 그 열망의 달성에 실패하는 것에 대한 담론이지 않은가? 물론 푸코가 이러한 분석을 수행했을 때 염두에 둔 것은 그 당시의 시대 상황이었다. 그렇다면 만약 오늘날 푸코가 다시 분석을 한다면, 즉 "지식의 근본적인 배치arrangement"가 존재론적으로나 인식론적으로 전과 크게 달라진 현재의 상황에서 다시 분석한다면, "인간의 재발명"에 대한 그의 이전 이론을 어떻게 수정하게 될까?[11] 그가 언젠가 말했듯이 우리는 ["인간"을 재발명한 기존의 지식 배치가 사라지면서] "인간도 모래사장에 그려진 얼굴처럼 흩어져 사라질 것이라고 도박을 걸어보게" 될까?

여기서 정보혁명이 일으킨 "전 지구적 연결성"을 강조하는 자유주의 국제관계 이론의 밑면을 잠시 살펴보자. 이 이론은 기술-과학 혁명으로 연결성의 정도와 범위가 획기적으로 증가했으며 인류가 이를 활용하면서 사회적·정치적으로 대대적인 변혁이 뒤따랐다고 말한다. 그리고 여기서 "연결인ㅅ"이라고 부를 만한 새로운 종류의 인간이 출현하게 되었다고 말한다.[12] 연결인은 "사회성의 개념 자체가 대대적으로 변혁되었음"을 의미한다.[13] 연결인이 가진 사회성은 이전의 어느 누가 가졌던 어떤 사회성보다도 더 사회적이다. 이들보다 더 사회적이고, 많이 연결되어 있으며, 많은 친구가 있고, 사회적으로나 정치적으로 활발한 사람들은 전에 없었다. 페이스북Facebook은 이들의 서식지다.

연결인들은 이전 시대의 어느 사회 사람들보다 기술적으로 숙달되어 있고 기능이 많다. 이전 시대의 어느 사회에도 분석적으로나 감정적으로나 상상력으로나 이들보다 뛰어난 사람은 없었다.[14] "학습"은 연결인들의 삶의 방식이다. 따라서 연결인들은 이전의 어느 누구보다도 정보가 많다. 그들은 기하급수적으로 풍성해진 정보를 누린다. 또한 "네트워킹"은 연결인들에게 권력의 원천이다. 이 이론에 따르면, 연결인의 등장은 "무슨 무슨 족族의 출현"과 같은 식으로 민족지학적으로 연구해서 추가하기만 하면 될 또 하나의 사회적 현상에 불과한 것이 아니다. 연결인의 형성에 결정적인 요인이었던 "숙련 혁명"은 (어느 자유주의적 국제관계학자가 환호하며 사용한 표현을 빌리면) "세계의 문제들을 규율하는 글로벌 구조에서의 주된 변혁"을 촉발시켰다. 연결인

국가가 조장하는 위험들

들이 수행하는 네트워킹, 정보 공유, 학습 활동을 통해 "아래로부터의 질서"를 창출하고자 하는 새로운 글로벌 자유주의 거버넌스가 생겨나 주권 국가에 의존해야 할 필요성이 없어지면서, 정부에 기대되던 옛 역할은 한물간 것이 되었고 통치의 비전과 실천에 대대적인 변혁이 일어나게 되었다는 것이다.

여기서 "연결인"은 자가조직적인 새 국제 시스템의 사회적 토대를 구성할 기술-과학 혼합을 의미하며 이러한 연결인들이 주권 국가 위주의 기존 제도와 실천을 전 지구적 규모에서 인간의 삶에 더 유익하고 무해한 무언가로 전환시키게 되리라고 기대되었다. 그렇게 되면, 각 생명은 연결망의 결절점이 되어서 생명 공간을 구성하는 모든 요소와 영원히 관련을 맺고 끊으며 존재하게 될 것으로 여겨졌다. 그런데 이러한 연결성의 속성과 권력, 그리고 연결성과 정보기술의 우연적 만남에 대한 진화적 설명은 어디에서 유래했을까? 또 이것은 정치적인 문제로서의 주체 개념에 어떤 영향을 미쳤을까? 제임스 로저나우James Rosenau[15] 같은 글로벌 자유주의 거버넌스 옹호자들이 왜 이러한 전환을 촉진하는지 알려면 연결성 이론이 학습 이론 및 정보 이론, 특히 정보가 학습에서 수행하는 역할에 대한 이론에 어떻게 영향을 미쳤는지 알아야 한다. 이 새로운 학습 이론과 정보 이론이 인간의 진화와 생존 여건에 대한 생명과학적 이해를 변화시켰기 때문이다. 그렇다면 우리는 연결성 이론이 국제관계학만이 아니라 사회과학과 자연과학에 두루 영향을 미치게 된 인식론적 전환의 복잡한 과정을 살펴봐야 한다.

1940년대 이래, 특히 사이버네틱스의 출현 이래, 알려진 모든 생물종 중에서 인간이 유독 우월한 학습 역량을 갖고 있다는 주장이 설득력을 얻었다. 사이버네틱스의 창시자 노버트 위너Norbert Wiener에 따르면, 인간종은 "신체생리학적 구조 덕분에 내재적으로 갖게 된 학습 역량과 적응력을 활용할 수 있는 한에서만 강한 종"이라고 말할 수 있다.[16] 위너에 따르면, 인간 신체의 복잡성과 막대한 상호연결성은 정보 순환의 측면에서 다른 동물이 필적하지 못할 역량을 갖게 해줬고, 이는 다시 인간종 사이의, 그리고 다른 종들과의 연결을 촉진해 인간, 동물, 그리고 공진화하는 환경과 정보를 교환하며 학습을 한층 더 심화시켜나갈 수 있게 해줬다. 이렇게 보면, 인간은 생명들의 위대한 생존 투쟁(생존 투쟁은 생명영역에서 존재를 규정하는 요소다)에 유독 잘 적응할 수 있게 만들어진 존재다.

잘 알려져 있듯이, 위너가 염두에 둔 것은 인간만큼 잘 연결된 생리학적 구조를 가진 기계를 만들 수 있다면 그 기계 또한 인간을 우월하게 만들어준 학습 역량을 가질 수 있으리라는 생각이었다.[17] 디지털 기계는 이렇게 인간이 스스로가 가진 우월성을 복제해내고자 한 첫 번째 실험이었다. "순차적인 스위치들로 이루어져 뒤 스위치의 개폐가 앞 스위치들의 개폐의 정확한 조합에 의존하게 되어 있는"[즉, 0과 1의 이진법적 조합으로 되어 있는] 디지털 기계는 매우 복잡한 정보의 소통에 막대한 장점을 가진다. 위너에 따르면, 이는 인간의 신경계에서 "시냅스의 층위들을 가로질러 자극이 생리학적으로 전파되는 것"과 기능적으로 유사하다. 즉 인간의 신경계에서도 이런 식으로 정보 메시지가 신체를 가로질러 이동하며 이를 통해 인간의 학습이 가능해진다.[18]

국가가 조장하는 위험들

물론 최초로 디지털 장치를 만들어낸 위너의 성취는 과소평가되어서는 안 된다. 이것은 학습 과정에서 연결성과 정보가 갖는 중요성에 대한 놀라운 통찰을 바탕으로 한, 실로 새로운 형태의 기술-과학적 지식이었다. 인간을 포함해 모든 살아 있는 시스템은 이러한 학습 과정을 통해 생물학적으로 적응하고 진화한다. 위너의 이론에서 파생된 지식들만 봐도 위너의 중요성을 증명하는 데 충분하다. 가령 위너의 이론은 [제2차 세계대전 당시] 연합군의 군사 역량을 높여 파시즘과의 싸움을 승리로 이끄는 데 막대하게 기여했다.[19] 또 제2차 세계대전 이후 수십 년간 자유민주 체제의 조직에 광범위하게 영향을 미친 과학과 기술의 발달에도 크게 기여했고, 냉전 종식 이후에는 자유민주 국가들의 글로벌 헤게모니에 일조한 "자유주의적 전쟁 방식"과 관련된 과학기술에도 막대한 영향을 미쳤다.

하지만 이러한 테크놀로지는 불가피하게 또 다른 결과도 낳았다. 생명이 정보가 되면서 "인간으로 존재한다는 것은 무엇인가", 더 넓게는 "살아 있는 생명체로 존재한다는 것은 무엇인가"에 대한 사고에 극적인 전환이 일어난 것이다.[20] 특히, 살아 있는 생명체와 동일한 형태의 지능을 구현할 수 있는 기계를 만들 수 있으리라는 전망이 나오면서 인간, 그 밖의 생명 시스템, 그리고 기술적인 시스템 사이를 구분하던 개념이 깨졌다.[21] "포스트휴먼"적 지식은 인간을 생물학적 실체로만 여겼던 근대의 사고를 교란하면서, 인간과 여타 동물 사이의 구분뿐 아니라 과학에서 인간의 고유성 개념을 형성한 토대였던 정치적 범주들까지 교란했다. 앤서니 미콜리가 말했듯이, "포스트휴먼은 테크놀로지의 발전을 특정적으로 보여주는 '숙련의 외재화'를 통해 기술적 타자를 인간 안에 포괄될 수 있는 (또한 인간을 포괄할 수 있는) 무언가로서 실체화하고 인간화하는 수단이 되었다."[22]

바로 이러한 포스트휴먼적 존재론이 "연결인"의 해방적 잠재력을 주장하는 자유주의적 국제관계론에서 작동하고 있다. 로저나우의 연구가 이 점에서 특히 주목할 만하다. 로저나우는 연결인이 "지속적인 진화 과정"의 정점이라고 주장함으로써 사이버네틱적 서사를 따르되[23], 이것이 목적론적인 과정이 아님을 강조했다. 그는 연결인의 출현이 "그저 갑자기 발생하는 것이 아니다"라고 주장했다. 연결인이 발생할 수 있으려면 "상황이 적합해야 하고, 사람들이 집단적 결정에 순종해야 하며, 협력의 습관을 발달시켜야 하고, 진행되고 있는 창발과 진화의 과정을 방해하지 않는 자세를 지속적으로 갖춰야 한다."[24] 이 조건들은 매우 중요하다. 사람들에게 본질적으로 중립적이지 않고 해로울 수도 있는 특질들을 받아들일 것을 강요하기 때문이다.

따라서 우리는 이것의 정치적 함의를 간과해선 안 된다. 집단적 결정에 대한 순종, [연결인이 되기에] 필요한 성향들의 계발, 적합한 습관의 형성, 장애물의 제거, (이미 진행 중인) 진화 과정의 지속, 이 모든 것이 연결인이 출현하기 위한 전제 조건으로 공공연히 이야기된다. 이는 연결인의 등장과 발전이 내재적이고 자연적인 진화적 과정을 따라 저절로 이루어지는 것이 아니라 연결인이 구성될 수 있는 조건을 전략적으로 구축하는 데 달려 있다는 점을 보여준다. 어느 사회에 연결인이 존재한다면, 그것은 정치적 요인으로 설명되어야 하는 것이지, 생물학적 진화나 자연의 힘만으로 설명될 수 있는 것이 아니다.

그렇다면 연결인들이 실재함을 입증할 수 있는 그 조건들은 무엇인가? 푸코가 말했듯이, 자유주의 프로젝트는 인류의 정치적 발전을 인류에 대한 생물학적 지식과 연결시킬 수 있다는 믿음을 특징으로 한다. 근대 초기에 처음 생겨났을 때부터도 자유주의 프로젝트의 성공은 통치 권력이 필요로 하는 바와도 잘 부합하면서 그와 동시에 "[피통치 주체가 생물종으로서 갖는] 생물학적 운명"과도 잘 부합하는 성향과 습관을 사람들에게 전략적으로 촉진하는 것에 달려 있었고, 그러려면 온갖 종류의 "안전 기술"을 동원해야 했다.[25] 이를테면, 18세기 이래로 자유주의 정권이 동원한 "안전 기술"은 주어진 인구 집단에게서 "순환"의 성향과 습관을 촉진하려 했다.[26]

오늘날에는 "연결성"의 성향과 습관을 촉진하려 한다. 엄밀히 말해 연결 없이는 순환도 있을 수 없다고도 말할 수 있을 것이다. 이렇게 보면, 휴대전화든 노트북이든 아이팟IPOD이든 간에 우리를 더 잘, 많이 연결되게 해주는 정보기술들은 중립적인 기능을 한다고 볼 수 없다. 이것들은 우리가 우리의 자연적 성향을 증진시키기 위해 사용하는 것이라기보다는, 자유주의 권력 체제가 우리를 특정한 성향과 습관으로 구성하기 위해 사용하는 틀의 일부다. 마르틴 하이데거Martin Heidegger가 말했듯이, 기술을 활용한다는 것은 인간이 자율적으로 기술을 도구로서 사용한다는 의미가 아니라, 인간이 기술을 사용하고 기술에 사용당하기도 하는 존재로서, 그리고 기술을 사용하는 과정에서 기술 질서 체제의 유지에 기여하는 존재로서, 틀에 끼워진다는 의미다.[27]

연결성도 마찬가지의 술책을 쓴다. 연결의 역량을 드러내려면 주체는 "연결성을 더 많이 갖추는 법"을 습득해야 한다. 로저나우가 언급한 조건들이 분명히 보여주듯이, 연결인들은 그저 정보기술을 사용하고만 있는 것이 아니다. 그들이 정보기술을 사용할 수 있기 위해서는, 그에 앞서 그들에게서 연결성의 신화에 복종하는 습관과 성향을 만들어내기 위한 코드화되고 각본화된 기술들이 필요하다. 정보기술의 유용성은 연결성의 신화에서 나오며, 연결인이 출현하려면 신화에서 말하는 연결성 개념에 주체들이 복종해야 한다. 주체들이 그 개념에 따르지 않거나 도전할 때는 그에 맞도록 바뀌어야 하며 그렇지 못할 경우에는 폭력, 강제, 전쟁을 사용해서라도 제거되어야 한다.[28] 어떻게 처리하든, 연결되어 있지 않고 자율적인 사람들은 반드시 연결되거나 의존적인 상태로 재구성되어야 한다.

모든 연결이 언젠가는 단절될 가능성을 가지고 있으므로 여기에는 지속적인 개입이 필요하다. 단절의 순간에 우리는 (미콜리의 표현을 빌리면) "포스트휴먼적 고통"에 직면하게 된다. "기술 자체가 실패해서라기보다 연결된 경험의 영역으로 들어갈 우리의 능력에 문제가 있어서 기술적인 실패를 경험할 때, 인간이 자율적 주체라는 개념은 커다란 문제에 봉착한다. 우리는 무의식적으로 (그리고 정신에 외상을 입어가며) 기술적인 인공물들에 권력을 양도하고 나서, 그 인공물들이 제대로 작동하지 못할 때 우리의 정신은 또다시 외상을 입는다."[29]

조금 다른 관점에서도 살펴보자. 단절의 형태에 따라 개입의 전략과 양식도 달라진다. 어떤 경우에는 연결성을 구축하고 촉진함으로써 단절된 사람들을 연결된 존재로 변형시킬 수 있다. 가령 슬럼가의 담벽에 구멍을 뚫고 컴퓨터 키오스크를 설치하면 슬럼가 아이들이 그것을 자유롭게 사용하면서 물리적 강제, 법적 강제, 군사적인 폭력 등에

국가가 조장하는 위험들

의해 강요받지 않더라도 "단절인"에서 "연결인"으로 변모할 수 있다(고 이론은 말한다).[30] 이와 달리, 연결을 적극적으로 거부하는 유형의 단절인들은 폭력적인 방식을 동원해 변화시키거나 제거해야 한다. 미국의 국방부 자문 토머스 P.M. 바넷Thomas P.M. Barnett(자유주의적 방식의 전쟁을 옹호하는 것으로 정평이 나 있다)은 오늘날의 세계가 연결인들이 존재하는 "기능하는 핵심부"와 단절인들이 존재하는 "통합되지 않은 빈틈"으로 나뉘어 있다고 언급했다.[31] 여기서 바넷이 묘사한 단절은 단지 테크놀로지의 문제 때문에 생기는 것이 아니며, 분석적·정서적·상상적 변수들로 측정될 수 있는 것도 아니다. 자유주의 체제 중심부의 조직 원리를 규정하는 "규칙"(네트워크의 용어로 이야기하자면 "코드")에서 단절된 사람들은 단절되어 있다는 바로 그 점 때문에 "미국이 군사적 관심을 기울여야 할 대상"이 된다.[32] 바넷은 이렇게 설명했다.

> 단절은 위험 요소다. 국제 시스템과 글로벌 경제에서 불안전하고 불안정한 곳이 어디인지 알고 싶다면 "통합되지 않은 빈틈"을 찾으면 된다. 바로 그곳이 초국가적 테러 네트워크가 발견되는 곳이고 그들만의 내부 통신망이 발견되는 곳이다.[33]

여기서, 폭력의 모든 매개체에 대해 인간의 공모가 효과적으로 면죄부를 받게 되면서 "인간의 주체적 의지"에 대한 개념이 매우 놀랍게 바뀐다. 일레인 스캐리Elaien Scarry는 이렇게 설명했다.

예전에는 인간의 신체에 체화되었던 무기 사용 기술이 이제는 무기 자체에 너무나 완벽하게 내재되어버려서 인간의 숙련이 불필요해졌다. 그리고 인간의 숙련이 불필요해지면서 "인간의 동의에 의한 행동"이라는 개념도 제거되었다. 따라서 기술적 숙련을 무기에 내재화하는 것은 동의를 인간 주체의 밖으로 외재화하기에 매우 효과적인 형태가 된다."[34]

하지만 기술적인 연결은 복잡한 인터페이스의 일부일 뿐이다. 군사 안보 전략이 정보혁명을 활용해 가히 혁명적인 진전을 이루자마자, 인간과학과 자연과학도 인류세의 프레임 안에서 이를 보충하는 폭넓은 생명영역적 담론을 제공하기 시작했다. 이제 자연 자체가 매우 복잡하고 적응력 있으며 창발적이고 풍부한 정보를 가진 시스템을 닮은 것으로 상정되어, 미시적이고 구체적인 개입들에 열린 상태가 되었다. 실제로, 이제 미시적이고 구체적인 것은 거시적이고 물리적인 기후 여건의 주요 변화를 이해하는 데 필수적이다. 흔히 활동가들은 자연과의 연결이 신자유주의의 기술과학적 추구와 대조된다고 말하지만, 저개발, 폭력, 환경 파괴의 우려를 확대시키는 데서 이 둘은 상호보완적이다. 요컨대, 인간이 더 큰 시스템 안에 이미 촘촘히 에워싸여 있고 오로지 연결성과 생존가능성의 측면에서만 다른 생명과 구분되는 것으로 여겨지기 시작하면서, 그리고 은신처를 찾으려 아무리 노력해도 더 큰 시스템에 연결되는 것을 피할 수 없게 되면서, 이제 선택지에는 이 세계에 참여해야만 한다는 사실을 받아들이는 것밖에 남지 않게 되었다.

하지만 "기술적으로 연결되어야만 한다"는 지상명령과 "자연적으

국가가 조장하는 위험들

로 단절이 애초에 불가능하다"는 사실이 논리적으로 불일치하는 것은 아니다. 이는 우리의 시스템들이 내재적으로 불안전하도록 짜여 있으며 우리가 아무리 노력해도 재앙은 계속 우리 앞에 놓여 있으리라는 개념을 완벽하게 표현하고 있다. 우리는 이 주장에 동의하지 않는다. 특히 정치적 주체성을 포기하게 만드는 측면에 우리는 전혀 동의하지 않는다. 하지만 마치 지능이 인간의 고유성(그것이 착각일지라도)을 생략한 채 자연적인 진화 과정을 자체적으로 밟아가기라도 하듯이 "지능"이 "재앙에 대한 적응력"과 동일시되는 것에 대해 진화유전학자들이 그 시사점을 어떻게 평가하는지는 눈여겨볼 필요가 있다.

> 기원전 1000년에 아테네에 살던 평범한 시민이 갑자기 우리 사회에 나타난다면 우리 중 가장 밝고 지적으로 가장 활발한 사람일 것이다. 그는 기억력이 좋고 사고가 다양하며 중요한 사안에 대해 명료한 시각과 견해를 가지고 있을 것이다. 내가 이렇게 말하는 근거는, 유전학, 인류학, 신경생물학 분야에서 최근의 연구들이 분명히 밝힌 바에 따르면 유전적으로 볼 때 우리의 지적, 감정적 역량이 놀라울 정도로 허약하다는 사실에 토대를 두고 있다.[35]

안전은 위험한 것이다

자고로 자유주의 거버넌스에 인간을 종속시키는 통치 합리성에서 주된 기능을 해온 것은 안전 담론이었지만 이제 그 통치 합리성의 중심이 회복력 담론 쪽으로 빠르게 이동하고 있다. 자유주의 통치가 다루어야 할 정책상의 문제는 어떻게 인간을 안전하게 할 것인가에서 어떻게 인간을 회복력 있게 할 것인가로 이동했으며, 이는 전 지구적인 현상이다. 정책 결정자들이 회복력 담론에 관여할 때, 그들의 목적은 사람들이 위험을 "피할 수 있는 무언가"로 여기지 않게 하거나 더 나아가 위험을 "자신이 노출되어야만 하는 무언가"로 상정하게 만드는 것이며 이런 목적은 공공연히 표방된다. 주체의 "생물학적 처지"를 주체 그 자체로, 또한 통치의 원칙으로 고착화하는 것이 신자유주의적 주체 형성의 모델이기 때문이다. 사실 생물학적으로 보면 생명이란 안전을 확보하기가 극히 어려운 실체다. 생명은 죽음을 자초하는 버릇이 있고, 변화와 쇠퇴가 불가피하며, 파악하기 어렵고, 자신의 통제 범위를 계속해서 벗어난다. 생명을 안전하게 만드는 것이 어렵기도 하거니와, 안전하게 만들려는 시도 자체가 그 생명에 해를 끼치기도 한다. 안전하게 만들려고 노력할수록 그 생명의 야망을 꺾게 되고 심지어 그 생명을 죽게 만들 수도 있다. 이렇게 보면 역설적이게도 안전은 위험한 것이다. 신자유주의적 주체로서의 생명이 성장하고 번성하려면 위험이 꼭 필요한데, 안전은 위험의 필요성을 부인하고 생명이 위험에 노출되는 것을 막으려 하기 때문이다. 이것이 위험을 기꺼이 받아들여야 한다고 주장하는 사람들의 논리다.

자신을 위험으로부터 자유롭게 하려는 시도가 위험이 상존하는 시대의 현실에 부합하지 못하는 사람이 보이는 병리적 특성으로 여겨지고 나면, 어떻게 인간을 안전하게 만들 것인가가 아니라 어떻게 인간이 안전을 추구하려는 나쁜 기질을 넘어설 수 있게 만들 것인가가 핵심 문제가 된다. 어떻게 하면 위험을 대하는 태도와 성향을 바꿔서 주체가 위험을 피해야 할 대상이 아니라 자신이 노출된 채 살아가야 할 대상으로 인식하게 만들 것인가? 이러한 인식의 전환은 "더 합당하게 인간적인" 상태가 되기 위해 꼭 필요한 일이라고 여겨진다. 이러한 의미에서의 "합당한 삶"을 구현한 것이 바로 "회복력 있는 주체"다. 회복력 있는 주체는 위험을 무찌를 역량이 없을 뿐 아니라 자신의 번영을 위해 오히려 위험을 필요로 한다. 이들은 위험에 영구히 노출되는 삶을 살아가기 위해 "지속되는 안전"이라는 신화가 위험하다는 것을 습득한 주체들이다. 자기계발서의 저자인 앨 시버트Al Siebert는 한탄에 침잠하지 않고 회복력 있는 주체가 되기 위한 지침을 다음과 같이 제시했다.

> 안타깝게도 어떤 사람들은 자신의 삶이 교란될 때 희생자 심리에 묶여버린 나머지 비난할 대상을 찾으려고만 한다. 그래서 누군가가 대처 방안을 제안해도 모조리 거부하고, 위기가 지나간 후에도 어려움을 극복하는 데 필요한 조치들을 따르지 않는다. 희생자적 사고는 무력감을 일으키고 자신의 불운한 상황에 대해 남을 비난하게 만든다. 자신의 삶을 더 낫게 만들 책임을 다른 이들에게 돌린다. 이와 달리, 회복력이 높은 사람들은 유연하고, 새로운 환경에 빠르게 적응하며, 지속적인 변화 속에서 번성한다. 가장 중요한 것으로, 그들은 자신이 회복될 수 있으리라는 확신과 기대를 가지고 있다. 그리고 남들이 보기에는 불운해보이는 상황에서도 행운을 창출할 요령과 재주를 가지고 있다.36

여기서 "자율성"에 대해 신자유주의적 주체 모델이 어떻게 만들어지는지 조금 더 살펴보기로 하자. 주체의 역량을 이야기할 때, 자율성은 자유주의 전통에서 매우 소중한 개념이었다. 우리는 자유주의적 주체가 자율적인 주체라고 생각한다. 자율성은 "주체가 다른 인간과의 연결에 속박되지 않은 상태, 즉 다른 이의 의지에 순응해 적응하지 않고 그에 저항할 수 있는 상태"로 정의된다. 한때는 자유주의 사조가 이러한 "탈연결"과 "비적응"을 긍정적인 가능성의 조건으로 여겼다. 이사야 벌린Isaiah Berlin이 이제는 고전 반열에 오른 유명한 글 〈자유의 두 가지 개념Two Concepts of Liberty〉에서 언급했듯이, 자유로운 사람은 "대상이 아니라 주체가 되기를, 스스로의 이성에 의해 움직이기를, 자신이 설정한 목적에 의해 움직이기를 열망한다. 즉 그는 외부로부터 그에게 영향을 미치는 원인에 의해 움직이고 싶어 하지 않는다. 그는 아무것도 아닌 존재가 아니라 의미 있는 존재가 되고자 한다. 그는 행동하는 자가 되고자 한다. 결정된 대로 따르는 자가 아니라 결정하는 자가 되고 싶어 하며, 동물이나 사물이나 노예처럼 인간으로서의 역할을 할 역량, 즉 목적과 정책을 스스로 만들고 실현시킬 역량이 없어서 외부의 자연요인이나 다른 인간이 부과한 방향성대로 살지 않고 스스로가 정한 방향성대로 사는 자가 되고 싶어 한다."[37] 하지만 벌린이 제시한 고전 자유주의적 비전과 달리 오늘날의 자유주의는 인간이 다른 이들에게 속박되지 않고 자유의지로 결정을 내릴 역량을 갖고자 분투할 수 있는 존재라는 생각을 막으려 한다. 오늘날의 자유주의에서 자율성은 다른 이들에게 연결되고 적응할 역량이 줄어드는 것을 의미한다. 따라서 자율성은 주체가 자신의 번성을 위해 적극적으로

국가가 조장하는 위험들

추구해야 할 무언가가 아니라 자신과 다른 이들에게 위험을 일으키는 요인이다. 이 이론은, 신자유주의적 주체가 위험에 노출되지 않고는 번성하는 삶을 살 수 없다고 말하면서도, 자율성이 생명의 신성함에 위험을 제기한다는 이유로 자율적인 삶의 방식을 추구해서는 안 된다고 말한다. 이는 오늘날 신자유주의 통치 담론의 전환이 갖는 역설적인 측면을 잘 보여준다.

안전의 병리화도 그랬듯이 신자유주의에서 자율성이 병리화되고 적응력 담론이 널리 퍼진 것은 정치학, 혹은 더 폭넓게 말해서 사회과학 이론에만 기반한 것이 아니었다. 자율성의 문제적 속성과 적응의 중요성, 그리고 신자유주의 주체의 발전에 꼭 필요하다고 상정되는 연결성 등의 개념은 생명과학에서 나왔다. 자율성을 지속적으로 병리화하는 것은 자유주의 정치 담론에서보다는 비인간 생명 시스템을 연구하는 생명과학의 맥락에서 등장했다. 자율성의 병리화는 어느 정도 안전의 병리화 및 회복력 담론의 확산에 뒤이어 나타났고, 1장에서 봤듯이 후자가 떠오르는 데는 생태학이 크게 기여했다. 하지만 생물학도 신자유주의 담론 안에서 안전 개념을 비판적으로 재구성하는 데, 그리고 적응력의 중요성을 퍼뜨리고 자율성을 비정상적인 것으로 폄훼하는 데 생태학만큼 중요한 역할을 했다. 신자유주의가 자율성을 어떻게 병리화했는지 파악하려면 안전을 병리화했던 더 근본적인 과학의 맥락에서 이 문제를 살펴볼 필요가 있다. 그래야만 신자유주의 주체 형성 전략의 핵심 특징으로서 회복력 개념을 제대로 파악할 수 있을 것이다.

위험에 노출되기

인간 생명의 유한성(인간은 생명영역에 의존해 살아가지만 그 의존은 허약하며, 따라서 인간은 생태계의 재앙에 노출될 수 있다)을 선포해온 가장 대표적인 학문이 생태학이라면, 인간이 그러한 유한성, 취약성, 잠재적 재앙의 맥락에서도 살아가고 번성할 수 있다는 믿음을 선포해온 대표적인 분야는 분자생물학이다. 분자생물학의 역사 내내, 생명이 유한한 현상이고 취약하며 위험에 노출되어 있다는 것은 인간 발달의 장애라기보다 가능성의 조건이라고 이야기되어왔다. 이 이론은 널리 받아들여져서 지난 10년 동안 경제성장 이론에도 분자생물학 이론(생명이 위험에 노출되면서 성장발달한다는 이론)이 결합되었다.[38] 이렇게 분자로 본 생명의 역사를 서술한 저술은 이미 상당히 많이 나와 있다.[39] 이를테면, 일찍이 1990년대에 저명한 분자생물학자 스튜어트 카우프만Stuart Kauffman은, 살아 있는 시스템은 그 본질상 위험으로부터 안전을 확보하는 것이 불가능하다고 주장했다. 생명이 계속해서 살아갈 수 있는 역량 자체가 위험으로부터의 자유가 아니라 위험에의 노출에 의존하고 있기 때문이라는 것이다. 생명의 진화적 발달은 "창발"의 원리에 따라 이루어지며, 재앙적일 수 있는 지점까지 위험에 지속적으로 노출되는 과정을 필요로 한다.[40] 심지어는 재앙의 여건을 선제적으로 만들어보면 더 좋을 수 있다. 위기를 나름대로 통제할 수 있는 모종의 방법을 찾아내서 실제로 재앙이 벌어졌을 때 조금이나마 상황을 더 잘 다룰 수 있도록 말이다. 이런 식으로 위험에 노출되지 않는다면 살아 있는 시스템은 진화할 수 없다. 위험에서 자신을 단절시키려는

국가가 조장하는 위험들

시도는 번성의 역량을 스스로 잃어버리는 결과를 가져와 결국 생명은 시들고 죽어버리게 될 것이다. 이에 따르면, "가만히 있는 것"은 주체가 치명적으로 퇴락하고 있음을 보여주는 확실한 징후다.

회복력은 생명의 완충 역량을 의미한다. 즉, "교란을 흡수"하는 능력, 또는 "행동을 통제하는 과정이나 변수들을 바꾸어서 자신의 구조를 아예 변경해야 할 필요가 생기기 전에 흡수 가능한 교란의 강도"를 높이는 능력을 말한다.[41] 생물학 이론에 따르면, 살아 있는 시스템은 위험으로부터 자신을 보호하는 역량에 의해서가 아니라 위험에 불가피하게 노출될 때 생기는 교란을 흡수하는 역량을 통해 발달한다. 이렇게 보면, 위험에의 노출은 살아 있는 시스템의 발달 과정에서 핵심 요소다. 따라서 그들의 관심사는 위험으로부터 어떻게 안전을 확보할 것인가가 아니라 위험에 노출되는 과정에서 교란을 흡수하는 역량, 즉 회복력을 어떻게 발달시킬 것인가가 된다. 이는 급진적인 불확실성을 받아들이고 급진적인 연결성을 촉진하는 복잡한 세계에서 번성할 수 있는 역량과 관련이 있다. 인간도 다른 모든 생명을 규정하는 법칙에 따라야 하는 존재라면, 다른 모든 생명과 마찬가지로 회복력의 역량 또한 발달시켜야 한다. 위험으로부터 안전을 확보하고자 하는 유혹을 피하고 위험 요인에 자신을 기꺼이 노출시킴으로써 교란을 흡수하는 법을 배워야 하는 것이다. 이것은 보호를 위한 수단이 아니라 노출을 위한 수단이다.

물론 생물학적 영역에서 생명이 위험과 연결되어 있다는 설명에는 옳은 면이 있다. 우리는 정치학자이므로 생명과학에서 말하는 법칙이 생물종과 생태계의 생물학적 상호작용을 설명하기에 적합한지 여부를 논할 수는 없을 것이다. 우리의 관심은, 생명과학적 프레임이 "인간 세계"에 적용될 때 무슨 일이 벌어질 것인가이며, 생명과학 프레임이 인간 사회에 적용된 결과 정치적 퇴락이 발생했다는 것이 우리의 주장이다. 주체가 "자신이 판단하기에 위험하다고 여겨지는 요인으로부터 안전을 제공해달라고 통치 체제에 요구할 수 있는 능력"을 가진다는 점이 부인되기 때문이다.

이 능력은 근대 정치권력을 정당화하는 데 근본적인 요소였지만, 오늘날 자유주의 담론 안에서는 생명과 위험에 대한 "과학적 사고"의 영향으로 빠르게 잠식되고 있다. 신자유주의 주체는 위험으로부터 스스로를 보호할 수 있는 가능성을 생각해볼 수 있는 주체가 아니다. 신자유주의 주체는 삶이란 영원히 위험에 적응해야 하는 투쟁의 과정이라고 믿어야 한다. 회복력 있는 주체는 위험을 자신이 참여해야 하는 세계의 기본 조건으로 인정하고, 그 위험에 맞춰 자기 자신을 변형시켜야 한다는 지상명령을 받아들인다. 신자유주의 주체를 구성하는 과정은 안전에 대한 열망을 의도적으로 무력화하고 그것을 적응력에 대한 열망으로 대체한다. 회복력 있는 주체는 "스스로를 위험에서 보호하라"는 명령을 받아들이는 것이 아니라 "처해 있는 여건에 반복적으로 적응하라"는 명령을 받아들인다. 잡초에 이르기까지 모든 생명이 영속적인 위험의 지형에서 변화에 계속 적응해나가듯이 말이다.

이것이 인류세적 사고가 가져온 재앙적인 결과 중 하나다. 재앙이 우리가 세계에 참여할 수 있는 가능성의 조건이 되고 나면, 불가피하게 우리는 자연요인의 수준으로 환원되고, 인간 특유의 특질들(그게 무엇이건 간에)은 제거된다. 인간의 복잡한 신체생리적 구조와 우월한 적응 역량이 아무리 과학적으로 입증된다 해도 말이다. 여기서 제거되는 것은 인간 주체만이 가진 이성의 역량, 그리고 언어와 사고를 연결하는 역량이다. 인간이 형이상학적으로 사고하고 행동할 수 있는 역량을 부여받은 존재라는 개념도 불가능해진다. 인간의 삶에 인간을 넘어서는 무언가가 존재할 수 있다는 개념이 사라지는 것이다. 새로운 주지주의(우리는 이것을 "포스트-형이상학적 도그마"라고 부른다)에 의해 그런 역량들이 제거되면서, 이제 인간 생명은 문자 그대로 가장 현실적인 수준에서 "땅에 발붙인 상태"가 된다. 인간 행위의 규모가 생명영역에 막대하고 근본적인 변화를 일으켜 인간이 세상의 "주된 설계자"가 되었는지는 몰라도, 자신을 순전히 생물학적 상태로만 축소시킴으로써 인간 주체는 시詩적으로 생각할 수 있는 역량을 취약하고 덧없는 것으로 여기면서 그것을 스스로에게서 부인해버린다.

위험으로의 노출이 주체를 위한 가능성의 조건이 되고 나면, 주체에 대해 제기되는 질문은 위험으로부터 안전을 확보하기 위해 자유를 행사할 수 있는가가 아니게 된다. 이제 질문은 위험에 노출된 상태로 살아가기 위해 자유의 개념을 그에 맞게 상정할 수 있는가다. 다른 말로, 푸코가 〈생명관리정치의 탄생Naissance de la biopolitique〉 강연 시리즈에서 상세히 설명했듯이, 문제는 "위험하게 살라"는 신자유주의의 지상명령을 받아들일 수 있는가가 된다. 푸코에 따르면, 초기 자유주의의 주체는 위험에 직면해야 할 필요성(심지어는 위험이 제공하는 자극)은 기본적으로 인정하면서도 그 위험에 "최소한으로만 노출될 수 있는 여건"을 달성하기를 원했다.[42] 이러한 주체가 행사하는 자유는 당사자와 다른 이들에게 위험을 일으킬 수 있는 행위로서 문제화되긴 하지만, 그렇더라도 주체의 자유는 주체가 위험에 노출되는 것을 최소화할 수 있게끔 허용하는 방식으로 규율이 가능하다고 여겨졌다.

이렇게 해서, 자유주의는 "안전 전략"을 통한 통치술로서 발달했다.[43] 그런데 오늘날에는 안전에 대한 열망이 사라지고 담론이 회복력 쪽으로 옮겨갔다. 이는 고전 자유주의가 보편적인 정치 열망을 달성하는 데 실패하면서 자유주의의 속성이 달라졌음을 의미한다. 또한 회복력과 신자유주의의 결합이 통치 합리성을 위한 기본 토대로서 "불안전"을 얼마나 광범위하게 촉진하고 있는지도 보여준다. 더 이상 주체(개인으로서도 집단으로서도)가 위험한 여건 속에서 어떻게 자유를 확보할 것인지를 질문할 수 없다. 이제는 주체가 위험에 노출되는 것을 달성하기 위해 (이는 자신과 자신이 속한 인구 집단을 위해 필요한 일이라고 상정된다) 어떻게 자유를 실천할 것인가를 질문해야 한다. 이제 "위험에 처하는 것"은 "생산적인 것"이 되었다.

주체가 스스로를 위험에 노출시키라는 명령에 복종하려면 그보다 먼저 생물학적 주장들에 복종해야 한다. 자유주의가 "자유"와 "휴머니즘"을 얼마나 많이 이야기했든 간에, 생물학적 주장들이야말로 자유주의를 실제로 떠받쳐온 핵심 토대였다. 다른 말로, 주체의 생명과 위험 사이의 관계는 자유주의가 말하는 생물학적 생명 개념에 부합해야 한다. 생물학적 생명은 스스로의 생존 역량을 위험에 빠뜨리지 않고는 위험에서 자유로워질 수 없다. 그렇다면 자유주의적 주체는 정치적 자유를 행사할 때도 이와 동일한 조건을 받아들여야 한다. 스스로의 삶의 방식을 결정할 정치적 자유는 위험에 자신을 노출시켜야 한다는 생물학적 명령의 제약 아래 이루어져야 하는 것이다. 위험으로부터 자유를 달성하는 것을 전제로 행동하는 생명은 살 수 없다. 그러한 시도는 생물학이 말하는 생명의 근본 법칙을 위배하는 것이기 때문이다. 그러한 행동은 자유주의가 진리라고 인정하는 경험주의적, 실증주의적 가르침을 배반하는 것이 된다. 그렇다면, 생명을 생물학적으로 규정하는 것이 자유주의를 구성한 핵심 요소라는 점만으로는 신자유주의 통치가 주체의 안전과 자율성을 가치 절하한 방식을 온전히 설명할 수 없다. 생물학적 차원에 더해, "위험하게 살라"는 지상명령의 "경제적 차원"도 살펴봐야만, 회복력을 촉진하려는 담론과 실천이 사회적 책임과 공동체적 돌봄을 개인의 돌봄으로 (여기서 개인은 취약성을 자연적인 조건으로서 받아들인 주체다) 대체한 신자유주의 거버넌스의 확장임을 분명히 파악할 수 있다.

〈생명관리정치의 탄생〉 강연 시리즈가 책으로 나온 이래, 푸코 연구자들 사이에서는 푸코가 자유주의에 대해 이전의 접근 방식을 폐기하고 자유주의를 경제 체제로 보는 마르스크주의적 접근 방식을 취했다고 보는 것이 일반적인 해석이었다. 어떻게 보면 실제로 푸코의 신자유주의 담론은 "생명관리정치가 추구하는 안전은 근본적으로 경제에 대한 사고에 의해 매개된다"고 주장하는 것처럼 보이기도 한다.[44] 물론 경제가 자유주의 통치의 윤곽을 변화시키는 강력한 힘이긴 하지만 "기업가 정신 발휘하듯 위험을 감수하라"는 명령은 주체를 생물학적 존재로 치환한 것(자유주의는 늘 여기에 토대를 두고 있다), 그리고 그 다음에는 생물학적 생명이란 지속적으로 위험에 노출됨으로써 이득을 얻는 법이라는 쪽으로 생명 개념이 전환한 것을 떼놓고는 설명할 수 없다. 즉 자유주의 경제에 대한 푸코의 논의는 생명관리정치화의 과정을 드러내려는 시도를 여전히 강하게 담고 있다. 그렇다면 주체에게 "기업가 정신을 불어넣는 것"[45]이 생명관리정치적 거버넌스의 종말을 의미하는 것이라는 해석은 옳지 않으며, 이러한 해석은 생명관리정치 개념의 깊이를 잘못 이해한 것이다. 자유주의적 주체가 위험을 감수해야 한다는 명령은 그 주체의 생명이 자신으로부터, 그리고 자신을 위협하는 것으로부터 스스로를 구원할 수 있는 수단으로서 제시된다. 푸코의 이론에서는 추상적으로 이해된 "경제"가 아니라 "생명"이 자유주의적 사상과 실천을 매개하고 있다. 경제는 자유주의적 "생명"의 속성을 설명하는 프레임 안에서 작동하는 중요한 담론 중 하나라고 봐야 한다.

그렇기는 하되, 회복력의 담론과 실천은 신자유주의 경제 정책과 밀접하게 연결되어 있으며, 시장 및 시장에 기반한 거버넌스 형태들을 포함한 자유주의 제도를 보호, 발전시키는 데 복무한다. 그런데 이러한 제도, 거버넌스, 실천의 정당성과 그것이 필요로 하는 주체 개념의 정당성 모두 그러한 제도들이 자유주의적 주체로서의 생명에게 후생을 누리게 해줄 수 있다고 주장하는 데 토대를 두고 있다. 이는 복지와 후생에 대해 새로운 담론을 일으킨다. 사회적 국가를 통해 안정적인 보호를 제공하겠다는 생각은 너무 순진한 것으로 치부되고, 위험의 논리에 따라 적응력을 키우는 방식으로 "스스로를 돌봐야 한다"는 개념이 촉진된다.

신자유주의 경제 정책이 재난 관리 전략과 밀접한 관련이 있는 이유가 여기에 있다. 재난에 직면하는 데서 뽑아낼 수 있는 금전적·인식론적 이익이 존재하는 것이다. 또한 이것은 회복력 전략이 정교화되고 확산된 것, 그리고 개인들을 온갖 사건에 더 잘 대비할 수 있게 해준다는 자기계발서가 폭발적으로 쏟아져 나온 것 사이의 관련성도 설명해준다. 20여 년에 걸쳐 사회적 국가가 훼손되면서, 위험에 대비하는 것은 국가가 아닌 개인의 책임이 되었다(다만, 군사 정책과 관련해서는 국가의 지위가 여전히 확고하다). 이제 불평등에 대해 정치적으로 문제를 제기하는 것은 허용되지 않으며, 불평등은 충분한 생존가능성을 통해 보상되는 것이자 참을 만한 것으로 상정된다. 어느 회복력 이론가는 다음과 같이 언급했다.

나는 취약성과 회복력을 평가할 때 "기능주의적"으로 접근하자고 제안한다. 개인, 집단, 공동체가 자신의 일을 스스로 관리할 역량과 같은 기본적인 목표들을 추구하고 달성할 수 있는 능력이 있는지, 그리고 식품, 물, 주거지, 의료, 교육, 문화 활동, 사회적 통합, 정보, 그 밖의 필요하고 바람직한 서비스 등 적절한 자원에 적절한 수준으로 접근할 수 있는지를 토대로 평가해야 한다는 의미다. 이러한 접근은 사회와 공동체에도 적용될 수 있다. 그들이 시스템적 충격과 재앙에 직면해서 자신의 목적을 충족시킬 수 있을 것인가?[46]

3장

재앙 자본주의 시대

RESILIENT LIFE
THE ART OF LIVING DANGEROUSLY

위기에 적응하는 삶

오늘날 회복력을 촉진하는 글로벌 거버넌스 정책은 자유주의가 처한 환경과 자유주의 자체의 속성에서 벌어진 변화를 반영한다. 현재 자유주의가 채택하고 있는 회복력 담론은 사람들(개인과 사회 모두)이 역량을 키워 위험으로부터의 안전을 추구하게 만들기보다는 영속적인 안전이라는 꿈은 불가능하다는 개념을 받아들이게 만든다. 회복력을 갖추려면, 주체는 위험 요인들로부터 스스로를 안전하게 만들 수 있다는 믿음을 모두 버려야 하고, 삶이란 통제를 벗어나 있(다고 여기)는 위험에 영원히 적응하는 과정임을 받아들여야 한다. 회복력 있는 주체는 자신이 직면하는 어려움에 저항하거나 어려움으로부터 안전을 확보하려 하지 않기 위해 이러한 지상명령을 받아들인다. 안전을 확보하려 하기보다는, 극히 불확실한 시대에서 신자유주의의 요구사항들을 받아들임으로써 그나마 생존을 가능하게 해주는 여건들에 적응하고자 한다.

이러한 담론과 실천이 가장 두드러진 분야를 꼽으라면 경제개발 분야일 것이다. 특히 "개발development"에서 "지속가능 발전sustainable development"으로의 전환은 회복력 담론과 주체의 탈정치화를 촉진하려는 신자유주의 전략의 부상에서 매우 큰 중요성을 갖는다. 생명을 정치적 문제로 여기게 하는 보충적 과정들과 사회적 부담을 빈곤해진 주체의 어깨에 직접 지울 수 있도록 인간을 세분화하는 강력한 기반이 바로 여기서 발견되기 때문이다.

이 이중적 움직임을 설명하려면 회복력 담론이 지속가능 발전 원칙과 함께 등장하고 생태학 논의들을 통해 정교화된 과정을 살펴봐야한다. 부분적으로 이는 환경 운동이 관심을 인간만의 안전에서 생명영역 전체의 안전으로 옮김으로써 자유주의 거버넌스의 의제를 성공적으로 재구성해낸 것과 관련이 있다. 하지만 이는 신자유주의가 고전 자유주의와 달리 생명의 속성을 "포스트휴먼"적으로 이해하고 있다는 측면에서도 고찰되어야 한다.

처음에 지속가능 발전 옹호자들이 회복력 개념을 도입했을 때는 인간의 후생에 필요한 경제 외적 "생명부양 시스템"을 일컫기 위해서였다. 하지만 점차 회복력은 인간이 (다른 모든 생명과 마찬가지로) 내재적으로 보유한 특질을 일컫는 것으로 의미가 바뀌었다. 이에 더해, 인간 집단의 회복력을 증진시키는 것은 첫째, 시장 안에서의 인간 집단의 호명, 둘째, 경제 주체로서의 인간 집단의 다양성, 셋째, 자연자원을 지속가능한 방식으로 사용하게 할 거버넌스 체제로의 종속에 달려 있다고 여겨지게 되었다. 이렇게 해서, 애초에는 신자유주의 정책을 비판하기 위해 등장했던 개념이 시장의 구성과 시장에서의 주체 호명에 기초한 신자유주의 발전 모델을 정당화하는 원칙으로 바뀌었다.

지속가능 발전 주창자들은 이 개념이 서구 국가들이 촉진하고 국제기구들이 시행해온 기존의 국제 개발 방식에 대해 진보적인 비판을 가능케 한다고 주장한다. 냉전 시기 서구의 국제 개발 정책을 구성했던 조악한 경제 논리에 반박하면서, 특히 경제 발전을 물신화하는 것이 환경에 미치는 악영향을 막고자 하면서, 지속가능 발전 주창자들은 인간의 후생에 필수적인 "생명부양 시스템"의 안전성을 확보하고

국가가 조장하는 위험들

자 했다.[1] 생명영역의 안전이 무엇보다 (특히 경제의 안전보다) 우선시 되면서, 생명은 경제에 한계를 지우는, 경제를 제약하는 요인으로 설정되었다. 하지만 지속가능 발전 개념은 경제 논리에 동원될 가능성 또한 늘 가지고 있었다. 지속가능 발전이 제시하는 "대안적" 안전 논리가 신자유주의의 경제 원칙와 부합하는 면이 있기 때문이다. 지속가능 발전이 생태 논리를 근거로 들며 생명영역을 보호하자고 주장하는 것은 사실이지만, 바로 그 보호의 수단으로 신자유주의적 경제 시스템이 처방될 수 있는 것이다.

이렇게 해서, 신자유주의 담론에서는 경제 논리가 생태 논리에 복무하는 것으로 상정된다. 경제 시스템으로부터 생명을 보호하는 것을 생명이 경제 시스템에 기여할 수 있는 역량을 촉진함으로써 달성할 수 있다는 역설적인 주장이 가능해지는 것이다. 신자유주의는 이러한 역설적인 토대에 기초하고 있으며 여기에 지속가능 발전이 활용되고 있다. 지속가능 발전과 신자유주의는 동일한 것도 아니고 전자가 단순히 후자의 대용지표인 것도 아니지만, 안전 합리성의 측면에서 이 둘은 매우 강하게 연결되어 있다. 이러한 연결은 갈등하고 경합하는 정치적 장을 구성해야 마땅하겠지만 대체로 이 두 원칙 사이의 관계는 전략적으로 관리가 가능하다.

지속가능 발전 개념을 떠받치고 있는 생태 논리가 신자유주의 경제 논리에 얼마나 취약한지는 최근에 여실히 드러났다. 개발 원칙에서 안전 개념이 지속적으로 제거되고 회복력 개념이 부상한 것이 이를 잘 보여준다. 신자유주의는 지속가능 발전 원칙을 매우 유용하게 활용할 수 있다. 지속가능 발전이 안전을 주장하기보다는 신자유주의적 제도(특히 시장)와, 통치 체제, 그리고 (이 장의 내용에서 가장 중요하게는) 주체의 회복력을 주장하기 때문이다. 유엔은 회복력을 다음과 같이 정의한다.

> 시스템, 공동체, 또는 사회가 잠재적 유해성에 노출되었을 때, 충분한 수준의 기능과 구조에 도달하고 그 수준을 유지할 수 있도록 저항하거나 변화함으로써 적응할 수 있는 능력.[2]

지속가능 발전을 회복력과 연계하고자 하는 학자들은 회복력을 "변화에 완충을 주고, 학습하며 발달해갈 수 있는 역량"이라고 정의하며 이 개념을 "빠르게 변화하는 복잡한 세계에서 어떻게 하면 적응 역량을 향상, 유지할 수 있을지를 파악하는 틀"로 삼는다.[3] (지속가능 발전도 그랬듯이) 회복력 개념이 신자유주의 원칙의 직접적인 산물이 아니고 오히려 신자유주의 원칙을 비판하기 위해 도입된 개념이었다는 점은 놀랄 일이 아니다. 신자유주의는 하나의 일관된 원칙이 아니며 영구적으로 변하지 않는 형태의 도그마도 아니기 때문이다. 자신에 대해 제기되는 비판을 흡수하고 적응하며 버티는 "회복력"이야말로 신자유주의 담론의 가장 큰 강점일 것이다.

오늘날 지속가능 발전 원칙이 널리 퍼지고 있는 것도 신자유주의 담론의 회복력을 잘 보여준다. 이런 면에서, 냉전 종식 직후의 자유주의 통치가 "개발-안전 결합"의 형태였다면, 21세기의 자유주의 통치는 "지속가능 개발-회복력 결합"의 형태라고 말할 수 있을 것이다. 냉전 종식 이후 첫 20년 동안의 국제관계에서 "안전"이 [제3세계의] 개발

국가가 조장하는 위험들

을 서구 국가들에 종속시키는 논리로 기능했다면, 이제는 "회복력" 개념이 그러한 논리로 기능하고 있다. 국제관계학자들 사이에서 "안전의 개념을 해체해야 한다"는 목소리가 나오고는 있지만, 이들이 그렇게 주장하는 이유는 안전을 "부르주아 사회의 핵심 개념이자 자유주의의 근본적인 주제와 관련된 것"이라고 보기 때문이다.[4] 따라서 이 주장은 핵심을 놓치고 있다. "안전을 넘어서" 새로운 정치를 요구하는 것은 문제를 해결하지 못할 뿐더러 오히려 문제의 핵심을 모호하게 만든다. 안전과 오랫동안 연관되어왔던 자유주의 자체가 이제는 오히려 불안전을 공공연히 촉진하는 회복력 개념을 담론적 토대로 삼게 되었기 때문이다.

우리는 회복력 담론이 신자유주의 거버넌스와 제도를 어떻게 정당화했는지 드러내는 것을 넘어, 그것이 소환하고자 한 주체가 무엇인지에 대해서도 알아볼 필요가 있다. 개발 기구들이 구성한 세계관은 회복력 있는 주체를 만드는 데 관심을 둔다. 이는 세계의 재앙을 전제로 하고 있으며 주체에게 영구히 재앙을 견디도록 요구한다. 그에 맞는 실천을 따르지 않는다면 이 세계에서 성장하고 번성할 수 없다는 것이다. 이것이 회복력 담론에서 가장 중요한 점이다.

회복력 있는 주체는 이 세계에 자신을 적응시키기 위해 영구적으로 투쟁해야 한다. 어려움에 맞서 저항하거나 어려움으로부터 안전을 확보하려 하지 말고, 신자유주의를 받아들여서 자신의 역량을 조금이나마 더 가능하게 해주는 조건들에 적응해야 한다. 따라서 신자유주의에 저항하려면, 일견 신자유주의를 비판하는 것처럼 보이는 지속가능 발전과 회복력 담론이 제시하는 "대안적 미래"도 거부해야 한다.

그러려면 [그런 담론이 촉진하는 탈정치화된 주체가 아닌] "정치적 주체"를 다시 만들어내고 "안전"을 실질적이고 일상에 밀착된 개념으로서 재구성해야 한다.

기업가적 안전 논리와 생존의 조건

지속가능 발전 원칙에 영향을 준 기본 개념들은 1970년대부터 영향력이 있었지만 구체화된 것은 1987년 브룬트란트 위원회[환경과 개발에 관한 세계 위원회WCED]의 보고서 〈우리 공동의 미래Our Common Future〉가 나오면서부터라고 볼 수 있다.[5] 표면적으로 보면 지속가능 발전은 그때까지 지배적이었던 개발 이론에 강력한 비판을 제기하는 것 같았다. 기존의 개발 정책은 사회의 생산, 소비, 부의 증대를 목적으로 삼고 있었는데, 지속가능 발전은 그러한 경제 중심적 정책이 인간이 후생을 누리는 데 막대하게 의존하고 있는 "생명부양 시스템"에 악영향을 미친다고 지적했기 때문이다.[6]

"우리 공동의 미래"에서 구체화되고 2002년 요하네스버그에서 열린 '지속가능 발전을 위한 세계 정상회담'에서 확고한 위치에 오른 지속가능 개발 원칙은, 경제개발이 자연자원, 환경, 생태계, 생물다양성의 지속가능성을 보장하는 방식으로 이루어져야 한다는, 얼핏 보기에는 모순되는 내용을 담고 있었다. 이에 따르면, "생명"의 가치와 유용성은 매우 복잡해서 단순화할 수 없으며 이를 보호하기 위해서는 통상적인 의미에서의 경제 발전이 제약될 필요가 있었다. 즉, 지속가능

국가가 조장하는 위험들

발전 원칙은 제약 없는 경제 논리가 일으킨 위험으로부터 생명의 안전을 확보하려 했고, 이는 1980년대에 헤게모니를 장악해가던, 그리고 1989년 냉전 종식 이후로는 전 지구적 지배력을 행사하게 될 신자유주의의 통치 원칙과 직접적으로 충돌하는 듯했다.

지속가능 발전 옹호자들은, 영국의 마거릿 대처Margaret Thatcher와 미국의 로널드 레이건Ronald Reagan이 옹호한 "순수 자유주의"로 인해 어떤 비용이 들든 "경제"를 개발의 수단이자 목적으로 최우선시해야 한다는 생각이 자명한 법칙의 자리에 등극했다며, 이런 개념을 토대로 개발이 진행된 결과 우리가 새로운 문제에 봉착했다고 주장했다. 인간의 경제적 후생에 문제를 일으켜서라기보다는(이것도 문제지만), 인간의 경제가 경제 질서 외부, 즉 생명영역을 위협하기 때문이었다. 지속가능 발전 옹호자들이 경제 개발 자체가 무가치하다거나 문제라고 본 것은 아니었다. 하지만 이들은 경제를 생명영역의 이해관계와 맞아떨어지도록 새로이 규제하고자 했고 1990년대를 거치면서 그러한 노력이 어느 정도 구체화되기도 했다. 이를테면, 1990년대에 세계은행 부총재 조지프 스티글리츠Joseph Stiglitz는 자유주의적 정책 처방을 강도 높게 비판했고, 환경주의자들의 조언이 각국 정부와 국제 경제 기구들에 점점 더 많이 받아들여졌다.[7]

하지만 1980년대와 1990년대에 각국 정부를 곤란하게 만들기 시작한 자유주의의 정당성 위기와 지속가능 발전 사이의 관계는 이보다 훨씬 복잡하다. 마크 더필드는 개발 전략이 근대화를 설교하던 데서 지속가능 발전을 설파하는 쪽으로 전환한 것의 상당 부분은 개발을 신자유주의적 프레임으로 재구성한 데 따른 결과라고 설명했다.[8] 더

필드에 따르면, 지속가능 발전은 "근대화 전략"에 기반했던 이전의 개발 정책을 비판하려는 신자유주의 전략으로서 발달했으며 이는 자유주의 논리의 권위를 훼손하기는커녕 오히려 더 강력한 기반을 제공했다. 물론 생태 논리가 지속가능 발전 원칙을 구성하고 근대화 기반의 개발 전략을 비판하는 데 큰 역할을 하긴 했지만, 그렇더라도 이 새로운 개념들을 실제로 규정한 것은 신자유주의적 통치의 합리성이었다는 것이다.

일례로, 전통적인 개발 모델에 대한 비판은 국가의 개입에 대한 신자유주의적 비판과 연결되면서 힘을 얻은 면이 크다.[9] 국가 주도의 근대화 전략을 버리고 사람들이 "공동체 기반의 자립"이라는 미덕을 터득하게 하면 지속가능한 발전이 자연스럽게 이루어지리라고 말함으로써, 지속가능 발전은 안전을 확보해야 할 부담을 국가에서 사람들에게로 이동시키고자 하는 신자유주의적 정치 의제를 반영했다.[10] 더 필드는 지속가능 발전이 가난한 사람들과 저개발국 사람들에게 더 이상 국가가 후생을 높여주고 안전을 제공해주리라 기대하지 말고 각자 스스로를 지키고 돌보는 미덕을 실천하라고 함으로써 경제 영역에서 신자유주의 원칙을 확장하는 기능을 한다고 지적했다. 지속가능 발전은 신자유주의 모델에 순응하는 사회와 주체를 적극적으로 촉진하며, 여기서 모든 이는 "개인적으로, 또 집단적으로 자립을 증명할 것"을 요구받는다.[11] 이렇게 보면, [가족 기반의 사회적 응집과 필수품이 대체로 자급자족적으로 재생산되는 사회인] 모잠비크 같은 아프리카 국가들은 "시장 통합에 따르는 위험을 관리할 수 있는 적응력을 제공하는, 사실상 공짜 사회보장 시스템이 있는 곳"이라고 볼 수 있다.[12]

더필드는 국가 개입에 대한 신자유주의적 비판과 지속가능 발전 원칙이 수렴한다는 점, 즉 국가의 문제에 대한 해결책으로 신자유주의가 제시하는 사회 및 개인의 모델(그리고 여기에 따르는 경제적 이익)과 지속가능 발전 원칙이 수렴한다는 점을 드러내면서, 지속가능 발전을 단순히 경제 논리보다 생태 논리를 우위에 두자는 원칙으로만 보아서는 안 된다고 주장한다. 그렇다면 지속가능 발전과 신자유주의 사이의 관계는 정확히 어떤 속성을 가지는 것일까? 지속가능 발전의 의제를 구성한 생태 논리는 그저 신자유주의적 통치 합리성의 대용지표일 뿐일까? 지속가능 발전의 원칙이 신자유주의적 통치 합리성에 복무하는 것이라면, 경제 위주의 전략을 비판하고 지속가능하게 생명을 보살피자는 취지로 환경 운동 진영에서 동원하고 있는 생태 논리는 어떻게 이해할 수 있을까? 이런 질문에 답하려면, 신자유주의에서 "생명"이 경제, 정치, 안전과 맺고 있는 복잡한 관계를 파악해야 한다. 즉 더필드의 표현을 빌리면, "신자유주의의 생명관리정치"를 파악해야 한다.[13]

통상적으로 신자유주의는 "인간의 후생이 사유재산권, 개인적 자유, 제약 없는 시장, 자유무역을 특징으로 하는 제도 아래서 기업가적 자유를 극대화했을 때 가장 잘 진전될 수 있다고 보는 정치경제적 실천의 이론"[14]이라고 정의된다. 그런데 이에 못지않게 중요한 것은, 신자유주의 이론이 경제적 부와 자유의 증진이 생명의 안전과 번영의 증진으로 이어진다는 주장을 담고 있다는 점이다. 이렇듯 신자유주의 이론은 경제적 이익을 증진시키려는 사람들의 행위를 생명영역의 이익을 증진시키고자 하는 사람들과 연결시킬 수 있으며, 이는 지속가능 발전과 신자유주의가 잘 부합하는 이유를 설명해준다.

사실, 경제 이론 자체가 원래부터 매우 복잡한 개념이었음을 생각하면 이러한 연결이 그리 이상한 일은 아니다. 경제학의 기원을 보면, 애초부터 사회나 가족, 개인 등 단지 인간의 번영만을 위한 지식이 아니라 자연세계 전반이 필요로 하는 바와의 연관성을 고려하면서 인간의 번영을 증진시키려는 지식을 의미했다. 아리스토텔레스Aristoteles는 "자연이 이미 각각의 종 자체에 기능과 의무를 분배했으므로" 경제학이 마땅히 "자연에 순응해야 한다"고 말했다.[15] "경제에는 유기적인 목적과 기능적인 조화라는 개념이 내포되어" 있으며 따라서 "효용과 후생의 통합을 가장 잘 이룰 수 있는 행동은 자연의 질서와 섭리를 존중하는 한에서 이루어져야 한다"는 것이었다.[16] 또 경제 개념의 신학적 기원을 살펴본 조르조 아감벤에 따르면, 애초에 경제는 사물의 자연적 과정을 관리하는 것만을 의미하지 않고 "구원의 의도를 가지고서 매국면의 구체적인 상황 속에서 스스로를 가늠해가며 그 상황의 속성에 적응하는 실천"을 의미했다.[17] 즉, 애초부터 경제는 단지 자연을 "통치"하는 양식이 아니라 자연에 적용함으로써 자연에 부합하는 방식으로 기능하는 거버넌스적 실천을 의미하는 개념이었다.

하지만 신자유주의는 인간종을 위해서만이 아니라 생명영역 전체를 위해 경제적 이익과 번영을 증진시킬 수 있다는 주장으로 정당성을 확보하려 한다는 점에서 이전의 자유주의 정치경제 이론의 전통을 깨뜨린다. 여기서 생명영역은 상품화, 소유, 점유, 정치적 통치가 가능하다. 경제, 후생, 자유, 안전, 생명영역 모두가 신자유주의적 통치의 담론과 실천에 결합하면서, 기존에 "생명관리정치"라고 명명되었던 것들 중 몇 가지는 토대가 흔들리게 되었다.[18] 자유주의의 "근본" 특징이 무엇이냐고 묻는다면 다음과 같이 대답할 수 있을 것이다. "자유주의가 기능하는 방식을 알려면, 특히 자유주의가 전 지구적으로 헤게모니를 갖게 되었을 때 어떻게 이득을 얻는지 알려면, 생명이라는 범주가 통치의 다양한 실천과 얼마나 체계적으로 연결되어 있는지, 그리고 생명의 개념이 인간에서 생명영역으로 전환한 것이 그러한 실천들에 얼마나 중대한 영향을 미쳤는지 알아야 한다."

신자유주의를 생명관리정치적으로 파악하면, 개발도상국에서 생태 논리가 시장 기반의 기업가적 자본주의를 촉진하는 데 어떻게 기여했는지를 더 잘 파악할 수 있다. 특히 중요한 것은, 신자유주의 국가와 개발기구들이 개진하는 안전 담론이 생태 논리와 연결되면서 달라지기 시작했다는 점이다. 여기서 핵심은 회복력 담론의 출현이다. 신자유주의가 사람들에게 회복력을 가지라고 설파할 때, 사실 이것은 자아와 주체의 기업가적 실천(더필드의 표현으로는 "자립")을 독려하는 것이다. 회복력 있는 사회는 자신의 안전과 후생을 국가나 그 밖의 기관이 향상시켜주리라고 기대하지 않는다. 안전과 후생은 스스로가 챙겨야 한다고 믿게끔 규율되었기 때문이다. 심지어는 그런 역량이 "근본적인 자유"라고까지 생각한다.[19] 여기서 신자유주의적 회복력 담론이 기존의 자유주의를 규정하던 안전 논리를 새롭게 재구성하는 데 생태 논리를 대대적으로 동원하고 있다는 사실에 주목할 필요가 있다. 즉, 신자유주의 안전 논리가 지속가능 발전 개념을 구성하는 데 어떻게 기여했는지 알려면, 생태 논리가 어떻게 양자 모두를 구성했는지 파악해야 한다. 생태 논리는 지속가능 발전 개념을 구성하는 신자유주의 통치 합리성의 대용지표가 아니라, 신자유주의와 지속가능 발전 모두를 구성하는 근간이라고 봐야 한다.

가치 절하되는 주체

지속가능 발전이 회복력 개념을 촉진함으로써 신자유주의 통치 체제와 제도를 자연스러운 것으로 여기게 만든다고 언급했으니, 이제 지속가능 발전이 "주체"를 신자유주의적 통치에 적합하도록 구성하는 데 어떤 역할을 하는지 알아보자. 모든 통치 체제는 그에 맞는 통치 주체를 생성한다. 오랫동안 자유주의적 주체의 생성은 자신의 안전을 보장하고자 하는 주체를 만들어내는 게임이었다. 스스로를 보호할 수 있는 주체는 그들 자신에게도 덜 위협적이었고, 그럼으로써 국가나 글로벌 거버넌스에도 덜 위협적이었다. 이런 면에서 개발과 안전의 결합은 자신의 안전을 보장하고자 하는 주체가 글로벌 질서도 더 안전한 형태로 만들게 되리라는 자유주의의 정치적 상상에 원료가 되었다.[20] 그렇다면 개발과 안전의 결합에서 지속가능 발전과 회복력의 결합으로 바뀌면서 통치 체제가 생산하고자 하는 주체는 어떻게 달라졌을까? "안전성의 주체"는 "회복력의 주체"와 어떤 차이가 있을까? 오늘날 개발이 목적으로 삼는 바는 "개발-안전 결합"이었던 기존의 자유주의 통치 논리가 자연스럽게 확장된 것으로 봐야 할까?

그렇지 않다. 사실 여기에는 상당한 단절이 있다. 안전 추구의 욕망과 역량을 희생시키는 것이 지속가능 발전에 맞는 주체를 형성하는 데 핵심 조건이기 때문이다. 여기서 안전은 자유주의 체제가 주체에게 요구하는 것이 아니라 금지하는 것이다. 지속가능 발전에서 회복력 있는 주체는 안전을 확보하려는 주체가 아니라 적응하는 주체이며, 여기서 적응은 유해성에 노출된 상태로도 생존할 수 있을 만큼의 조정을 해낼 수 있는 역량을 말한다. 회복력 있는 주체는 자신을 세상에 적응시키기 위해 영구히 투쟁해야 하는 주체이지 세상의 구조와 조건을 바꾸고자 하는 정치적 주체가 아니다. 세상에 대해 자신의 안전을 비전으로 그리는 주체가 아니라, 자신이 참여해야 하는 세상의 기본 조건이 재앙적 조건임을 받아들이고 그러한 위험 요인에 스스로를 적응시키라는 지상명령을 받아들이는 주체다. 이러한 주체를 구성하는 담론을 잘 보여주는 사례가 기후변화다. 어느 저명한 회복력 이론가는 기후변화의 문제에 대해 다음과 같이 해법을 제시했다.

> 우리가 알아야 할 중요한 것은, 기후변화의 정도도 아니고, 수자원 관리, 연안 보호, 식량안보, 종의 생존 등에 대한 피해의 규모도 아니다. 우리가 알아야 할 것은, 기후변화가 가져올 변화에 우리가 적응하고 조정할 능력이 있다는 사실이다.[21]

지속가능 발전은 더 이상 인간이 세상으로부터 스스로를 보호하고, 그럼으로써 세상 안에서 주체가 될 수 있는 역량을 의미하지 않는다. 개발이 생태적 변화와 변형의 법칙을 따르며, 따라서 유해성에 노출되는 것이 발전의 조건이라고 상정되고 나면, 지속가능 발전은 개인과 사회에 다음과 같은 질문을 던지게 된다.

"세상으로부터 자신을 안전하게 하지 않으면서 세상에서 생존할 수 있는 방법은 무엇인가?"

지속가능 발전의 이론, 실천, 정책 속에서 회복력 개념이 신자유주의뿐 아니라 "재난 관리"와도 밀접한 관련이 있는 이유가 여기에 있다. 사실 후자는 전자를 정당화하는 데 필수적이다. 유엔에 따르면, 개발도상국들이 유해성에 노출되는 것을 관리할 수 있는 능력은 생산적이고 생명을 부양해주며 다양성 있는 "건강한 생태계"에만 달려 있는 것이 아니라, 변화에 잘 적응하고 사회적·생태적 한계를 잘 반영하며 다양성 있는 "건강한 경제"에도 달려 있다.[22] 예를 들면, 재건 기간 동안 여성과 남성의 기술을 동등하게 활용하는 방법 등을 통해 "재난에 이어 '기회의 창문이 열렸을 때' 사회 변화의 기회를 포착하고 잡아내는 것"이 필요하다.[23] 그러려면 근본적으로 "재난 저감이 자신의 후생에 매우 중요함"을 사람들이 인식해야 한다.[24] "자신의 생존은 스스로 책임져야 하며 정부가 해법을 찾아 제공해주기를 기다리고만 있어서는 안 된다는 것을 깨달아야 하기" 때문이다.[25] 그러므로 재난은 인간의 발전에 위협적인 것, 또는 사람들이 그것으로부터의 안전을 추구해야 하는 것이 아니다. 오히려 재난은 사회가 경제적·정치적으로 스스로를 변모시킬 수 있는 "기회"다. 재난은 공동체가 이전의 발전 경로에 다시 올라오기 위해 서둘러 빠져나와야 할 위험이 아니라, 그 자체로 발전적인 변화를 해나가는 과정이며 신자유주의적 사회로 자신을 재구성하는 과정이라고 이야기된다. 이런 맥락에서, 재난에 노출되는 것은 신자유주의 통치 체제를 발전시키는 데 꼭 필요한, 긍정적인 것으로 개념화된다. 그런데 이러한 통치 합리성이 작동하려면 주체가

국가가 조장하는 위험들

거기에 복종해야 한다. 유엔 보고서는, 주체들이 유해성의 "속성"을 알아야만 지속가능 발전이 가능하다며, 사회가 갖는 지식은 다음과 같은 것들을 담지해야 한다고 언급했다.

> 지구상의 거의 모든 물리적 현상을 고려해야 한다. 지구 멘틀의 느린 운동, 대륙의 움직임과 해류의 흐름을 추동하는 대류환의 운동은 출발점이자 뭉쳐서 분출하는 지점이기도 하다. 그것들은 산을 들어 올리고 풍경을 구성한다. 또한 화산을 일으키고 재앙적일 수도 있는 지진을 촉발한다. 기술적 발전과 더불어, 대기를 매개로 한 방대한 규모의 눈에 보이지 않는 움직임들(탄소 순환, 물 순환, 질소 순환 등)과 마찬가지로 지진과 화산은 강한 국가, 부유한 산업, 위대한 도시들의 토대를 제공한다. 물론 그것들을 파괴할 잠재력도 갖고 있다.[26]

여기서 인간은 자신에게 고통을 일으키는 여건에 저항하기보다 적응하는 한에서 회복력이 있다고 간주된다. "회복력 있어진다"는 말은 저항할 수 있는 힘을 버리는 것이다. 지속가능 발전을 주창하는 두 이론가는 "저항보다 적응해야 할 긴요한 필요성이 점점 더 가차 없이 증가할 것"이라고 주장한다.[27] 이러한 "긴요한 필요성"의 "가차 없는 증가"에 열광하면서, 이들은 인간에 대해 다음과 같이 매우 생생한 상을 제시했다.

> 종으로서 인류는 막대한 적응력이 있다. 실로 잡초와 같은 종이다. 우리는 개인으로서도 막대한 적응력이 있고 가족도 그렇다. 가족(매우 다양한 방

식으로 정의할 수 있지만)은 모든 인간 사회에서 보편적이고 영속적으로 나타나는 단위다.[28]

이렇듯 인류를 "잡초와 같은 종"으로 규정하고서 여기에 "적응하라"는 지상명령을 결합시킨 담론적 조합을 제2차 세계대전 당시 나치의 강제수용소에서도 볼 수 있었다. 배링턴 무어Barrington Moore가 자신의 방대한 역사서에서 잘 보여주었듯이, 수용소야말로 이런 종류의 "회복력 있는 주체"를 구성하고 "적응의 역량"을 연마하는 곳이었다. 극단적인 고통의 공간에서 대개 사람들은 어떤 저항의 징후도 보이지 못한다. 그보다, 고통을 일으키는 여건에 "적응"하기 위해 복잡한 (하지만 궁극적으로는 실패할) 전략들을 개발해 어떻게든 생존하고자 한다.[29] 무어는 [저항에 필요한] "정치적으로 효과적인 도덕적 분노를 일으키려면" 그 상황이 불가피하고 필연적이라는 생각에 사로잡히는 것을 "반드시" 극복해야 한다고 주장했다.[30] 신자유주의 제도에 부합하도록 회복력 있는 주체와 사회를 구성하는 것은 인간의 정치적 역량을 훼손함으로써 이루어진다. 아우슈비츠나 부헨발트 수용소에서 자행된 것보다는 훨씬 덜 직접적이고 정교한 방식이긴 하지만, 지속가능 발전 이론가들이 회복력을 "지상명령"으로 만들고자 하는 열정은 유대인에게 저항의 무용함을 확신시킴으로써 "적응적 학습 과정의 속도를 높이고자 했던" 나치 돌격대와 비견될 만한 면이 있다.[31]

국가가 조장하는 위험들

존재의 끄트머리

이 책에서 우리는 생명영역에 인간이 미치고 있는 막대한 악영향을 고려해야 한다는 데 반박하려는 게 아니다. 우리의 목적은 생태 논리와 경제 논리가 맞물려 생명영역뿐 아니라 인간의 정치적 역량마저 훼손하는 데 공모하는 지점을 명시적으로 드러내는 것이다. 우리는 특히 오늘날 지속가능 발전 개념이 생태 논리를 들어 생명영역의 보호를 역설하는 동시에 신자유주의가 경제야말로 생명영역을 보호하기에 최선의 수단이라고 주장하면서 정치적 주체성도, 신자유주의의 정당성에 문제를 제기할지도 모를 철학적 숙고도 모조리 병리화되고 있음을 지적하고자 한다. 신자유주의에서 경제 논리는 생태 논리에 복무하는 것으로 간주된다. 역설적이게도, 생명을 경제로부터 보호하려면 생명이 경제에 기여하는 역량을 촉진해야 한다는 것이다. 그러면서 정치적 주체성이야말로 현재의 여건에서 살아갈 수밖에 없는 생명이 필요한 것들을 얻지 못하도록 방해하는 성향이라고 진단한다.

지속가능 발전이 경제 논리에 동원되는 것을 막고자 한다면, 생명의 지속을 위해서는 신자유주의적 프레임이 필수불가결하다는 주장을 산출하는 담론적 결합에 대해 문제제기해야 한다. 바로 이 지점이 오늘날 담론 투쟁이 벌어지고 있는 장소이기 때문이다. 우리가 회복력 개념을 다시 사고하자고 주장하는 것은 바로 이런 의미에서다. 초창기에 지속가능 발전을 주창하던 사람들이 "생태계의 회복력을 높여야 한다"고 요구했던 것에 문제가 있어서라기보다, 요하네스버그 회담 이후로 회복력 개념이 인간의 근본 특질이자 역량을 의미하는 것으로 전환된 데 문제가 있어서다. 개발 이론과 실천 모두에서 생태적 상상력이 사회적·정치적 상상력을 점령해버림으로써, 재앙의 맥락에서 지속가능성을 조금이나마 담지할 수 있는 해결책으로 신자유주의를 들이밀 수 있는 토양이 만들어진 것이다. 이것이 어떻게 가능했는지 파악하려면, 신자유주의적 생명관리정치가 어떻게 작동하고 있는지를 파악해야 한다. 어떻게 해서 "신자유주의가 부와 자유를 증가시킬 수 있다"는 주장이 "생명 자체의 번영과 안전을 증가시킬 수 있다"는 주장과 연결될 수 있었는가?

회복력 있는 주체의 생명은 항상 존재의 아슬아슬한 "끄트머리"에 위치한다. 방향성을 갖는 목적론적 논리가 밀려나고 "극도로 상호 연결된 위험 요인"이라는 복잡한 지형이 그 자리를 차지하면서 우연적인 사건들이 생명에 질적인 의미를 부여하게 된 상황에서(생명 자체도 "생명이라는 사건"이다), 우리는 하나의 임계에서 다른 임계로, 하나의 재앙에서 다른 재앙으로 옮겨 다니는 처지가 되었고 우리가 전망할 수 있는 미래라고는 알 수 없는 공허의 공간뿐인 운명에 맞닥뜨리게 되었다. 존재의 끄트머리에서 살아간다는 것은 이제 어떻게든 피해야 할 일이 아니다. 끄트머리에서 살아가는 것은 오히려 적극적으로 촉진된다. 끔찍한 사건에 복종하고 그런 사건이 드러내는 불확실성을 우리 자신 또한 사건적으로만 존재한다는 점을 다시 확인해주는 "존재론적 정치 논리"의 일부로 내면화하면서 미지 속으로 기꺼이 뛰어들어야만, 우리가 우연적인 사건들에 더 잘 직면할 수 있게 된다는 것이다. 엘런 랭어Ellen Langer와 제인 로스Jane Roth[32]가 제시한 "통제하고 있다는 착각"이라는 유명한 정신분석적 개념은 어느 면에서 이제 무의미하다. 어느 누구도 세상사를 통제할 수 없다는 것을 우리가 이미 받아들였을 뿐 아니라 우연한 사건들이 미칠 악영향을 누그러뜨릴 수 있으리라는 생각마저 포기했기 때문이다. 이제는 "통제하고 있다는 착각"에 빠져 있는 사람들이 현실성 없고 미성숙하다고 비난 받으므로, 병리화의 양상이 완전히 달라졌다. 존재의 아슬아슬한 끄트머리에서 살아가는 것은 자연스러운 일이다. 그렇지 않다고 주장하는 것은 정교한 기만이며 이러한 기만은 우연적인 사건들에 잘 대비하는 데 필요한 올바른 정신 상태를 부인하게 만들기 때문에 더 위험하다고 여겨진다.

이러한 개념이 가장 실감나게 드러난 영역을 꼽으라면, 안정적인 균형점이라는 개념이 버려진 경제학을 들 수 있을 것이다. 일리야 프리고진Ilya Prigogine의 열역학 연구 이후 복잡계의 동태적 속성을 우리가 완전히 새롭게 이해하게 되면서, 이제는 경제도 자체의 자기조직적 경향을 드러내는 복잡하고 상호 연관된 시스템으로 여겨지게 되었다.33 즉 경제는 균형점과는 거리가 먼 동태적 상태에서 작동하는 것처럼 보이게 된다. "복잡계 경제학"은 미시적-구체적 충격들(이를 "경제적 사건들"이라고 부를 수 있을 것이다)이 어떻게 경제 시스템의 총합적 수행성에 영향을 미치는지에 관심을 둔다.34 따라서 거시적 안정성이라는 개념은 버려지고 그 대신 복잡하고 전적으로 상호 연결된 생산 요소들과 유통 흐름들의 관계가 중요해진다. 이것은 내재적으로 불안정하며, 전체적인 결과와 중요성이 사전에 확실하게 예측될 수 없다. 케인즈주의적으로 경제의 안정 상태를 추구하는 것과 결부되곤 하는 "선형성"이라든지 사회적 총계나 하향식 개입과 같은 개념은 지속적인 적응에 우선순위를 두는 "비선형적 순차 관계"에 밀려났다. 그레구아르 니콜리스Grégoire Nicolis와 프리고진의 말을 빌리면, 이러한 시스템은 "전반적인 최적화"를 향해 가지 않으며, "결코 규칙이 미리 고안될 수 없는" 복잡한 확률적 과정을 통해 작동한다.[35]

개발은 꼭 필요한 것인가

모든 개발이 촉진할 만한 가치가 있다고 여겨지는 것은 아니다. 개발에는 정치적으로 자격이 부여된다. 더필드가 언급했듯이, 개발은 현지 사람들이 겪는 빈곤만을 관심사로 삼지는 않는다. "지역민들 사이에 실제로 존재하는 지략 및 자원활용력"과 그로부터 나오는 자율성은 위험한 것으로 간주된다. 자유주의 권력이 규율할 수 있는 범위를 벗어나기 때문이다. 회복력을 가늠할 때도 마찬가지다. "위기 때는 생존이 최우선이어야 한다"는 개념만으로는 설명되지 않는다. 시스템 전체적으로 충격을 일으키는 재앙이 닥친 상황에서도 "무엇이 생존하는가"는 "행위의 지휘관리"[통치]를 구성하는 담론의 틀에 강하게 제약 받는다. 가령 "약탈," 즉 "자생적인 분배"는 생존가능성과 매우 밀접한 본능의 표현이지만 언제나 병리화된다. 이는 회복력도 정치적으로 자격이 부여되고 규율된다는 점을 잘 보여준다. 위기가 얼마나 재앙적이든지 간에, 사유재산권은 사람들이 필요한 자원(음식이나 물 등)에 접근할 수 있는 권리보다 언제나 우선해야 한다. 뉴올리언즈[허리케인 카트리나]부터 아이티[대지진]에 이르기까지 수많은 사례에서, 사유재

국가가 조장하는 위험들

산은 자격 조건을 별도로 따지지 않고도 정치적·군사적 보호를 받을 수 있었지만(마치 이것이 우리 문명의 척도인 양), "재앙에 직면했을 때 생존해야 한다"는 논리는 정작 가장 위험에 처한, 그리고 자신의 존재 자체 말고는 잃을 자산이 없는 사람들의 고통을 덜어주지 못했다. 나오미 클레인Naomi Klein은 이를 "그린존 구획화greenzoning"라고 부르면서 (그린존이란 분쟁, 재난 지역 등에서 엄격한 검문검색을 수차례 통과해야 들어갈 수 있는 요새화된 공간을 말한다. 관공서 등 주요 시설이 여기에 밀집한다 – 역주), 인간의 등급을 매기는 재앙 자본주의에 대해 다음과 같이 언급했다.

> 처음에 나는 그린존이 이라크 전쟁에서만 볼 수 있는 것인 줄 알았다. 하지만 몇 년간 다른 재난 지역들을 가보고서, 그린존이 "재난-자본주의 복합체"가 들어온 곳이면 어디에나 존재하며, 포함할 사람과 배제할 사람, 보호할 사람과 버릴 사람을 [이라크 전쟁에서 본 것과] 똑같은 방식으로 가르고 있다는 것을 알게 되었다. 뉴올리언스도 그랬다. 홍수가 난 뒤에, 안 그래도 [계층간] 분열이 심했던 이 도시는 요새처럼 잘 보호된 그린존과 무법천지인 레드존 사이의 전투장이 되었다. 이것은 홍수가 일으킨 결과가 아니라 "자유시장적 해법"이 일으킨 결과였다.36

긴축 정책은 서구 경제가 현재의 위기를 맞이하기 전에도 있었다. 이 논리는 국제통화기금과 세계은행이 금융위기에 처한 나라들에 신자유주의적으로 규율되는 글로벌 경제에 통합될 것을 조건으로 대출금을 제공하면서 강요했던 "구조조정" 시기로 거슬러 올라간다. 특히

1980년대에 글로벌 금융 시스템을 붕괴 직전으로 몰고 간 남미의 채무 위기가 여기에 결정적인 국면을 제공했고 "재무적 책임"에 대해 완전히 새로운 사고방식을 가져왔다. 뒤이어 이제는 너무나 익숙한 패턴이 이어졌다. 은행의 작동 방식을 문제 삼기보다 "사회주의적" 국가의 정부 지출을 문제 삼은 것이다. 그렇게 해서 역설적이게도, 사회 정의라는 개념이 정책적 고려에서 제거되었고, 글로벌 은행 부문은 채무 위기에 빠진 나라들에 긴축 조치와 신자유주의적 개혁을 도입할 전례 없는 기회를 얻게 되었다. 규제를 벗어난 글로벌 금융 흐름이 애초에 그 위기를 일으킨 원인이었는데도 말이다. 게다가 긴축 정책은 가난해진 사람들을 위기의 피해로부터 보호해주기는커녕 불안전성과 불안정성이 그들에게 필요한 것이라는 개념을 적극적으로 촉진했다. 사회가 과거의 흥청망청에서 교훈을 얻어야 한다면서 말이다.

> 일반적으로 긴축 프로그램에는 시장 메커니즘을 통해 수출 산업을 촉진하고 외환보유고를 높일 목적으로 엄격한 조치나 충격요법을 실시하는 것 등이 포함된다. (중략) 이러한 조치들은 분배에 대해 매우 명백한 함의를 가진다. 도시 빈민이나 노동자 계층은 보조금 삭감, 실질임금 감소, 화폐가치 절하로 인한 물가 상승, 공공 서비스 축소 등이 맞물리면서 피해를 입는다. 국민소득 중 노동이 가져가는 몫이 줄고 소득 불평등이 커진다. 이것들 모두 잘 알려져 있는 악영향들이다.[37]

지속가능 발전 개념은 긴축정책이 [사람들의 후생에] 악영향을 일으키고 있는 와중에서도 [이를 완화하기 위한] 정부의 개입은 되레 최소

국가가 조장하는 위험들

화된 상황에 대응하려던 노력에서 생겨났다. 여러 가지 면에서 지속 가능 발전은 신자유주의 구조 "안에서" 거버넌스의 빈 자리를 메꾼다. 여기서도 우리는 "조건부"의 논리를 발견하게 된다. 원래 경제 개발에 서 "조건부" 금융 정책은 (경제적으로든 정치적으로든) "불건전한 채무 자" 문제를 해결해주는 방법이라는 명목으로 적용되었지만, 이제는 [고통을 견디는] "참을성의 형태"가 [수혜 자격의] 조건으로 포함되면서 회복력 담론으로도 확장되었다. 생존가능성에도 신자유주의적 표식 에 따라 자격이 부여되는 것이다. 즉, 생존을 위해 내보이는 반응이 일 반적인 민간 영역에서 받아들여지는 인간 행위에 부합하는지를 기준 으로 자격이 부여되면서, 회복력은 생명관리정치적으로 사람들을 차 등화하는 논리로 사용된다.

허리케인 카트리나 사례를 통해 바우만이 도발적으로 문제제기했 듯이, "알게 모르게 카트리나는 잉여적 인간들을 쓰레기처럼 내버리 는 산업을 도왔고, 재앙이 일으킨 사회적 결과들에 대처해야 할 임무 는 수행하지 않았다. 이는 군을 동원해야 할 필요성이 사회적 질서가 무너지고 사회의 동요가 임박했다고 여겨진 다음에야 인식되었다는 데서 단적으로 드러난다."[38] 사적인 것이 공적인 것을 너무나 완전하 게 정복한 나머지, 정치적으로 생각하는 유일한 방법이라곤 불안전성 과 불평등을 자연스러운 것으로 인정하고 아주 잠깐만 공감 능력을 발휘해보더라도 결코 용납하지 말아야 할 불합리한 상황마저 당연하 게 여겨버리는 것밖에 없게 되었다. 이러한 생명관리정치적 시사점을 지루는 다음과 같이 설명했다.

카트리나 이후에 전 세계는 가난한 흑인과 유색 인종들이 "전에 없이 막 대하게 쏟아져 나오는 우리 시대의 쓰레기"처럼 보이게 만드는 이미지의 홍수에 직면했다. 이들은 소비자 판타지와 슈퍼 쇼핑몰이 제공하는 선택지의 세계에 살지 않고, 밀려나고 범죄화되고 그 결과로 사회적으로 배제되며 다시 그에 대해 유죄를 선고받아서 스스로를 도시 게토의 버려진 공간에 고립시키게 되는 (아니면 죽는) 악몽의 세계에 존재한다.[39]

즉각적인 대응과 후원금 규모 등에서 9·11과 카트리나의 격차가 많이 지적되었지만, 카트리나는 사실 다른 자연재해와 비슷하다. 뉴욕을 그와 비슷한 강도로 강타한 허리케인 샌디도 마찬가지였다. 두드러진 공통점은 자연재해의 무차별성이 어떤 방식으로 발현되었는가다. 자연재해는 광범위한 지역을 무차별하게 덮치지만 그 사회의 계층 분열을 극명하게 드러낸다. 또한 자연재해는 회복력을 가지라고 독려하는 것이 얼마나 지적으로 빈곤한 것인지도 잘 보여준다. 이 점을 더 잘 보여준 것은 샌디일 것이다. 샌디는 자연재해라는 개념 자체가 인종, 계급, 성별 등의 차이에 따라 얼마나 많은 해석에 열려 있는지를 극명하게 보여줬다. 취약성은 단일하거나 보편적인 여건이 아니다. 카트리나 때도 그랬듯이, 기후변화가 야기하는 위험을 "완충할" 재정적인 수단과 그 위험에서 "도망칠" 역량이 있는 사람들에게는 이 사건이 빠르게 변화하는 환경에 지속적으로 적응하는 과정 중에 발생한 하나의 불편한 사건 정도로 경험되었다. 하지만 주변부로 밀려나 있던 사람들, 폭력적으로 분리되고 배제된 게토 지역의 사람들, 믿을 만한 탈출의 수단이 하나도 없는 사람들은 재난의 현실을 날 것 그대로

국가가 조장하는 위험들

직면해야 했다.

회복력이 있음을 입증하도록 요구받는 사람들은 바로 이들, 사회적 보호가 없는 전혀 없는 사람들이다. 피할 여력이 있는 사람들에게는 회복력이 요구되지 않는다. 그들에게 재난은 안전 연습이었고, 재난 대비 프로그램들에 투자하는 데서 이익을 얻을 사람들에게는 그 방면에서 효과적인 연습이기도 했다. 정작 기를 쓰고 회복력을 발휘해야 했던 사람들은 한겨울에 3주도 넘게 난방도 전기도 없이 적은 식량만으로 버텨야 했던 게토 지역 레드훅의 흑인 노인, 뉴저지의 빈민가, 라커웨이 반도 빈민가 사람들이었다.[40] 알렉스 코플먼Alex Koppleman은《뉴요커The New Yorker》에 기고한 글에서 맨해튼 남동부의 빈민가가 겪은 역경을 다음과 같이 묘사했다.

> 바루크 하우스[공공 임대주택] 사람들은 샌디가 오기 전에 대피하라는 지침을 받았다. 일부는 대피했지만 많은 이들이 그러지 못했다. 갈 곳이 없었기 때문이다.[41]

다른 말로, 회복력은 안전을 준비하는 것이 아니라 불안정한 위태로움이 획기적으로 증폭되리라는 사실을 받아들이고 재난에서 살아남는 것을 의미한다. 한동안은 대중의 시선이 쏟아지겠지만 이들이 겪는 빈곤은 사회적 문제제기로 이어지지 못한 채 곧 전과 다름없는 상태로 잊히고 말 것이다.

샌디는 재앙의 경험이 전적으로 지역적이고 특수한 맥락에 의존한다는 것뿐 아니라 우리 사회가 고통의 이미지에 얼마나 피로도가 높아져 있는지도 극명히 드러냈다. 이제 타인의 고통은, "그렇게 느끼는 것이 마땅하고 당연하므로 즉각적으로 안쓰러움을 느끼게 되는" 효과를 일으키지 않는다. 오늘날에는 재앙이 정상으로 간주되기 때문에, 재앙은 사회를 급진적으로 성찰하는 도덕적 반응을 일으키지 못한다. 남은 것이라곤 주체가 위험에 처한 자신의 운명을 스스로 돌보는 법을 터득하는 것뿐이다. 지루는 이것의 정치적 함의를 다음과 같이 지적했다.

> 오늘날 미국인들은 자연재해에 빠르게 피로감을 느낀다. 대규모 재해와 그것이 일으킨 영향은 매체에서 운명으로 이야기되거나, 아니면 만만치 않은 환경에서 개인이 처한 비극으로 이야기되며, 이는 미국 대중이 끔찍하고 마음 불편한 폭력과 그 폭력이 가난한 사람들에게 유발하는 고통을 편리하게도 간과할 수 있게 만듦으로써 공공 담론에서 윤리적인 것들을 솎아내버린다. 그뿐 아니다. 재난은 정상화되었을 뿐 아니라 자극적인 영상으로 스펙터클하다. 이제 재해가 일으키는 폭력은 권력, 정치, 빈곤, 인종, 계급과 같은 더 넓은 사회적 범주로 분석되기보다는 사랑하는 이의 죽음과 개인적인 고통이라는 휴먼 스토리로 축소된다.[42]

우리는 [회복력 담론에 대한] 우리의 비판이 재난에 대해 책임이 없는 사람들이 재난으로 고통 받게 만들고 더 나쁘게는 그들을 의도적으로 내버리는 것이라는 비난을 받을 수 있으리라는 점을 잘 알고 있다. 하지만 우리는 사람들이 그들 자신이 보기에 참을 수 없다고 판단되는 것에 대해 저항할 역량을 가지고 있음을 믿으며, 그들이 실제로

국가가 조장하는 위험들

가지고 있는 지략과 자원활용력도 믿는다. 억압 받는 사람들은 저항에 나설 자신감을 갖기 위해 외부의 보편 이론이 도구가 되어주기를 결코 필요로 하지 않는다. 마찬가지로, 위험에 처한 사람들도 그들이 겪는 가난과 역경을 다루어나갈 방법을 알기 위해 외부가 개입해주기를 결코 필요로 하지 않을 것이다. 그들은 훨씬 더 많은 지식과 경험을 가지고 있고, 위험이 임박해 있다는 사실과 그것을 다룰 방법을 터득해야 한다는 것을 누가 알려주지 않아도 잘 알고 있다.

그러니 분명히 해두자. 현재의 회복력 담론은 지역민의 역량을 강화하는 것과 관련이 없다. 현재의 회복력 담론은 통치술이다. "지략을 갖춘 사람들의 자율성"과 "회복력 담론의 개입주의적 전략" 사이에는 큰 차이가 있다. 전자는 정치적 주체성을 중심에 놓고 지역민들이 자기 통치 역량을 갖고 있음을 전제로 하지만 후자는 그들의 삶에 좋은 것이 무엇인지를 외부에서 알려줄 수 있다고 자처하면서 (그들의 생명이 보호받지 못하고 있다는 사실이 이러한 개입을 정당화한다) 정치적 주체성과 자기 통치 역량에 대한 주장을 병리화한다.

4장

위험하게 살다

RESILIENT LIFE
THE ART OF LIVING DANGEROUSLY

불안한 대중

20세기에 파시즘의 공포를 목도한 뒤로, 정치가 감정과 연결될 때의 위험성이 널리 경고되어왔다. 이성적으로 생각한다면 도저히 관용할 수 없어야 마땅할 것을 광기 어린 감정에 휩싸이는 바람에 대중이 열망하게 되면 매우 위험하므로, 정치의 감정적·정서적 측면은 담론의 장에서 솎아내야 한다는 것이다. 하지만 이 책에서 우리의 관심사는 대중의 정서적 열망이 막대한 정치적 기능을 수행한다는 사실이나 대중의 감정이 끔찍한 결과를 낳는 쪽으로 조작될 수 있다는 사실이 아니다. 우리가 문제제기하고자 하는 바는 정서적 측면을 고찰하지 않고도 "정치"를 연구할 수 있다고 보는 실증주의적 개념이다. 그런 주장은 논리적으로도 말이 되지 않지만, 정치를 순전히 기술적인 실천의 수준으로만 환원해 정치적 주체의 가치를 떨어뜨리는 데 완전히 공모한다는 점에서 문제가 더 크다. 그뿐 아니라, 권력에서 정서적 차원을 제거해버리면 구체적이고 효과적으로 생명의 행위를 지휘하고 구성하는 감정의 역할을 가리게 된다.

어떤 기술적인 해법이든 간에 더 넓은 감정적 충동과 연결되지 못한다면 반향을 일으킬 수 없을 것이다. 권력은 날 것 상태의 감정을 의미 있게 건드려야만 호소력을 가질 수 있다. 이런 식으로 영향을 미치지 못한다면 어떤 정책도 효과를 낼 수 없을 것이다. 회복력의 문제에서도 이 점은 매우 명백하다. 물론 전에도 통치의 조건을 만들기 위해 동원되는 안전 주장들이 감정적인 측면에 늘 의존하긴 했지만, 이제 불안전을 촉진하는 것이 주체 형성의 주요 토대가 되면서 통치는 정서적 차원에 더욱 직접적으로 관여하게 되었다. 이제는 생명이 늘 두렵고 무서운 질문들 속으로 소환되기 때문이다.

감정은 존재론적 범주다. 감정은 우리가 특정한 수행을 하도록 자극하는 힘을 통해 우리를 구성하며, 다양한 열망을 소환할 수 있는 능력을 통해 우리를 동원한다. 그리고 위기에 처할 때 열망은 더욱 증폭된다. 하지만 이성적인 결과를 내는지의 측면에서 보면 감정은 전혀 완벽하지 않다. 순수이성의 도덕률로 보자면 우리는 몹시 불합리하고 비논리적인 존재다. 이를테면, 뉴턴이 명쾌하고 강력하게 운동 법칙을 입증했지만 그것과 상관없이 생명은 직선적인 운동 법칙대로 살아가지 않는다. 그렇지 않고서야, 생명이 자신의 형태와 가치 체계를 전복적으로 변모시킬 목적으로 자신의 운명을 계속해서 문제 삼는 것을 어떻게 설명할 수 있겠는가?

재앙에 대해 살펴보자면, 오늘날 인간 감정의 지배적인 양식은 "정상화된 불안"이다. 물론 공포도 중요하지만, 회복력 있는 주체의 삶을 설명하는 데 더 적절한 개념은 공포보다 불안이다. "불안의 조건화"는 불안전하도록 짜인 시스템의 기본 설정이지만, 9·11 이후 우리의 불안은 완전히 새로운 의미를 갖게 되었다. 한때는 자유주의 사회가 "통계적 공포"에 사로잡혀 있다고 여겨졌다. 가령 캐슬린 우드워드Kathleen Woodward는 다음과 같이 언급했다.

우리 사회는 스펙터클을 특징으로 하는 시각 문화의 사회이기도 하지만 그와 비슷한 정도로 통계의 사회이기도 하다. 미래를 예측하는 통계는 우리를 안정적인 세계에 묶어주기보다 미열 같은 저강도의 불안전성을 일으킨다. 우리가 일상을 살아가게 해주기는 하지만 통계가 주는 스트레스 속에서 살아가게 한다. 통계는 우리가 숨 쉬는 대기다. 우리를 감싸고 있는 기후다. 포스트모던적 미디어의 삶을 계속해서 뿜어내는 공기다.[1]

확률은 캄캄하고 알 수 없는 것들에 대해서도 어찌어찌 예측가능한 측정치들을 제공해주리라는 믿음을 주었다. 하지만 이제는 이러한 숫자 게임이 전과 같은 "불안한 안심"을 더 이상 제공해주지 않는다. 미래 시나리오를 그려보려는 오늘날의 노력을 보면, 재앙의 개념이 이중으로 고착화되면서 통계가 얼마나 빈약해졌는지를 잘 알 수 있다. 결코 동일하게 되풀이되지 않을 과거의 재앙으로부터 부질없이 미래의 징후를 읽어내려 시도하고, 아직 발생하지 않은 미지의 위험들이 가득할 미래에 대해 역시나 부질없이 무언가를 읽어내려 애쓰는 것이다. 이제 재앙이란 반드시 오리라고 우리가 "상상하는" 것이 되었다. 이것은 객관적 과학과는 거리가 멀다. 이것은 재앙에 대한 "예언" 이다. 프랭크 커모드Frank Kermode는 이렇게 언급했다.

모든 플롯은 예언과 공통점이 있다. 현 상황의 중요한 요인으로부터 미래의 형태가 이끌어지는 것처럼 보여야 하기 때문이다. 아리스토텔레스는 "페리페테이아peripeteia(한 상태로부터 그 반대 상태로의 급격한 전환 – 역주)를 가장 좋은 플롯으로 여겼다. 페리페테이아도 우리가 생각하는 "필연성의 법칙이나 확률 법칙에 의존한다"는 점에서는 다른 예언과 같지만, 현 상황에서는 그리 중요치 않아보여서 관심을 끌지 못했던 것으로부터 미래의 이야기가 이끌어진다는 데서 차이가 있다.[2]

우리의 불안은 걱정거리들을 온갖 재앙적인 조합으로 엮어내면서 우리 스스로가 만드는 것이다. 아직 실현되지 않은 사건에서 나오는 불안은 생각 속의 특정한 이미지에서 나오는 환상이다. 그런 일이 생기리라고, 그리고 더 나빠지리라고 우리가 상상하는 것이다. 이렇게 보면, 우리는 진정 나르시스트적으로 스스로 일으킨 폭력을 겪으며 살도록 내몰린 처지다. 이는 자신에게 일으키는 재앙이라는 점에서 실로 병리적이다. 그런데 이러한 상상은 실제 여건에서 도출된 것이 아니라 취약한 자들의 "마음속에서" 경험되는 것이다. 잠재적 재앙에 대한 불안은 전적으로 내면화되어 있으며, 우리가 세계에 대해 생각하고 세계와 관계 맺는 방식에 근본적으로 영향을 미칠 만큼 강렬한 심리적 현실이다.

주체가 그리 "안전하지" 않은 익숙한 환경을 깊이 의심스러워하게 되었다는 것은, 현 상태(어떤 상태이든 간에)에 존재하는 긍정적인 가능성들을 "상상된 재앙"으로 없애버리는, 재앙 담론의 "무화無化 논리"를 드러낸다. 이는 자기실현적인 나르시시즘으로 이어진다. 그리고 재앙이 실제로 닥칠 때는 그 이전에 생각했던 모든 것이 쓸모없어지므로 가장 끔찍한 일도 결코 미리 상상한 대로는 벌어지지 않으리라는 사실은 불안감을 더 한층 강화시킬 뿐이다. 취약한 주체는, "누구도 자신의 삶을 통제할 수 없다"는 사실을 받아들여야 하듯이 "누구도 (또 무엇도) 재앙적인 현상을 누그러뜨릴 수 없다"는 것 또한 받아들여야 한다. 오로지 사후적으로만 가늠될 수 있는, 미지의 자연의 힘이 일으킨 영속적인 영향만이 역사에 기록된다.

전에는 이것이 한탄을 일으키는 일이었을 것이다. 하지만 오늘날

국가가 조장하는 위험들

불안과 트라우마는 학습의 과정이라고 여겨진다. 회복력 있는 주체가 불안과 트라우마를 겪으면서 더 풍성한 삶을 살게 된다는 것이다. 불안을 임상적인 문제로서 측정하는 것, 또 모든 사람이 이런저런 형태로 불안을 겪고 있다고 보는 것 모두 이제 일반적이다. 아무도 불안 없이 살지는 않는 것처럼 보인다. 미국 메릴랜드 주의 '불안 및 스트레스 장애 연구소Anxiety and Stress Disorders Institute' 부소장 샐리 윈스턴Sally Winston은 "예측불가능성, 불확실성, 통제불가능성 모두가 매우 자동적으로 불안을 촉발한다"고 말했다. 또 앨리스 파크Alice Park는 《타임Time》에 실린 〈불안의 두 얼굴Two Faces of Anxiety〉에서 "모든 불안을 꼭 무찔러야 하는 것은 아니다. 때로는 불안을 품에 안아야 하고 심지어는 환영해야 한다"[3]고 언급했다. 윈스턴을 다시 인용하자면, "불안 자체는 도움이 되지도, 해를 끼치지도 않는다. 불안에 대한 당신의 반응이 도움이 되기도 하고, 해가 되기도 하는 것이다." 공포를 겪으며 학습이 이루어질 수 있으며 이것은 심리적이고 감정적인 여정이다. 그런데 애초에 불안의 원인이 된 것과 맹약을 맺지 않고는 이 여정에 들어갈 수 없다. 파크는 다음과 같이 설명했다.

거미 공포증을 가진 사람은 단지 거미 생각을 하거나 거미 그림만 봐도 공포와 불안으로 반응한다. 실제로 그 끔찍한 생명체와 마주치지 않아도 말이다. 불안을 통제하는 법을 배우려면 거미에 점진적으로 노출되는 과정이 필요하다. 가장 덜 무서운 환경부터 가장 무서운 환경에까지 점차로 노출되면서, 뇌와 신체가 거미와 맞닥뜨리는 것에 대해 점점 무감각해지게 하는 것이다.[4]

불안은 한탄의 원천이거나 우리의 경험에서 푸닥거리로 없애야 할 임상적 문제가 아니라 우리의 경험을 구성하는 필수 요소가 되었다. 불안이 우리를 세상과 더 온전하게 연결되도록 해준다는 것이다. 파크는 우리가 불안을 더 요령 있게 끌어안을 수 있게 되면 이러한 "대처 전략"이 우리에게 "구원"의 원천이 될 수 있을지도 모른다고 주장했다. 현대 이론가들은 트라우마도 이와 비슷한 기능을 한다고 본다. 트라우마 이론은 홀로코스트 생존자들이 생존 이후에도 지속적으로 느껴지는 공포에 어떻게 대처하는지를 연구하던 데서 시작되었지만, 인문학에서는 "합리적으로 설명할 순 없지만 당사자의 기억 속에서는 너무나 생생한" 끔찍한 경험 때문에 긴장 증세를 보이는 사람들에 대한 연구에서 발달되었으며 "외상 후 스트레스 장애PTSD" 연구에서 더 정교화되었다. PTSD는 1990년대 이후 공공 담론에서 두드러지게 등장했는데, 전쟁에서 돌아온 병사들이나 분쟁을 겪은 피해자들이 겪는 정신심리적 현상과 관련해 주로 논의되었다.5 이러한 이론은 불안에 대한 프로이트의 이론을 직접적으로 반박한다. 환상에 기반한 프로이트의 설명은, 복잡하고 적응적인 뇌 기능에 기반한 설명으로 바뀌었다.6 기억을 다시 불러온다는 개념(기억 인출 개념)도 반박되거나 트라우마의 순간을 다른 방식으로 새로이 경험하는 현상으로 재해석되었다. 홀로코스트 생존자이자 널리 찬사 받는 회고록의 저자인 프리모 레비Primo Levi도 일찍이 이 점을 언급한 바 있다. 홀로코스트에 대한 그의 개인적인 증언은 "기억의 순수성"이라는 개념을 다음과 같이 경고하고 있다.

치료(이 경우에는 잦은 재소환)는 자주 쓰이는 근육이 계속해서 효율적인 상태를 유지하듯이 기억을 계속해서 생생하게 살아 있도록 만든다. 하지만 지나치게 자주 소환되는 기억, 특히 이야기의 형태로 표현되는 기억은 고정관념으로 고착화되는 경향을 보인다. 경험에 의해 테스트되고, 결정화되고, 다듬어지고, 장식되면서, 새로운 기억은 날 것 상태로의 원래 기억에 파고들어 그 기억을 훼손하면서 자라난다.[7]

트라우마 이론 분야를 개척한 캐시 카루스Cathy Caruth는 레비의 해석을 이어 받아 이렇게 주장했다.

플래시백의 순간에 되돌아오는 것은 단지 과거의 압도적인 경험이 억압이나 기억상실 때문에 흐릿해져 있다가 되살아나는 것이 아니다. 그것 자체가 "구성된" 사건이며, 이러한 재구성은, 부분적으로는, 그 기억이 의식의 영역에 온전히 통합되어 있지 않았기 때문에 발생한다.[8]

이러한 주장은 "목격"이 가졌던 지위를 잠식한다. 이 이론에 따르면 목격자의 증언은 [재구성된 것이므로] 공포의 실제 현실을 포착하는데 늘 실패하기 때문이다. 이는 사건의 "표현/재현 불가능성"과 관련해 많은 논의를 불러일으켰고, 이런 논의는 테오도르 아도르도Theodore Adorno가 홀로코스트 이후에 "회상"을 시적으로 사용하는 것에 대해 문제제기한 데서 정점을 찍었다. 아도르노에 대한 조잡한 오해를 차치하고 보면(이런 오해는 시적 주체의 죽음이라는 주제를 피상적으로 독해한 데서 나온다), 여기에는 매우 중요한 점이 있다. 트라우마적 사건 자체에 집중하는 것이 경험의 복잡성과 (경험 속을 "거쳐나간다live through"는 개념으로 잘 표현되는) 기억의 열린 시간성 때문에 무의미하다면, 중요한 것은 그 이후에 부여되는 의미다. 그리고 이는 (권력에 의해 병리화되어서든, 권력이 인정하는 진리 서사에 도전해서든) 정치적 의미를 띨 수 있다. 장 라플랑슈Jean Laplanche와 장-베르트랑 퐁탈리Jean-Bertrand Pontalis가 주장했듯이, 특정한 기억을 "트라우마적인 기억"으로 만드는 것은 "사후적으로" 부여된 의미다.9

여기서 "주체"에 대한 이론을 트라우마 이론을 통해 구성해볼 수 있다는 주장을 눈여겨볼 필요가 있다. 루스 레이스Ruth Leys의 연구는 이 점을 살펴보기에 매우 적합하다. 트라우마적 경험에 대한 "표현/재현적 접근 방법"을 비판하고 있기 때문이다.

> (과거에) 최면은 [치료나 연구의 도구이기만 했던 것이 아니라] 트라우마의 개념을 구성하는 데 주된 역할을 했다. (중략) 최면에 빠진 사람이 이렇게 저렇게 말하거나 행하라고 지시받은 대로 따르거나 반복하는 경향이 트라우마 경험의 기본적인 모델을 제공했기 때문이다. 트라우마는 자아로부터 단절된 상태, 혹은 자아가 "부재한" 상태로 정의된다. 트라우마 안에서 피해자는 무의식적으로 공격자나 트라우마적 광경을 모방하거나 그것과 자신을 동일시한다. 이는 "최면적 트랜스 상태" 또는 "암시 감응성이 높아진 상태"라고 정의된다.10

이러한 접근[레이스는 이를 트라우마에 대한 "미메시스적(모방적) 모델"이라고 부른다]은 트라우마 피해자에게 어떤 정치적 주체성도 부여

　　　　　　　　　　　　　　　　국가가 조장하는 위험들

하지 않는다. 이 모델에서는 트라우마의 희생자가 자신을 공격자와 동일시하므로 피해자와 공격자 사이의 구분이 없어진다. 피해자는 무의식적으로 공격자를 모방하기 때문에 그들의 증언은 신빙성을 의심받는다. 반면, 트라우마에 대한 또 다른 모델인 "안티미메시스적 모델"은 모방이 트라우마 경험의 기본이라고 보기는 하지만 모방을 미메시스적 모델과는 다르게 상정한다. 피해자는 공격자에게 모방적으로 굴복하긴 하지만 관찰자의 상태를 여전히 유지한다. 따라서 무슨 일이 일어났는지 목격하고 표현/재현할 수 있다.

미메시스적 모델과 달리 여기서는 피해자와 외부 사건 또는 공격자 사이에 엄격한 구분이 발생한다. 따라서 트라우마는 "순수하게 외부적인 사건이 주체에게 발생하는 것"으로 상정된다. 여기서 피해자는 수동적이긴 해도 자주적인 주체다.[11] 제니 에드킨스Jenny Edkins도 트라우마를 단순히 희생자의 "완벽한 무력감"만으로 설명할 수는 없다고 봤다. 에드킨스는 트라우마적 경험에는 신뢰가 배신당했다는 느낌이 크게 중요하다고 설명했다. "트라우마는 우리를 보호해주고 안전하게 해주리라고 믿었던 바로 그 힘이 우리를 괴롭히는 것이 될 때 그에 대해 우리가 부르는 이름이다. 우리가 속해 있다고 생각한 공동체가 우리에게 등을 돌리거나 우리의 가족이 더 이상 안식의 원천이 아니라 위험의 원천이 될 때와 같은 경우가 이에 해당한다."[12]

특히 에드킨스는 트라우마가 그 사건이 발생한 순간에 생기는 것이 아니라 삶이 새로운 의미를 찾아가고 새로운 경험으로 재구성되면서 "기억들"을 통해 사후적으로 정교화되는 것이라고 봤다. 그 과정에서 그 사건에 대해 권력이 인정하는 "공식적" 기억과 진실에 정치적으로 도전한다. 트라우마의 이러한 "수행적"이고 "사회적"인 특질은 취약한 사람들 사이에서 새로운 유대를 일굴 수 있는 잠재력을 갖는다. 비슷한 맥락에서, 알폰소 링기스Alphonso Lingis도 "우리가 스스로를 헐벗은 자, 빈민, 노숙자, 죽어가는 사람들에게 노출시킬 때" 연대가 생겨날 수 있다고 언급했다.[13]

물론 이 학자들 중 누구도 사람들이 실제로 발생한 사건으로 고통받지 않는다고 말하는 것은 아니다. 또한 우리는 트라우마가 정치적으로 변혁할 수 있는 잠재력을 갖는다는 견해에 반대하지 않는다. 하지만 여기서 더 나아가 취약한 주체라는 개념을 정당화하는 쪽으로 트라우마 이론을 사용한다면 문제가 있다. 충격적인 사건을 실제로 겪고 나서 발생한 트라우마와 상상 속 끔찍한 미래에 집착하는 오늘날의 상황은 크게 다르다. 이것은 "과거의 트라우마"와 "미래의 트라우마" 사이의 차이라고 말할 수 있을 것이다. 아직 실현되지 않은 것을 애도하거나 고통스럽게 경험한다는 것은 무엇을 의미하는가? 미래의 폐허 속에 산다는 것은 무엇을 의미하는가? 불안한 주체의 마음속에서 목격되는 것을 제외하면, 현재로서는 그것에 대해 말해줄 증인이 한 명도 없는 사건으로 트라우마를 겪는다는 것은 무슨 의미인가?

수재너 래드스톤Susannah Radstone이 언급했듯이, "(트라우마에 대한) 증언은 목격을 요구하며, 목격의 맥락에서만 트라우마에 대한 증언이 가능하다. (중략) 여기서 중요한 것은, 트라우마 이론이 일관성 있고 자율적이며 지식과 정보를 갖고 있는 근대적 주체 모델을 벗어나 목격과 증언 사이의 공간, 알지 못할 것이 목격되는 게 가능한 공간에 토대를 둔 주체 모델로 이동했다는 점이다."[14]

국가가 조장하는 위험들

그렇다면 "트라우마에 대한 기억"이라는 프레임에서 "사건의 통약 불가능성"(어떤 수단이나 척도로도 그 사건 자체를 가늠하거나 그것에 접근할 수 없음을 말한다―역주)이라는 프레임으로의 전환은 목격의 의미를 재구성하는 것 이상을 의미한다. 과거를 "표현/재현"하는 것의 한계를 인정하면서 "상상된 경험", 그러나 감정적으로나 심리적으로는 현실 못지않게 생생하게 겪게 되는 경험의 장을 열게 되는 것이다. 만약 트라우마 이론이 "주체"를 이론화할 수 있는 주된 원천이라면, 우리는 [재현된 기억이 갖는] 정치적 함의를 더 날카롭게 꿰뚫어볼 수 있는 방법을 알아내야 한다. 오늘날의 불안감이 투사되는 미래는, 피할 수는 없으되 알 수도 없는 재앙만 가득해보이는 미래이기 때문이다.

전 생애에 걸친 위기

회복력은 거대한 비즈니스다. "회복력"이라는 단어를 사용한 자기계발서가 폭발적으로 증가한 것만 봐도 알 수 있다. 또한 이는 회복력 개념이 사회적 책임을 "책임감 있는 주체"인 개인이 살펴야 할 문제로 보는 개념과 밀접한 관련이 있다는 점도 보여준다. 성장발달에 핵심적인 아동기와 청소년기를 다루는 법, 트라우마를 극복하고 자존감을 회복하는 법, 직업과 삶에서 기업가적 의사결정을 내리는 법, 불가피하게 닥칠 위기를 잘 버티며 성공적으로 연애하는 법, 그리고 사랑하는 사람들의 죽음에 대처하는 법까지, 이런 능력을 육성해준다는 회복력의 논리는 경계를 넘어 온갖 분야로 확장되었다. 모든 형태의 삶과 모든 단계의 삶이 관심의 대상이기 때문이다.

이는 우연이 아니다. 과거에 사회주의 국가가 요람에서 무덤까지 삶을 돌봐준다고 약속했다면, 회복력은 주체의 모든 생애 단계가 위험 요인으로 가득하고 주체의 발달 과정이 "언제나, 그리고 이미" 위험에 처해 있음을 강조함으로써 사회주의 국가의 약속을 논리적으로 뒤엎는다. 회복력 전략은 주체에 대한 개입주의의 후퇴보다는, 취약한 주체들을 계속해서 예의주시할 것을 필요로 한다. 여기서 정부의 역할은 일이 잘못되면 비난 받을 사람은 당신 자신이라고 말하는 것이다. 이렇게 해서 "스스로를 돌보는 것"은 신자유주의적 "통치"의 가장 확실한 지표가 되었다. 진리로 입증되었다고 하는 "총체적인 위험"을 인식하고 내면화해야만, 사회계약이 모두 제거된 자유주의 사회에 참여할 수 있기 때문이다.

오늘날 이런 경향은 한층 새로운, 그리고 마음이 불편한 방식으로 전개되고 있다. 가령 현대 산업사회 사람들에게 매우 흔한 인생 경험 중 하나라고들 하는 "중년의 위기"를 생각해보자. 통용되는 이야기에 따르면, 중년의 위기는 삶에서 자신이 갖는 위치의 불안에서 발생하는 개인적 트라우마다. 이러한 설명은 존재의 필멸성과 유한성에 대한 깨달음을 주로 이야기한다. 중년의 위기는 "그러한 상황을 인정하고 받아들이기 위한" 순간이라고 이야기되며, 이는 잠재적으로 변혁할 수 있는 가능성이 있다고 여겨진다. 그 변혁이라는 것이, 주체가 일시적으로 "지각"을 내려놓은 것처럼 보이는 불합리하고 일탈적인 방식(과소비, 성적 방종, 자극적인 경험의 추구 등)으로 가기는 하지만 말이다.

　　　　　　　　　　　　　국가가 조장하는 위험들

이런 설명은 실증적으로 확인되지도 않았고 그밖에도 문제가 많지만, 나이든 남성이 주된 조롱거리가 되는 분위기에서, 또 그들이 인생에서의 위치와 자신감의 기반을 잃어가는 상황에서(여기에는 다소 건전한 면이 있다), 대중문화에 상당히 많은 영향을 미쳤다. 일례로, 에비로 스미스Ebbe Roe Smith의 고전 컬트 영화 〈폴링 다운Falling Down〉은 중년의 위기라는 주제를 극단적으로 몰고 간다. 이 이야기에는 단순한 전복적 감수성을 넘어서는 무언가가 있다. 이 영화는 은퇴하고 이혼한 주인공 윌리엄 포스터의 퇴행적이고 악순환적인 병리 묘사에 그치지 않고, 현대의 상업화된 삶과 그로부터 발생하는 "사회적인 것의 부패"에 통렬한 비판을 가한다. 체제에 대한 포스터의 정신분열적 분노는 숨겨져 있는 더 큰 구조적 폭력을 드러냄으로써 개인의 병리에 대해 아이러니한 문제를 제기한다. 이 체제는 누구도 그것을 통제하지 못하고 있는 것처럼 보인다는 데 기반해 번성하므로, 체제의 구조적 병리는 개인들의 인식에 따라 자기실현적으로 지속된다.

1990년대 말 무렵이면 중년의 위기론에 대해, 아니면 적어도 이 이론의 적용가능성에 대해 의구심이 제기되기 시작한다.[15] 기대수명이 증가한 것도 한 이유지만 또 다른 중요한 이유는 "명백한 위치를 짚을 수 없다"는 점이었다. 한때는 깔끔하게 단계를 밟아 진행되는 것이 현대 사회의 특징이라고 여겨졌지만, 이제는 삶이 전혀 그렇게 전개되는 것 같지 않기 때문이다. 이전의 산업화 시기에서는 세상사가 우리의 "인생에 맞게" 발생해 나아가리라는 기대를 실질적으로 가져볼 수 있었다. 취직, 반려자, 거주지 등 모든 것이 모종의 확실성과 고정성을 담고 있었고, 유동적인 삶은 규칙이 아니라 예외였다. 그런데 후기 자유주의 시대가 되면서 이 중 어느 것도 당연하지 않게 되었다. "불안전하도록 짜여진" 복잡한 망에 삶이 점점 더 많이 엮여 들어가면서, 유의미한 삶을 일굴 수 있는 여건들에 대해 "최적의 위치"를 짚는 것이 불가능해졌다. 하지만 위기가 사라졌다는 말은 아니다. 회복력 있는 주체는 늘 위기 속에 존재하며, 위기가 일어나는 것을 취소할 기회나 위기로부터 잠시나마 한숨을 돌릴 가능성을 갖지 못한다. 이 세계에서는 물러나는 것조차 온전히 확신할 수 없다. 그래서 행동심리학자들은 전체적인 위기 스펙트럼을 염두에 두면서 그 안에 있는 다양한 하위 위기들을 가늠해야 한다고 주장한다.

> 전체적으로, 이전 세대에 비해 젊은이들이 훨씬 더 스트레스를 받는다. (중략) 젊은이들은 자신을 입증해야 한다는 스트레스를 받고 있으며, 자아를 지속적으로 유지하기 위한 분투는 자신이 공허한 존재이며 실패작이라는 느낌으로 귀결될 수 있다. '당신의 소유물이 바로 당신'이라는 개념은 오늘날의 젊은이들에게 문제를 일으키는 주 요인이다.[16]

여기서 병리화는 생애의 아주 초기 단계에서부터 시작된다. 모든 순간이 잠재적으로 위기의 순간이므로, 주체는 전 생애에 걸쳐 영속적으로 위기 속에 존재하게 된다. 회복력에 대한 이론과 실행이 아이들을 주요 대상으로 삼는다는 것은 놀랄 일이 아니다. 어린 시절의 트라우마 경험은 이후에도 지속적으로 영향을 미쳐서 반사회적인 행동을 반복적으로 하게 될 수 있기 때문이다. 회복력 개념은 1960년대와 1970년대[17]에 학습 장애를 연구한 아동심리학 분야에서 주목할 만한

국가가 조장하는 위험들

이론적 발전을 이루었다. 그 과정에서 원래는 심리치료 분야에서 특이한 접근 방식 중 하나로 여겨지던 회복력 개념이 재앙과 같은 경험을 겪고서도 성공적으로 성장하는 아동의 특징을 설명하는 데 사용되면서 "성공"에 자격을 부여하는 주요 용어가 되었다. 이런 이론에 따르면 아동에 초점을 두는 것은 매우 긴급한 일이다. 여러 연구에서 밝혀진 바, 폭력, 학대, 그리고 여타 사회 불평등과 관련된 문제들에 아이들이 가장 많이 노출되어 있기 때문이다. 또한 연구들에 따르면, 이러한 피해는 피해자의 행동을 통해 후대로 되물림되기 쉽다. 바로 여기에 회복력 개념이 들어와서, 트라우마적인 과거와 결정적으로 단절할 수 있는 낙관적인 미래를 제시한다. 회복력 개념의 옹호자인 스티븐 콘들리Steven Condly에 따르면, 회복력은 "아동이 트라우마나 혹은 기타 유해한 환경과 상호작용을 하는 과정에서 *그가 가진* 능력, 동기, 지원 체계 등을 통해 사회적 규범이 인정하는 성공을 달성하는 것"을 말한다.[18] 콘들리는 술라 울프Sula Wolff의 저술을 많이 인용했는데, 울프는 이렇게 주장한 바 있다.

> 회복력은 개인이 지속적으로 보유하는 특질 중 하나다. 유전적 특질이자 체질적 특질이며, 삶의 경험을 결정하고 또 삶의 경험에 의해 수정된다. 높은 지능, 편안하게 적응을 잘하며 사회성 있는 성격 등이 중요한 기능을 한다. 호소력 있는 외모도 중요하다. 다른 이들로부터 긍정적인 반응을 이끌어낼 수 있고 이는 다시 자기가치감, 경쟁력, 자기효능감과 같은 내면적 감각에 기여하기 때문이다. 이것들 모두 회복력의 핵심 요소로 잘 알려져 있다. 이러한 긍정적인 반응의 원천은 세 가지다. 가족과의 1차적 관계, 가

족 밖에서의 관계망, 그리고 성취와 경쟁력.[19]

여기서 자기가치감과 성취가 사회적 규범과 연결된다는 것은 매우 중요하다. 바로 이 부분이 "회복력 교육"이 "비판적 교육critical pedagogy"과 극명하게 차이를 보이는 지점이기 때문이다. 비판적 교육은 아동이 세상의 권력과 불평등을 정당화하는 신조에 문제제기할 수 있는 용기를 주고자 한다. 반면, 회복력 교육은 아동이 개인적으로 겪게 될 취약성의 문제들과 그가 잘못 형성한 애착관계나 의존성 때문에 더 증폭될 문제들을 잘 다루어나갈 수 있게 훈련하는 쪽으로 이루어진다. 가령 청소년이 도시 빈민가의 갱단에 들어가는 것은 취약한 아동이 나락으로 떨어지는 대표적인 사례다. 그리고 "교육적 회복력"이 이에 맞설 수 있다고 이야기된다. 교육적 회복력은 "초기의 특질, 여건, 경험이 일으키는 적대적 요인들에도 불구하고 아동이 성공적인 학교생활을 포함해 그 밖의 여러 가지를 성취할 수 있는 가능성을 높이는 것"을 말한다.[20]

하지만 "성공"이나 "성취"를 정확히 어떻게 측정할 것인가? 교육적 회복력을 갖게 된 취약한 주체가 신자유주의적 잠재력을 실현시키는 것이 성공인가? 아니면 자신을 회복력 있는 존재로만 한정하려는 체제에 맞서 투쟁하는 것이 성공인가? 이제까지 살펴보았듯이, 회복력은 불평등과 불의를 변혁하려는 정치적 야망의 규범이라기보다 사회적 순응의 규범이다. 초기 교육학 이론에서 이러한 점을 잘 찾아볼 수 있는데, 여기서도 "회복력"이 "저항력"과 혼합되어 있다. 이렇게 해서, 회복력 있는 아동은 사회의 정상적인 작동 양식에 맞는 방식으로 성

국가가 조장하는 위험들

공을 드러내기 위해 각자의 빈곤을 병리적으로 견디면서 살아가게 된다.[21]

스티븐 콘들리가 (회복력 개념에 기반한 주류 교육 정책을 옹호하는 맥락에서) 명료하게 언급했듯이, 회복력 원칙은 단순히 빈곤과 취약성에 대처하는 법을 배우는 것을 넘어서 자질, 경쟁력, 역량을 평가하는 새로운 방법을 제공한다. "회복력 있는 아동은 평균 이상의 지능을 가지고 있고 자기연민에 빠지지 않는 성향도 가지고 있기 때문"이라는 것이다.[22] 하지만 자기연민은 주체가 개인적인 책임에만 매몰되지 않고 사회에 도전하고 문제제기하려는 시도라고도 충분히 해석될 수 있지 않은가?

이 점에 주목하면서 실라 마티노Sheila Martineau는 교육에서 회복력 개념이 가지는 정치적 위험성을 상당히 예언적으로 말한 바 있다.

> 1970년대에는 회복력 개념이 트라우마적 사건의 맥락에서 아동기의 비정상적인 행동을 이야기하는 데 쓰였지만, 이제는 트라우마의 맥락을 벗어났다. (중략) 위험하게도, 회복력은 사회의 지배적인 기대와 행동 규범을 모델로 한 (중략) 사회적 규범으로 재구성되었다.[23]

회복력은 "성공"의 개념이 특정한 종류의 성숙성을 지칭하는 도덕적 주장을 내포하도록 하는 방식으로 정상적-비정상적 행동을 판단하는 기준이 되었다. 여기서 성숙성은 자유주의적 질서에 얼마나 잘 연결되어 있는지, 또 위기를 잘 버티며 성공적으로 사회에 순응한다는 의미에서 얼마나 "저항성"이 있는지로 가늠한다. 조금 더 비판적인 용어로 표현하자면, 더 큰 권력의 문제에 대해서는 도전하지 않는 상태로 개인의 발달에 "장애"가 되는 것들을 극복하도록 가르치는 것을 "해결책"으로 제시함으로써, 회복력 있는 아동(모든 아동을 포함한다고 말하지만 가난하고 문화적·인종적으로 열악한 처지인 아동 쪽으로 매우 강하게 치우친다)은 "당사자를 치유"하기보다 "피해자를 비난"하는 논리로 귀결되는 정책과 연결된다.[24] 이렇게 해서 불평등은 다른 상황을 꿈꾸고 요구하는 정치적 주장을 모조리 제거하는 방향으로 취약성 담론과 결합해 새로운 형태의 차별을 만들어내는 수단이 된다.

이러한 회복력 지침은 헨리 지루가 말한 "젊은이들에 대한 전쟁"에서 오늘날에도 여전히 발견된다. 지루는 신자유주의가 전반적으로 교육 시스템을 어떻게 공격하고 있는지 논하면서, 젊은이들에게서 비판적 인식을 모조리 벗겨내고 지적 발달의 가장 초기 단계부터 정치적 주체성을 탈각시키고자 하면서 권력이 교육을 주된 공격 대상으로 삼고 있다고 주장했다. 지루는 "신자유주의는 시장의 고려사항에 맞는 특정한 종류의 주체, 열망, 가치를 창출하기 위한 교육 프로젝트라고 볼 수 있다"고 말한다. 따라서 "운명"은 "자유의 개념이 정부 규제로부터의 자유, 소비할 자유, 그리고 얼마나 인종차별적이든 얼마나 유해한 결과를 가져오든지 간에 말하고 싶은 대로 내뱉을 자유로만 축소되는 시장 논리에 연결된다."[25] 이러한 교육 정책은 매우 중대한 시사점을 가진다. "정치적인 문제에 대한 해결책을 논의하는 데 정치적 어휘 대신 감정적이고 개인적인 어휘들을 밀어 넣으면서 비판적 사고와 인간의 주체적 역량을 무력하게 만들기 때문"이다.[26] "탈정치화된 담론 속에서 젊은이들은 집단적·사회적 유대란 존재하지 않는다는 것

국가가 조장하는 위험들

을 배우게 되고 더 큰 정치적·경제적 문제에 대해서도 개인이 자신이 가진 자원에만 의존해서 온전히 스스로 책임져야 한다는 가르침을 받게 된다." 교육은 억압 받는 사람들에게 헌신해야 마땅하건만, "정치적인 것"을 주장하는 것이 불가능한 취약한 소비자를 생산하는 교육이 그 자리를 차지해버렸다.

생명은 취약한 것이다

취약성 개념을 연구하다보면 한 가지 곤란한 문제에 봉착하게 된다. 취약성 개념의 계보를 자유주의적 생명관리정치의 기원에서만 찾을 수 있는 게 아니라, 급진 좌파 학자들의 최근 연구에서도 취약성 개념이 핵심적으로 발견되기 때문이다. 예를 들면, 존 홀러웨이John Holloway는 고통을 내재화시키는 세상에 대한 "절규"로 시작하는 저서 《권력으로 세상을 바꿀 수 있는가Change the World Without Taking Power》에서 (이 책은 "태초에 절규가 있었다. 우리는 절규한다"라는 문장으로 시작한다—역주)에서 생명이 거미줄에 걸린 파리와 같은 처지라고 말했다.[27] 그에 따르면, 우리는 그저 세상에 던져진 게 아니라 애초부터 우리를 취약하게 만드는 착취의 덫에 던져져 있다. 알랭 바디우Alain Badiou의 사변적 철학에서도 취약성은 핵심이다. 그의 철학은 결과가 무엇이건 공허 속으로 계속해서 여행을 떠나라고 요구하기도 하지만, "사랑"을 위험이 가득 놓인 위태로운 과정으로 보는 이론을 전개하기도 한다.

만남의 절대적 우연성은 운명의 모습을 띱니다. 사랑을 선언하는 것은 우연에서 운명으로 이행함을 의미하고, 그 때문에 사랑의 선언은 그토록 위태로운 것이고 무대공포증 같은 긴장을 일으키게 되는 것입니다.28

사랑에 대한 이런 설명은 주체의 발달이 진실에의 충실성에서 단절됨에 의해 추동된다는 바디우의 독특한 주체 이론과도 잘 부합하지만(물론 그런 단절은 더 깊은 진리로 이끌 전위적 행동의 가능성을 열어주는 측면도 갖는다), 바디우의 사랑 이론에서 더 중요한 것은 사랑이라는 모험이 그러한 충실성과 만나는 고통의 과정으로 이야기될 수 있다는 점이다. 사랑은 취약한 주체가 계속해서 상황을 견뎌내는 과정이다.

사랑 속에서 충실성은 조금 더 연장된 승리만을 의미합니다. 무언가 지속되는 것을 날마다 발명해서 만남의 무작위성을 무찔러야 하는 것입니다.

바디우는 좌파 학자라고 볼 수 있지만 주디스 버틀러Judith Butler는 취약성을 이론화한 학자라고 봐야 더 적합할 것 같다. 버틀러는 "우리 각자는 우리 신체의 사회적 취약성에 의해 정치적으로 구성된다"29고 주장했다. 주체를 코기토와 의식의 지형에서 떼어내 생명 속에 뿌리내리게 하고자 하는 생명철학 이론의 전통을 따르면서, 버틀러는 주체가 신체에 체현되어 있다는 점, 그리고 (이 책의 논의와 더 관련 있는 점으로) 그러한 체현이 수반하는 삶을 강조하고자 했다. 버틀러에 따르면, 주체는 존재하기 위해 살아가야만 하고 살아감 속에서 반드시 죽어야만 하므로 서구 형이상학의 가짜 예언자들이 약속한 안전을 결코 열망할 수 없다. 주체의 유한성이라는 측면에서 보면 안전은 과장된 환상으로서 기각되어야 한다. 주체의 생명에서 기초가 되는 것은 "안전을 성취하는 역량"이 아니라 "급진적인 취약성"이다. 버틀러는 다음과 같이 주장했다.

> 인간의 위태로움이라는 문제를 완전히 "해결"할 수 있는 조건은 존재하지 않는다. 신체가 존재하게 되고 그다음에는 존재하지 않게 된다. 물리적으로 지속되는 생명체로서, 신체는 지속성을 위험에 빠뜨리는 질병과 급습적인 사건들에 처하게 된다. 이것들은 신체의 필연적인 특징이며, 유한성을 빼놓고는 그 존재를 생각할 수 없다. 신체가 지탱되려면 자신의 외부에 있는 것에 의존해야 한다. 이것은 신체를 가진 생명의 현상학적 구조에 관련된 특징들이다.[30]

버틀러는 주체의 취약성을 인식하는 것이 단지 주체를 이론화하는 또 하나의 방식이기만 한 것이 아니라 대안적인 정치를 구축하는 것이기도 하다고 말한다. 주체가 취약성을 인식하는 데서 대안적 정치가 생겨날 수 있다는 것이다. 그는 새로운 형태의 좌파 정치 주체를 구성하려면 취약성을 강조하는 "새로운 신체적 존재론"이 필요하다고 주장한다. 취약성은 "공유된 조건"으로서 이해되어야 하며, 취약성을 줄이는 데 필요한 기본적인 자원을 사람들에게서 차등적으로 박탈하는 폭력에 맞서기 위해 취약한 주체들 사이에서 연대를 이루어야 한다는 것이다. 취약성이 주체의 전제 조건이자 생명을 규정하는 요소라는 버틀러의 이론이 타당한지 여부는 차치하더라도, 이러한 주체

이론이 새로운 좌파 정치사상의 구성과 함께 가는 것이 아니라 좌파가 싸워야 할 대상인 지배적인 권력 체제 및 인식 체계와 함께 가고 있다는 점은 짚고 넘어갈 필요가 있다. 버틀러가 개진하는 주체 개념의 사회적 존재론은 매우 "자유주의적"이다.

버틀러에 따르면, 취약성은 "우리가 사회적으로 살아가고 있음을 암시한다. 즉 우리의 생명이 늘 어느 면에서 다른 이들의 손에 달려 있다는 사실을 의미한다. 이는 우리가 아는 사람과 알지 못하는 사람들에 노출되어야만 한다는 의미다. 또한 이는 우리가 아는 사람, 거의 모르는 사람, 전혀 모르는 사람에 의존하고 있다는 의미다."[31] 하지만 버틀러의 이론을 받아들여 "사회적인 것의 미지성"이 주체의 취약한 생명에 위험을 일으킨다는 자유주의적 해석을 반복하기보다는, 언제, 왜, 어떻게 주체의 생명이 그런 식으로 상정되는지 질문하는 것이 우리에게 더 유용한 분석일 것이다. 즉 우리는 버틀러를 좌파 이론보다는 오늘날 좌파가 맞서 싸워야 하는 이론과 관련해 이해해야 한다. 이와 같은 (그리 비판적이지 못한 종류의) 이론들은 "회복력과 취약성이 변증법적으로 연결되어 있다"며 "사람들이 회복력 있는 주체로 구성될 수 있는 것은 그들이 취약한 주체로서 코드화될 수 있는 한에서만 가능하다"고 주장한다. 따라서 "인식된 취약성의 맥락에서 보면 회복력은 매우 합리적이고 유의미할 뿐 아니라 매혹적이고 건설적인 대안도 제공할 수 있다"고 말한다.[32]

하지만 푸코가 우리에게 알려준 가장 중요한 교훈을 하나 꼽으라면 "지상명령 담론"으로 철학을 하려는 것의 위험성일 것이다. 삶에 대해 "진리"와 "사실"을 선포하려고 하기보다, 합당한 삶이란 무엇인

국가가 조장하는 위험들

가를 규정함으로써 지배적인 진리 체계를 지탱하는 지상명령 담론의 "지식 효과"들을 분석하고 여기에 포함되지 않는 또 다른 삶의 방식들의 가치를 어떻게 평가할지 분석하는 것이 더 유용하다. 푸코는 생명에 대해 진리들을 말하고자 한 것이 아니라, 무엇이 생명에 대한 진리라고 말해지는지, 그러한 주장을 가능하게 하는 조건은 무엇인지, 그리고 그것이 갖는 시사점이 무엇인지를 고찰했다. 내용이 얼마나 다르든지 간에, 생명에 대한 모든 지상명령 담론은 이러한 시사점을 갖는다. 따라서 우리는 생명과 삶에 대해 "사실"이나 "현실"이라며 제시되는 주장들을 볼 때면 그것의 시사점을 신중하게 따져봐야 한다. "사실"들을 얼마나 많이 동원해 정당화하든 간에, 지상명령 담론은 결코 사실에 기초하지 않는다. 취약성에 대한 사실도 마찬가지다. 모든 면에서 그것은 버틀러가 허구라고 비판한 안전 담론만큼이나 미학적인 것이다.

버틀러와 같은 학자들이 저지르는 이러한 오류는 푸코의 생명관리정치 개념을 잘못 이해한 데서 비롯한다. 푸코가 반복적으로 주장했듯이, 생명은 존재론적 범주가 아니다. 우리는 취약성이 존재론적 본질이라고 보는 버틀러의 주장을 받아들이기보다, 취약성이 주체의 진실성을 뒷받침하는 토대로 고착될 때 삶과 생명에 어떤 함의를 갖는지 살펴봐야 한다. 어떤 형태의 생명이 취약한 주체로 여겨지는가? 어떤 형태의 생명이 "생명은 취약한 것"이라는 담론의 신성성을 지키기 위해 죽임을 당해도 되는 것으로 간주되는가? 이보다 긍정적인 면을 본다 해도, 왜 우리는 윤리적·정치적 주장을 하기 전에 고통의 경험과 재앙을 기다려야 하는가?

폭력을 어떻게 사고할 수 있는가

자유주의적 주체를 형성하기 위해 살해가 자행된다는 것은 생명관리정치에 대한 비판 이론에서 널리 논의된 바다. 신체(더 폭넓은 개념인 "신체–정치"의 미시적 유의어)는 인간종의 생명을 증진시키는 데 필수적이라고 하는 폭력이 공공연히 이루어지는 장이다. 이런 면에서 우리는 버틀러에게 어느 정도 동의할 수 있다. 생명관리정치적으로 보면, 언제나 폭력은 피통치 주체를 형성하기 위해 꼭 수행해야 할 "퍼포먼스"[공연]였다. 그러한 폭력은 단순히 [이질적인 것들을 솎아내며] 동질주의적 주장을 구축할 수도 있지만, 그보다 정교하고 다양한 형태로 행사될 수도 있다. 후자의 경우, 폭력에 의해 표식이 새겨진 신체는 종속, 공모, 수치, 열등성, 수동성, 젠더 등 종속을 나타내는 다양한 신호를 드러내게 된다.

그런데 우리가 객관적이고 물질적이며 생물학적인 신체 범주를 넘어서게 되면 이 퍼포먼스는 무엇이 될 것인가? 진짜 사실에 직면하고 났더니 고정된 요소들의 영역을 벗어나게 되어 앞으로 다가올 폭력을 짚어내는 것이 어려워져버렸다면, 우리는 폭력을 어떻게 사고할 수 있는가? 폭력을 그것이 무엇을 죽이고 어떻게 죽이는지, 그것이 일으키는 파괴의 규모가 어떠한지, 절멸적인 위력이 있는지 등으로만 분석한다면, 이는 빈약한 분석이 될 수 밖에 없다.

로베르토 에스포지토Roberto Esposito는 이와 관련해 "이뮤니타스immu-nitas" 이론을 제시했다.[33] 생명관리정치를 살아 있는 신체에 대한 정치적 개입으로 봤던 자신의 이전 이론을 확장해, 에스포지토는 주체가 현재의 균형 상태를 벗어나 새로이 재구성되어야 할 필요가 있을 때 발생하는 폭력을 이론화하고자 했다. 여기서 핵심은 폭력이 "임계 지점"에서 발생한다는 점이다. 이 지점에서 생명은 이전의 생명이기를 멈추지만 새로운 생명을 구성하는 조건이 무엇인지는 아직 드러나지 않았다. 카를 슈미트의 이론에 익숙한 사람이라면 잘 알고 있겠듯이, 주권자는 경계를 설정함으로써 언제나 이런 종류의 폭력을 드러냈지만(슈미트는 주권자란 비상상태(예외상태)를 선포할 수 있는 자라고 설명했다-역주), 생명관리정치는 전염의 문제에 대해 더 정교한 접근 방식을 제공했다. 전에는 위험을 멀리둠으로써 자신을 보호하려는 수동적인 방어가 위주였다면, 이제는 위험을 적극적으로 유도하는 방식을 사용하게 된 것이다. 생명은 "면역적 방어를 통해 상대를 무력화시키는 싸움을 한다. 이것은 직접 대치하는 전략이 아니라 측면 공격으로 물 타기하는 방식의 전략이다."[34]

여기에 몇 가지 중요한 점이 있다. 첫째, 어떤 종류의 해로움은 주체가 그것으로부터 완전하게 안전을 확보하는 게 불가능하다는 점("치명성 원칙")을 받아들여야만 생존가능성을 이야기할 수 있으므로, 치명성 원칙은 주체의 방어 전략의 일부로 편입된다. 다른 말로, "폭력이 면역 과정의 핵심 특징이 된다."[35] 둘째, 이 전략이 "정치적인 것"에 대한 사고에서 신체를 절대적으로 중심에 두므로(폭력으로부터 벗어나는 것이 불가능하다는 의미에서), 생명은 "옳은 삶, 공유된 삶, 그 밖의 어떤 다른 형태의 삶으로부터 떨어져 나와서 (중략) 순전히 물질적인 수준으로 축소된다."[36] 그리고 주체에 대한 폭력은 신체-정치의 직조 자체에 회복될 수 없는 상처를 내며 행해진다. 셋째, 신체가 삶과 죽음의 지속적인 전투에서 전쟁터이자 무기가 되면서, 생명의 이름으로 수행되는 이 폭력적 개입의 목적은 "삶에서 죽음으로 넘어가는 것을 최대한 오래 연기하는 것", 그렇게 해서 "현재 시점의 생명으로부터 죽음을 최대한 먼 지점에 놓으려는 것"이 된다.[37]

면역화는 임박한 위험이 현실화되기 전에 재앙의 가능성을 해체할 수 있도록 신체를 노출시키는 것으로만 그치지 않는다. 면역화는 병원체의 매트릭스를 새로이 만들어냄으로써 주체가 진정 무엇이어야 하는지 그 규범적 기반을 지속적으로 재조정한다. 이렇게 해서, 우리 삶의 정치는 한때는 보호의 원천으로 여겨졌던 모든 것, 즉 생명의 질적인 자격을 무화시키는 쪽으로 귀결된다.

여기에 우리가 집중해서 봐야 할 끔찍한 모순이 있다. 개인과 집단의 생명을 구하는 것은 개인과 집단의 발달을 저해하기도 하는 것이다. 어느 수준 이상이 되면 심지어 개인과 집단의 생명을 파괴하기도 한다. 그렇다면 이렇게 말할 수 있을 것이다. 발터 벤야민(그는 국경 폐쇄 때문에 [유럽을 탈출하지 못하고] 사망했다)의 말을 빌리면, 많은 용량의 면역화는 생명을 희생시킨다. 질적으로 자격이 부여되었던 모든 다양한 삶의 형태를 단순한 생존의 문제로 만들어버리는 것이다. 생명을 순전히 생물학적 층위로만 축소시키는 것, 즉 비오스bios[사회적·정치적 삶]에서 조에zoē[생물학적 삶]로 이동시키는 것이다. 생명이 계속해서 존재할 수 있으려면, 외부의 힘이 생명에 파고들어 생명을 부수도록 허용해야 한다. 자신의 생명에는 무의미하며 피하고 싶은, 그 외부의 힘을 받아들여야 하고, 그것의 무의미함 속에 사로잡혀 있어야 한다.[38]

면역화를 경험한 사람은 누구라도 이러한 폭력을 알고 있을 것이다. 전체 과정은 "모호하지만 임박한 듯한" 위협을 인식하는 것에서 시작하는데, 최악의 경우에는 그 위험이 극단적으로 폭력적인 결말을 가져올 것으로 여겨진다. 그러한 일이 벌어지는 것을 먼저 막으려면 주체는 치명적인 물질을 통제할 수 있는 수준으로 신체에 침투시켜야 한다. 병에 걸려 아프긴 하겠지만 죽는 것보다는 낫다. 스스로에게 부여하는 이러한 폭력은, 안전을 확보하는 것이 불가능한 위험에 처해서도 우리가 계속 살아갈 수 있게끔 폭력을 폭력으로 다스리는 전략이다. 말하자면, 이것은 자해의 한 형태다. 적극적으로 열망되는, 긍정적인 형태의 자해이긴 하지만 말이다. 그렇지 않다면 우리가 어떻게 살 수 있겠는가? 회복력도 이와 비슷한 논리를 따른다. 죽음을 최대한 멀리 두기 위해 폭력을 받아들이라고 독려하는 것이다. 시대의 불안전성을 겪으며 살아가는 법을 배우는 과정에서, 주체는 재앙을 머리로, 감각으로, 느낌으로 삶에 포함시키도록 요구받고, 그럼으로써 그보다 더 위험한 운명에 대해 어느 정도의 면역력을 얻는다. 궁극적인 리트머스 시험은 최악의 상황을 그려보는 것이므로, 미래는 완전히 끔찍한 것으로밖에 보이지 않는다. 현재의 폭력으로 미래에 도박을 걸 때 우리가 무엇을 잃게 되는지는 시간이 지나야만 드러날 것이다.

이 중 어느 것도 권력 정치의 외부에서 작동하지 않는다. 이는 ① HIV(후천성면역결핍증)에 어떠한 정치적 의미와 도덕적 판단이 결부되는지(HIV는 단순히 생물학적인 것으로만 이야기되지 않는다), 그리고 ②더 일반적으로 테러부터 범죄까지 사회를 "전염시키는" 것을 설명할 때 바이러스 은유가 얼마나 널리 퍼져 있는지만 봐도 충분히 알 수 있을 것이다. 면역화는 치명적일 수 있는 위험에 스스로를 노출시켜서 생존의 임계치를 높이는 것이다. 위험을 무찌르지는 못하더라도 완화시킬 수는 있도록 말이다. 이렇게 해서, 위험에 우리가 취약하다는 것을 근거로 폭력이 정상화된다.

여기서 1913년에 나온 스텔란 라이Stellan Rye의 무성 공포영화 〈프라하의 학생Der Student Von Prag〉을 생각해보자. 빈곤과 폭력의 비극적인 이야기를 담은 이 영화는 상당히 많은 고전 문학과 영화에 영향을 미쳤다. 가난한 학생 볼드윈은 거울에 비치는 상을 내어주는 대가로 부와 영예를 얻기로 악마와 계약을 맺는다. 하지만 배신한 것에 화가 난 분신이 복수하려고 모든 일을 엉망으로 만들면서 볼드윈은 난관에 처한다. 분신과 폭력적인 대결을 한 뒤 볼드윈은 결정적으로 중요한 매개체인 거울을 깨뜨리고, 이로써 그를 괴롭히는 저주의 원천이기도 했던 위험의 환상이 파괴된다. 하지만 분신은 그가 맺은 파우스트적 맹약의 핵심 요소이기 때문에 볼드윈은 폭력적인 분신을 죽임으로써 자기 자신도 죽이게 된다.

오토 랑크Otto Rank는 이에 대해 쓴 유명한 글에서 죽음의 공포로 인한 고통 때문에 외로움과 소외를 겪는 나르시스트적 자아를 이야기했다. 하지만 그 괴로움에서 벗어나기 위해 맺는 맹약은 주체를 더 낭떠러지로 떠민다. 이 이야기는 익숙한 변증법적 관계로 독해되기 쉽지만, 사실 여기에는 그보다 정교한 이중적 움직임이 벌어지고 있다. 비극적인 맞닥뜨림이 있기 전에 악마적 맹약이라는 원래의 행위 안에 폭력이 이미 짜여들어가 있기 때문이다. 분신은 [폭력 자체를 발생시키는 것이 아니라] 위험에 처했다는 "착각"으로부터 "실제의 재앙"으로 옮

국가가 조장하는 위험들

겨가는 자기촉진적인 경향을 강조하고만 있을 뿐이다. 또한 분신은 "폭력을 당하는 동시에 폭력을 가하는 생명"과 "종국에 도달하게 될 죽음" 사이의 선택을 나타내므로, 의미론적인 상호작용도 벌어지고 있다. 이성이나 논리로는 볼드윈의 존재가 처한 상황을 설명하는 것이 전적으로 불가능하므로(따라서 그가 운명적으로 묶여 있는 억압적인 상황에 대해 구원의 약속을 하는 것도 불가능하다), 분신은 우리 시대의 나르시시즘을 나타내는 중요한 은유가 된다. 주체가 안전이라는 착각을 얻는 대가로 기꺼이 폭력(이 맹약이 수반하는 그 모든 폭력)을 받아들이기 때문이다. 애초부터 그것은 재앙으로 귀결되도록 설계되어 있는데도 말이다. 이제 폭력의 근본적인 속성이 무엇인지에 대한 우리의 이해는, 변증법적 적대[양자적 적대] "이전에" 존재하는 폭력의 형태를 반드시 생각해야만 하도록 달라졌다.

원초적 폭력

르네 지라르René Girard의 저서 《폭력과 성스러움La violence et le Sacré》은 비극을 "극복"하고자 하는 목적에서 수행되는 유형의 폭력에 대한 이론을 제공한다. 지라르는 소포클레스의 고대 그리스 비극 〈오이디푸스 왕〉을 분석하면서 비극적인 박탈과 폭력의 관계를 이야기한다. 오이디푸스가 자신을 버렸던 왕국으로 돌아와 자기 자리를 되찾는 이야기에서, 우리는 "과거의 비극"과 연결된 희생제의적 폭력의 기원을 발견하게 된다.[39] 오이디푸스는 경쟁자들이 "동일한 욕망의 대상"을 놓고 투쟁하는, "왕국을 잃어버렸던 왕자" 모티프의 대표적 사례다. 타협할 수 없는 두 실체가 동일한 욕망의 대상을 놓고 경쟁하게 되면 필연적으로 폭력이 발생한다.

오이디푸스 신화에 대한 지라르의 분석이 알려주듯이, 잃어버린 쪽이 욕망의 대상을 되찾고자 시도하면 필연적으로 현재 그 욕망의 대상을 가지고 있는 쪽이 유죄가 되어야 한다. 즉, 희쟁제의의 희생양이 되어야 한다. 따라서 비극을 극복하려면 주체는 반드시 "외부에서" 와야 한다. 원죄original sin에 대한 주장을 통해서만 정당화될 수 있는 귀환(지라르의 표현으로는 "원초적 폭력"으로의 귀환), 그리고 운명적으로 폭력을 일으킬 수밖에 없는 귀환을 해야 하는 것이다.

하지만 이 폭력은 빼앗겼던 것을 탈환하는 이야기로만 그치지 않는다. "박탈당했던 자"의 폭력은 그가 없는 사이에 잘못 도용되었던 원래의 질서(실낙원)를 다시 구축하려는 욕망을 갖게 된다. 지라르는 이러한 폭력이 "차이"의 관계를 드러낸다기보다는 "미메시스[모방]"의 논리를 보여준다고 봤다. "처음에는 주역들 각자가 자신이 폭력을 제압할 수 있을 것이라고 믿는다. 하지만 그들은 모르는 사이에 각자 폭력에 굴복해 폭력의 상호적인 작용 속으로 끌려들어간다. 그런데도 그들은 자신이 원래 외부에서 왔기 때문에 항상 그 상호작용의 외부에 있다고 생각한다. 이런 식으로, 우발적이고 일시적인 강점을 영구적이고 근본적인 우월함으로 착각한다."[40] "주역들 모두가 폭력의 동일한 조건으로 환원되는 관계에 빠져들게 됨으로써 [그들이 서로 다르다는] "차이"에 대한 모든 주장은 "상호적인 폭력"에 의해 효과적으로 "상각된다."[41]

국가가 조장하는 위험들

라이의 영화에서 학생과 분신의 대결 관계는 미메시스적 행동의 명백한 사례로 흔히 해석된다. 게오르크 헤겔Georg Hegel에게서 영감을 받은 변증법적 혁명 이론에서부터 프란츠 파농Frantz Fanon이 개진한 (탈)식민주의의 야만성에 대한 분석에 이르기까지, 또 카를 슈미트가 말한 것처럼 주권자가 "예외상황"을 규정해 자행하는 폭력에 이르기까지, 이런 해석은 널리 적용되어왔다. 분리와 배제를 특징으로 하는 폭력의 구조를 설명하는 데 이 논리가 유용하다는 점은 우리도 인정한다. 하지만 재앙에 대한 상상이 일으키는 폭력을 분석하고자 한다면 이 논리를 벗어날 필요가 있다. 만약 우리가 "원초적 폭력"이라는 개념을 재해석해서 폭력이 애초부터 예정되어 있었던 것으로 본다면, 이런 폭력은 어떻게 해석할 수 있을까? 즉, 폭력이 어떤 변증법적인 상호작용보다도 앞서 시작된 것이라면 우리는 이것을 어떻게 이해할 수 있을까? 앞에서 언급했듯이, 미메시스적 폭력은 객관화가 가능하다. 다양한 신화적 토대들을 구축함으로써 미메시스적 폭력은 공간적·시간적으로도 경계와 실체를 짚어낼 수 있는 명확한 물질성을 갖는다. 즉 폭력의 대상을 공간상에서 명확히 짚을 수 있고 폭력의 발생 시간도 (때로는 논쟁이 있지만) 시작과 끝의 개념을 가진다. 따라서 "시간 속의 어느 시점에" 반드시 사라져야 할 것이 무엇인지 짚어낼 수 있으면 도움이 된다.

하지만 회복력 있는 주체가 경험하는 폭력은 가상의 속성이 있어서 이러한 물질성이 보장되지 않는다. 미메시스적 경쟁이 펼쳐질 수 있는 종류의 시공간은 붕괴되며, 폭력은 귀환의 전망 없이 그저 미래로 투사되기만 할 뿐이다. 주체가 살아가는 삶의 여건 속에 폭력이 내재화되어 있으므로, 이제 주체는 영원히 폭력에 사로잡힌 채 살아가야 한다. 그렇다고 이러한 "가상의" 폭력이 덜 현실적인 것은 아니다. 공포소설 작가라면 잘 알겠지만, 마음은 우리가 머물기에 매우 끔찍한 장소가 될 수 있다. 위험의 원천이 "미지의 것"이 되고 나면, 모든 것이 잠재적으로 폭력에 맞닥뜨릴 수 있게 된다.

따라서 회복력 개념은 미메시스적 폭력 모델에 대해 두 가지 근본적인 문제를 제기한다.

첫째, 회복력 개념에 따르면 우리가 위험을 다룰 수 있는 유일한 방법은 치명적인 경향을 흡수하는 것뿐이다. 사회를 파괴할지도 모르는 것을 사회를 구성하는 필수 요인으로, 또 사회의 인식론적 직조의 일부로 반드시 포함해야 하는 것이다. 그 과정에서 우리 또한 더 치명적인 여건에 처하게 되며, 그럴수록 우리는 스스로를 무화시킬 수 있는 생리학적 조건을 더 많이 받아들이게 된다. 이것이 근본적인 인간 조건이라고 생각하게 되는 것이다. 이렇게 해서 우리 신체는 위험에 "대비"한다는 명목으로 치명성을 받아들인다.

둘째, 존재를 위험에 빠뜨릴 수 있는 것에 맞서 외부로 투사가 이루어지지만 이 투사는 모방적 짝패와 연결되지 않는다. 우리는 가면을 쓰고 다가오는 위험이 무엇 때문에 위험한 것인지 분명히 알지 못한다. 그것이 종국에는 우리를 몰락으로 이끌게 될 전체적인 재앙의 일부라는 일반적인 시사점만 알고 있을 뿐이다. "지형의 끝"에 서서 위험의 형태를 미리 내다볼 수 있는 가능성을 박탈당한 채로, 우리는 우리가 걷고 있는 땅이 재앙이 가득한 지뢰밭이라는 것만 알 뿐 언제 터질지는 모르는 채로, 그리고 과거의 지식으로부터 어떤 믿을 만한 예

국가가 조장하는 위험들

측도 할 수 없는 채로, 또한 이것을 넘어서 더 안전해질 가능성이 있는지, 위험으로부터 자유가 실현될 가능성이 있는지에 대한 어떤 확신도 없는 채로, 그저 계속 걸어가야 한다. 유일한 해결책은 그 모든 재앙적 조합에 스스로를 노출시켜서 지뢰가 땅속에 묻혀 있으되 아직 터지지는 않은 재앙적 지형에, 그리고 이 지형에 아직 들어오지 않은 또 다른 재앙들에 더 잘 대비하는 것뿐이다.

하지만 더 이상 재앙이 표현될 수 없다는 것은 무슨 의미일까? 그리고 한때 우리와 폭력 사이의 관계에 양적·질적 의미를 제공해주던 장에 의구심을 품게 된 우리는 어떤 종류의 현실을 만들게 될까? 폴 비릴리오Paul Virilio(그의 연구는 전순 미메시스적인 것과 연관된다고 볼 수 있다)는 이것이 카이로스Kairos(그리스 신화에 나오는 기회의 신, 순간의 신-역주)가 모든 형이상학적 의미를 뒤흔드는 "즉각적인 순간의 미래학"을 촉발시킨다고 언급했다.

> 이것은 공간의 환경과 계절의 순환에 대해 수천 년간 쌓여온 지식을 교란한다. 역사의 지식이 말하는 통합적인 사건, 그것과 함께 가는 구체적인 지리, 세속적 역사에서의 시간과 공간의 통합, 이 모두가 교란된다. 명백히 이것은 인류의 비극 중 치명적으로 새로운 것이다. 그리고 이 비극은 더 이상 전적으로 기술적이거나 지구 외적인 과정이 아니라 단지 인간적인, 너무나 인간적인 과정이다. 혐오스러운 과거에 대응하는 마조히즘은 미래에 대한 마조히즘으로 대칭적인 짝을 이룬다. 그 미래에서 우리는, 이번에는, 두려움 없이, 무無로 환원되는 자그마한 행성의 모든 공간을, 운이 좋으면 우리의 지식과 발견의 진전을 통해서, 갖게 될 것이다.[42]

제한 없는 허무주의

　19세기 철학자 니체는 허무주의의 위력만큼 근대 세계를 잘 나타내주는 특성은 없다고 언급했다.[43] 니체의 주장은 플라톤의 이성 개념이나 기독교의 교리에 대한 익숙한 공격으로만 그치지 않고, 우리가 "가치, 의미, 열망의 급진적 부인"에 초점을 맞추게 해준다.[44] 이렇게 이해하면, 허무주의는 반동적 사고의 승리를 가리킨다. 이러한 사고에서는 생명이 인간의 현재 존재 조건과 "다른" 것을 합당하고 창조적으로 긍정할 능력이 없는 것처럼 보이기 때문에 생명이 모두 무화된다. 그래서 니체는 허무주의가 단순히 역사상의 어떤 한 사건으로 축소될 수 있는 게 아니라고 봤다.

　니체에게 허무주의는 인간 고통의 연대기에 수치스럽게 기록될 수 있는, 역사의 예외적인 한순간에 불과한 것이 아니었다. 허무주의는 권력이 생명으로부터 목적의식적인 의미를 모조리 벗겨버리면서 생명을 "무에의 의지"로 이끄는, 반복적으로 작동해온 역사의 추동체였다. 니체에게 특히 중요한 것은, 이렇게 존재에게서 긍정적인 영역을 부인하는 일을 바로 우리 스스로가 만들고 있다는 사실이었다.[45] 다른 말로, 허무주의는 주체가 정치적인 자기소멸의 관습에 적극적으로 참여하는 지경으로까지 스스로의 가치를 떨어뜨리게 만드는, 매우 정교한 욕망의 조작으로 이해되어야 한다.

　허무주의의 지속성에 대한 니체의 주장에서 핵심은 "르상티망ressentiment(원한)"이라는 개념이다. 《도덕의 계보학 Zur Genealogie der Moral》에서 니체는 노예의 심리를 통해 이 개념을 설명했다. 르상티망은 복수심으로 전환되기도 하지만, 더 심각하게는, 노예들이 자유로워 질 수 있는 유일한 길은 주인이 설정한 지배 논리에 복종하는 것뿐이 라고 믿게 만드는 무력감을 일으킨다. 슬로터다이크는 르상티망이 모 든 주요 신학의 토대인 "분노"와 동일한 것이라고 봤다.[46] 니체에 따르 면 이런 여건은 "다르게 생각하고 행동할 수 있는 가능성"을 없애므로 주체를 "마비시키는 효과"를 내고, 문제의 원인인 바로 그 치명적인 여건에 주체가 타협하도록 강요하므로 주체를 "소진시키는 효과"를 낸다. 따라서 이 이중적인 운동에서 결핍이 산출된다. 결핍이 원래 있 었던 것이 아니라 우리가 "무언가 다른 것"을 이 세상에 불러올 수 있 는 기회를 스스로 부인하는 르상티망에서 나오는 것이기 때문이다. 이는 매우 중대한 문제들을 제기한다. 우리는 우리의 생물학적 존재 의 노예가 되었을 뿐 아니라, 지구의 정복자라는 가짜 주장 때문에 자 신이 주권자라는 착각을 갖게 된 것이 아닌가? 우리가 지배할 수 있다 고 주장한 대상이 매순간 점점 더 우리를 취약하게 한다면, 우리는 어떻게 정복자가 될 수 있는가? 우리는 우리 자신의 노예, 그리고 지 구의 노예가 되어 우리 자신과 지구에 대해 원한을 갖게 된 것이 아 닌가?

허무주의는 자유주의적 생명관리정치에 낯선 것이 아니었다. 오히 려 그것의 가장 강력한 표현이었다고 할 수 있다. 거슬러 올라가면 인 간 정신에 대해 코페르니쿠스적 혁명을 일으킨 칸트의 이론에서도 허 무주의를 찾을 수 있다. 칸트는 생명을 우주의 중심에 놓음으로서 우 리가 신학적 운명의 영역을 넘어서 의미를 찾도록 했다. 이로써 우리 는 기독교적 주체로서의 고통과 한탄은 넘어서게 되었지만, 칸트가 대안으로 제시한 보편 이성은 전혀 대안이 되지 못했다. 사실 "보편"은 우리의 이성이 가진 한계와 우리가 유한한 존재로서 가진 불완전성 때문에 우리로서는 닿을 수 없는 것이다. 우리는 형이상학적 이상주의의 환원주의와 그것의 조악한 표현들을 넘어서지 못하고 실천의 면에서도 형이상학의 긍정적인 형태로 나아가지 못한다. 드루실라 코넬Drucilla Cornell은 이렇게 설명했다.

> 마르틴 하이데거가 말했듯이, 칸트는 우리를 비판이라는 개념의 극한까지 데려갔고, 유한한 존재이면서도 초월적인 상상을 통해 생각해야만 하는 우리는 대체 누구인가라는 질문을 제기했다. 하지만 그도 완전한 답은 내놓지 않았다.[47]

강력하면서도 비극적인 어조로, 칸트는 전지전능한 신과 그것이 산출하는 (분노와 원한으로 옴짝달싹 못하는) 유순한 주체의 죽음을 이야기했다. 그러면서 그 자리에 자신의 행동이 일으킨 부담으로 영원히 불완전할 운명인 "타락한 주체"를 제시했다.

칸트의 이론은 권력이 주권이라는 전통적 정박지를 벗어나 종말론적인 새로운 형태로 출현할 수 있는 길을 닦았다. 다른 한편, 이 이론에서 "타락한 주체"[인간]는 필연적으로 자신의 생물학적 존재에 대해 분노하게 된다. 비오스는 영원히 불완전하도록 만들어져 있고 그렇게 판단될 운명이다. 생물학적 존재로만 살아야 할 운명에 처한 생명은 신체의 한계를 넘어 유의미한 존재가 될 역량을 박탈당하고, 그러는 동안 권력은 유한성의 문제를 내세워 통치한다. 물론 유한성은 철학적으로는 너무나 이해하기 어려운 문제지만, 정치 전략은 그것을 얼마든지 통치에 동원할 수 있다. 그 결과, 자유주의의 전개 속에서 점점 더 커져가는 르상티망을 견디도록 주체에게 강요하면서, 자유주의는 다른 정치 이성보다 주체의 생존을 더 잘 연장해줄 수 있다고 주장하는 것만으로도 생명에 계속 개입할 도덕적 정당성을 갖게 된다. 여기서 우리는, 삶과 죽음 사이의 금지된 경계를 철학적으로 넘어가는 것이 점점 더 불가능해지는 신체에 갇혀버린 우리 존재의 유한성을 깨닫게 된다. 자유주의 사회는 우리의 생명을 계속해서 문제제기하면서 "죽음"과 특별한 관련을 맺고 있지만(우리는 매순간 생존하는 법을 배우며, 이는 종국에 진정으로 무의미해질 때까지 이어진다), 자유주의적 주체에게 죽음이라는 개념은 여전히 닿을 수 없는 것으로 남는다.

회복력 있는 주체는 더 이상 자신의 분노를 온전히 "다른 이들"에게만 투사할 수 없다. 그들은 이제 살아 있는 세계에 분노한다. 그 세계 또한 주체를 급진적으로 위험에 처하게 만들기 때문이다. 여기서 재앙의 이미지가 진정으로 번성한다. 회복력 있는 주체는 도래할 재앙에 대한 전망으로 불안해하며 그것을 통해 동원되고 구성된다. 회복력 있는 주체는 삶에 자양분을 주는 생태계의 변모를 두려워하듯이 주체의 변모를 두려워한다. 슬로터다이크의 말을 빌리면, 우리의 원한은 진정으로 한계가 없다. 모든 것이 우리를 위험하게 만드는 원천이 되면서 우리는 르상티망을 내재화했고, 전례 없는 강도로, 그리고 절대적인 필요성에서 우리의 무력함을 확산시켰다. 이렇게 해서 "제한 없는 허무주의"라는, 허무주의의 새로운 형태가 생겨난다. 우리는 더 이상 역사의 목적론적 전개에 분노하지 않는다. 우리가 주인에서 노예로, 또 주인으로 왔다갔다하기 때문이다. "우리가 정복할 수 있는 것"은 없어졌고, 위기만 끝없이 펼쳐지는 상황을 겨우겨우 헤쳐 나아가는 수준으로 우리의 위상이 전락하면서 우리의 한탄은 모두 르상티망의 정치로 귀결된다.

이는 회복력 개념을 비판할 때 반드시 포함되어야 할 핵심적인 지점을 말해준다. 재앙에 직면해 "적응"하는 것은 정치적 변혁과 다르다. 적응은 불안하고 취약하다는 조건을 받아들인다. 적응은 저항력을 회복력과 뒤섞어서 정치가 단순히 생존가능성의 문제가 되도록 만든다. 재앙적 존재를 설파하는 교리에 도전하지 않고 거기에 적응하는 것은 병리적인 것 외에는 정치적 대안이 없다고 주장하는 자유주의 통치합리성의 아바타에게 패배했음을 인정하는 것이다. 이와 달리, 변혁은 이 세상에 단순한 원칙으로 환원될 수 없는 영혼이 있음을 믿는 데 기반을 둔다. 그럼으로써 우리는 그 세상의 자연적인 요인들과 미학적이고 감각적인 관계, 지금과는 다른 관계를 맺을 가능성을 긍정할 수 있게 된다.

이것은 인간 소멸의 불가피성을 받아들이는 숙명주의와 아무런 관련이 없다(실제로 인간의 소멸이 불가피하더라도 말이다). 또한 이것은 억압, 박탈, 일상의 투쟁 등 많은 사람들이 겪는 실제의 경험들을 가볍게 여기지 않는다. 오히려 이것은 정치적인 의미를 세상에 다시 불러오려는 시도다. 우리가 다른 사람들, 그리고 지구와 맺는 관계에서 시적인 순간들이 주는 경이로운 감각을 부인하지 않으려는 시도다. 그런 관계는 생명관리정치적 통치의 기술과학적 기만으로 결코 환원될 수 없다. 또한 이것은 재앙의 통치가 설파하는 취약성 대신 다가올 세

　　　　　　　　　　　　　　　　　국가가 조장하는 위험들

상을 창조하는 시적인 확신을 이야기함으로써, 정치적인 것을 무화시키는 무관심에 도전하려는 시도다.

5장

재앙의 이미지, 아트모스

RESILIENT LIFE
THE ART OF LIVING DANGEROUSLY

포스트휴머니즘과 아트모스

오늘날처럼 "사물"의 생명에 대해 많이 숙고했던 때도 없는 것 같다. 모든 것에 생명이 불어넣어져 있는 듯하다. 어느 것도 모종의 생명력이 없지는 않은 것처럼 보인다. 오늘날은 포스트휴머니즘의 시대다. 이는 "주체"라는 개념을 완전히 다른 방식으로 사고해야만 하도록 우리의 인식과 지각에 심대한 전환을 가져왔다. 이 책에서 우리는 존재의 "재조합적" 속성을 파악하게 해주는 포스트휴머니즘으로의 변화에 반대하려는 게 아니다. 포스트휴머니즘이 휴머니즘 사상이 일으킨 끔찍한 일들로부터 의미 있게 이탈함으로써 윤리적인 잠재력을 갖는다는 데 반대하려는 것도 아니다. 하지만 포스트휴머니즘이라는 상호연결된 지형에서 떠오르고 있는 새로운 형태의 생명관리정치는 매우 우려스럽다. 특히 "가상공간"을 테크놀로지의 발달이 가져다준 "연결성"과 동일시하는 것에 대해 우리는 이 책에서 문제를 제기하고자 한다. 가능성 있는 장으로서의 "열린 공간"이 급진적인 상호연결성이 암시하는 재앙의 상상에 의해 식민화되기 때문이다. 새로운 생명관리정치는 인간이 형이상학적으로 의미가 부여된 주체, 세계를 변혁할 수 있는 주체라는 개념을 뒤흔드는 데서만 그치지 않는다. 생명관리장치가 활용하는 생존지향적인 장치dispositif에서도 여전히 인간이 중심이지만, 생명의 연결성이 본질적으로 우연적이라는 점은 통제할 수 없는 방향으로 진행되는 세상에서 우리가 탈출할 수 있는 가능성을 없앤다. 이제 우리는 세상의 자비에 복종하는 수밖에 없다.

여기서 짚어야 할 점이 있다. 오늘날의 생명관리정치는 푸코가 처음에 이 이론을 제시했을 때 지칭했던 생명관리정치와 다르다. 푸코의 문제제기에서 생명관리정치는 지역화된 인구 집단들을 조작하는 것을 의미했지만 점차 생명영역에 속한 전체 생명으로 생명관리정치의 중점이 이동했다. 푸코는 인간 행동에 미치는 영향을 염두에 두면서 생명관리정치적 개입의 직접성과 즉각성을 우려했지만, 이제는 무한한 [위험의] 가능성을 가진 미래-현재의 장으로서 이해되는 "가상의 영역"이 안전 거버넌스에 대한 사고를 지배하고 있다. 또한 푸코는 인종의 문제, 특히 표준화된 완벽한 모델(생물학적으로 물려받은 특질에 의해 우월한 종임이 과학적으로 입증되었다고 여겨진 "순수한 인종")에 대비되는 인종의 문제가 생명관리정치의 핵심이라고 이야기했지만, 현재의 자유주의 정치는 인간종의 조건 자체가 자연적으로 취약하며 그것을 우리가 인정해야만 한다는, 전보다 덜 자신만만한 전제에서 출발한다(물론 자유주의적이지 않은 요소들에 대한 자유주의의 폭력은 누그러지지 않고 계속 진행되었지만 말이다). 이는 "모든 것이 불안전하도록 짜여 있다"는 개념에서 도출되는 것이다.

어떤 생명도, 설령 가장 "숙고적인 삶"을 사는 생명이라 해도, 그것이 얽혀 있는 수많은 "장치"들을 영구히 벗어나서 존재할 수 없고 그러기를 바랄 수도 없다. 그러한 공허로의 여정은 긍정적이지도, 바람직하지도 않다. 존재를 긍정적으로 풍성하게 하는 것은 주체 상호간의 호명을 통해서만 가능하기 때문이다. 우리는 사회적이고 정치적인 동물이어서 우리 각자의 변형들이 "가치전복적"인 방식으로 연결되지 않으면 존재한다는 감각 자체를 느낄 수 없다. 하지만 더 중요한 것은, 개인적인 요소들을 창조적이고 다양하게 이탈시키는 데서 생기는 시스템적 변형이 병리적인 비정상으로 여겨지지 않고(즉 미리 정해진 "정상화"의 기준에 의한 폭력을 겪지 않고) 긍정적인 특질을 표현할 수 있도록 허용될 것인가, 아닌가다. 이를 염두에 둔다면, 대기적-미학적-정서적인 인간 존재의 삼각 차원과 여기에 수반되는 생명관리정치화 과정을 더 잘 파악할 수 있게 해줄 다른 학문 사조들도 살펴볼 필요가 있다. "대기적-미학적-정서적" 프레임으로 생명관리정치를 보면 기술적인 주장들에만 의존하지 않는 방식으로 권력의 작동을 더 잘 파악할 수 있을 뿐 아니라, 대기적-미학적-정서적 요소가 어떻게 관여하는지를 살펴봄으로써 생명의 환원 불가능한 특질들을 더 윤리적이고 더 나은 관계를 창조하는 데 필수적인 요소로서 평가할 수 있게 된다. 회복력과 취약성 담론에 대해 대안이 있을 수 있다면, 그것은 그저 생명관리정치를 수선하는 정도를 넘어서야 할 것이다.

"대기적인 것"이 우리의 정치적 사고의 일부라는 것, 적어도 정치적 사고에 영향을 미친다는 것은 자명해보인다. 우리의 언어만 봐도 "공포의 분위기"와 같은 표현이 가득할 뿐 아니라 종종 우리는 어떤 사건이 대기적인 특질들을 통해 판단될 수 있다고 이야기하기도 한다. 가령 성공과 실패는 모종의 "분위기"로 설명된다. "분위기"는 수량화하기는 어렵지만 우리가 상황을 인지하고 파악할 때 결코 덜 현실적이지 않다. 이러한 대기는 주체와 객체에 대해 독립적으로 존재하는 요소가 아니다.

대기는 시공간 속에서 실제로는 전적으로 우연적 관계인 것들에 질적·정서적 의미를 부여하면서 주체와 객체를 연결한다. 대기는 신체에서 분리되지 않는다. 대기는 우리에게 침투해 눈에 보이는 물질적 현실, 그리고 우리가 세상을 어떻게 보고 경험하는지에 영향을 미치는 눈에 보이지 않는 모든 조건에 깊이 영향을 미친다. 물론 대기는 보편적이지도 정적이지도 않다. 우리에게 자신의 존재를 긍정적으로, 아니면 질식적으로, 아니면 유독하게 각인시키는 다양한 유형의 대기가 있다고 말할 수 있을 것이다. 중요한 것은, 대기가 인간 조건에 필수불가결한 것임을 인정하는 것이다. 게르노트 뵈메Gernot Böhme가 주장했듯이, 삶의 기술은 "대기적인 것"일 수밖에 없다.[1]

하지만 제2차 세계대전의 공포에 뒤이은 자유주의 부흥 운동 속에서, 감정이 그랬듯이 대기도 희생되었다. 파시스트 권력의 미학이 부패, 타락, 광기, 질병, 일탈의 상징으로 여겨지면서 정치에서 감정이 매우 문제시되었다면[2], 알베르트 슈페어Albert Speer(히틀러의 신임을 얻었던 나치 건축가-역주) 같은 사람들이 상상한 대기적 조건[분위기]의 조작(슈페어가 연출한 1936년 뉘른베르크 전당대회는 수직의 빛기둥이 밤하늘로 치솟으며 경외감을 불러일으키는 장관을 연출했다-역주)도 마찬가지로 위험하고 모호한 것으로 여겨졌다.

하지만 정치에서 대기는 매우 중요하다. 명확히 손에 잡히지도 않고 실증주의의 협소하고 아전인수적인 학문 체계로 환원되지도 않지만, 그렇다고 대기의 정치를 무시한다면 오늘날 진정으로 강력한 인류세적 사고와 생명관리정치적 통치 속성의 다양한 차원을 얼버무리게 될 것이다. 진정으로 우리를 사로잡는 재앙의 이미지는 바로 "아트모스Atmos[대기 atmosphere]"이기 때문이다. 회복력 개념을 비판하고자 할 때, 대기적으로 의미가 부여된 생명 공간들이 어떻게 조작되는지를 설명하지 못한다면 그 비판은 무의미할 것이다. 이러한 대기적 조

국가가 조장하는 위험들

작을 통해 취약한 주체가 재앙의 운명에 처한 자신의 존재에 대해 더한층 확고히 한탄하게 되는 방향으로 미학적·정서적으로 연결되기 때문이다.

대기적 사고를 촉진시키려 한 페터 슬로터다이크의 연구는 이런 점에서 모범으로 삼을 만하다.《권역 *Spheres*》3부작에서 슬로터다이크는 생명의 대기적 차원이 인간의 사고와 행동을 구성하는 다른 측면들보다 결코 덜 중요하지 않다는 점을 매우 설득력 있게 주장했다. "대기적인 것"은 비판적 연구 영역으로서 진지하게 고려되어야 할 사회적이고 정치적인 힘의 장이다. 대기는 우리가 어떻게 "존재의 풍파를 견디는지 weather existence"를 이해하려 할 때 필수적이다. 우리 존재에 대한 공간적 존재론을 가시적인 지식으로 표현할 수 있는 범위를 넘어서는 방식으로 개념화하기 위한 시도라 말할 수 있을 것이다.

슬로터다이크는 대기가 권력의 작동을 분석할 때 종종 간과되곤 하는 기분이나 기질의 문제를 고찰하는 데 필수적일 뿐 아니라, 우리가 "폭풍 속에 있는 와중에도" 행동에 나설 수 있게 해주는 새로운 정치에 대한 약속을 담고 있기도 하다고 주장했다. 우리가 세상에 내던져진 존재라는 하이데거의 주장에 맞서면서(하이데거의 주장은 칸트의 "타락한 자유" 논리와 명백히 연결되는, 생존지향적인 존재 개념을 현상학적으로 매우 강력하게 정교화한 이론이라고 볼 수 있다), 슬로터다이크는 "세상 안에서 세상과 함께하는 존재"로 초점을 이동시킨다. 이러한 이동은 우리가 숨 쉬는 공기에 전적으로 더 문학적인 무언가가 있다는 것을 전제로 한다. 그것을 찾아내려면 질적인 측면, 아름다움, 시적인 변형 등을 발견하려는 확신과 그럴 수 있다는 자신감을 새로이 찾아낼 필요가 있다. "폭풍 속에서 폭풍과 함께 하는 존재"가 대기적 조건의 불가피한 변화를 한탄하거나 후퇴하는 쪽으로만 꼭 귀결되지 않아도 되도록 말이다. 슬로터다이크는 이를 "대기에 대한 비판적 이론이자 대기적 공화국res publica [공공의 것]의 실증적 개념"이라고 표현했다.[3]

그에 따르면 이것은 "대기적인 제3의 길"이다. "결정 불가능성"이 불러오는 공포의 교착 상태를 넘어서도록, 또 그리 저항적이지 못한 "환경의 제약"이라는 대안을 넘어서도록 해줄 또 다른 길이라는 것이다. 나이젤 스리프트Nigel Thrift는 이를 다음과 같이 유쾌하게 설명했다.

> 이것들 모두 중요하다. 공간의 이러한 다른 측면들이 풍경을 조직하는 요인으로서 한데 불려 들어온다. 이것들은 각자의 궤도에 존재하는 대기 안에서 세상을 만들어내고 그 세상을 에워싼다. 그리고 점차 대기는 그 자신의 삶을 살아간다. 자신의 추동력을 가지고 선택적으로 생명을 불어넣는다. 공기는 (맑은 공기든 오염된 공기든 간에) 새로운 매개체를 창조하는 동시에 그 안에서 숨 쉬는 것을 가능하게 한다는 점에서 기후 체제를 닮았다. 그러므로 우리는 슬로터다이크처럼 대기를, 그리고 "대기의 질"에 대한 추구를 강조해야 하며, 이러한 강조와 함께 대기의 독성을 없애는 체제를 추동해야 한다.[4]

이를 미학과 연결하면서 자크 랑시에르Jacques Ranciere는 미학이 권력(정서에 영향을 주고 영향을 받는 능력)을 파악하려 할 때 떼놓을 수 없는 요소라고 주장했다. 즉, 우리가 "장치"를 말할 때, 이것은 미학적 장치를 말하는 것이기도 하며 이것의 중요성은 결코 다른 것에 뒤지지 않는다는 것이다. 가령 우리는 우리의 감각이 특정하게 구획됨으로써 어떻게 미학적 경험이 권력의 진리 체계에 복무하는 방식으로 조작되는지(여기서 활용되는 지식 자체는 그 자신의 미학적 장치들에 의존하며 또한 미학적 장치들을 창조한다)를 분석할 수 있다. 또한, 미학적 장치는 체제에 존재하는 갈등과 긴장을 "구획된 감각"과 "시적인 지향"의 차이를 구분할 수 있게 해주는 방식으로 드러내준다.

> 우리가 이미지라고 부르는 것은 현실에 대한 어떤 감각, 즉 어떤 "상식 common sense[공통 감각]"을 창조하는 시스템의 한 요소다. "상식"은 지각될 수 있는 데이터들의 집합이다. 상식은 모든 이가 가시성을 공유할 수 있는 것들, 그것들을 지각하는 방식, 그리고 그것들에 부여된 의미(이 역시 모든 이가 공유할 수 있다고 여겨진다) 모두를 포괄한다. (중략) 상식은 단어 등 가시적인 형태들이 모두에게 공유된 데이터와 모두에게 공유된 지각의 양식으로 모여 들어가 의미를 부여하고 의미에 영향을 미치는 시공간적 시스템이다.[5]

랑시에르가 암시하듯이, 정서적인 영향은 권력을 파악하는 데 필수적이다. 정서 개념을 도입하지 않으면 생명관리정치는 주체의 관점에서 볼 때 말이 되지 않는다. 인간 존재를 향상시킨다는 주장을 통해 욕망을 조작하지 못하면 생명관리정치는 확고한 토대를 가질 수 없기 때문이다. 우리는 생명관리정치가 주장하는 "더 진보적인 존재"의 약속에 우리 자신을 양도한다. 그러한 약속은 이성이나 기술적인 권력의 꿈만으로 설명할 수 없다. 그것들은 느껴져야 한다. 생명관리정치는 감각적으로 생기를 불어넣을 능력 없이는 우리를 장악할 수 없다. 그것은 생명력 있는 권력이며, 이 권력의 전략은 사회적 신체 안에서 정서적인 관계를 조건화하기 위해 인간의 잠재력을 끌어내는 능력에 의존한다.

하지만 우리의 정서에는 언제나 생명관리정치적 통치 의지를 넘어서는 부분, 즉 넘쳐흐르는 부분이 있다. 생명관리정치는 생명이 권력을 내면화해 스스로 행동을 규율하게끔 욕망을 관리하도록 한다. 이를 염두에 둔다면, 정서의 논리를 기술적인 개입의 관점에서만 보려 하는 것은 큰 실수일 것이다. 우리는 기계 속의 유령이 아니다. 우리는 이성을 (종종 설명할 수 없는) 기분이나 미학적 영향과 분리할 수 없다. [대안적인] 인간 주체에 대한 모든 논의는 권력 체제의 작동으로 환원이 불가능한 대기적—미학적—정서적 측면이 있음을 이야기하는 것에서 시작해야 한다. 이것이 주체의 환경이다. 그렇지 않다면 왜 권력이 자신의 전략적 통제를 벗어난 것으로 보이는 "환원할 수 없는 것들"을 그렇게나 억누르려 하겠는가?

보이지 않는 것을 보이게 하다

한마디로 말하면, 재앙 논리는 보이지 않는 것을 보이게 하는 것이다. 이는 사건이 실제로 발생하기 전에 우리가 어떤 식으로든 거기에 노출되는 것을 필요로 한다. 취약한 주체의 마음속에서 가상적으로

국가가 조장하는 위험들

재앙이 발생하게 만드는 것은 "지금, 그리고 여기" 놓여 있는 현실의 조건에서 분리될 수 없다. 엄밀하게 "입증"되었는지의 측면에서 보면 재앙적 결과의 가시성이 즉각성이나 직접성을 결여하고 있을지 모르지만, "다가오는 것"은 이미 발생하고 있다. 이 소멸의 시대에는 모든 잠재적 공포가 "불가피하게 닥쳐오는 느린 재앙"을 암시한다. 이런 재앙은 과학적 입증에서 얻을 수 있는 안심을 주지 않는다. 입증되었을 때는 이미 너무 늦은 것이다. 이것은 큰 규모에서의 "선제적 개입"이라고 볼 수 있다. 또한 이것은 오늘날 권력 투쟁이 펼쳐지는 지형이기도 하다. 권력의 대기적–미학적–정서적 차원이 본질적으로 경합적이고 투쟁적인 것이라면, 그것의 생명관리정치화는 "기후적 조건화"라고 이해할 수 있다. 그리고 이 모든 것은 "결정 불가능성"이 통치의 전략적 무기가 되도록 일반적인 위기 환경을 조작하는 것과 관련된다.

기후적 조건화의 사례를 가장 잘 보여주는 것은 전쟁이다. 20세기 이후 "공간"이라는 개념이 단순히 우리가 점령하고 있는 영토를 의미하는 것을 넘어 더 정교해지면서 대기적 전쟁이 전투의 핵심으로 부상했다. 메소포타미아에 가스 사용을 허용한 윈스턴 처칠Winston Churchill부터6 드레스덴 융단 폭격 때 인산을 사용한 "폭격기 해리스"[아서 해리스Arthur Harris의 별칭]까지, 영국이 여기서 특히 두각을 나타냈다. 드레스덴 융단 폭격은 전략적·군사적으로 중요하지 않은 대상까지 무차별적으로 공격해 일본의 히로시마와 나가사키 폭격 때의 피해를 합한 것보다도 많은 피해를 낸 비극이다. 이런 사례에서 보듯, 폭력은 점점 더 생명이 살아가는 "환경"을 대상으로 삼고 있다. 더필드가 언급했듯이, 전면전은 언제나 "적의 환경적 생명 세계를 파괴할 것"을 필요로 한다. 파괴의 대상은 점점 더 "기후 체제, 필수적인 도시 인프라, 생태계, 사회적 네트워크, 그리고 신경학적이고 세포적인 과정 등 생명을 지탱하고 생명을 가능하게 하는 것들을 포함하게 되었다."[7] 더 필드가 주장했듯이 환경 테러는 전쟁, 자연, 경제 사이의 깊이 얽힌 관계를 잘 보여준다. 따라서 우리 사회가 예측 불가능성과 취약성을 받아들이게 만든 회복력 담론의 초창기 씨앗을 환경 테러에서 추적해 볼 수 있다. 이것은 자유주의가 시작부터 내내 일관되게 가지고 있었던 특징 하나를 잘 보여준다. 평화를 말하는 자유주의자들의 주장과 달리, 자유주의는 전쟁이나 불안을 없애려 하기보다는 완전한 불확실성의 조건에서 번성하며, 이는 군사주의의 필요성을 강화한다. 시스템의 불안전성 자체가 자연스러운 것으로서 창조되고 촉진되기 때문이다.

더필드는 "환경 테러의 프레임 안에 있는 모든 것이 잠재적으로 '이중적인 사용의 가능성'과 '잠복성'을 가진다. 생명이 접촉하거나 의지하는 모든 것이 별안간 적대적으로 방향을 틀어버릴 수 있다. 모든 것이 무기가 된다"[8]고 주장했다. 대기도 포함해서 말이다.

20세기에 미국과 소련은 전략적 이득을 위해 대기를 공학적으로 조작하려는 괴물 같은 시도의 선두에 있었다. 제2차 세계대전 이전에도 소련은 1932년에 레닌그라드 인공강우연구소Leningrad Institue of Rainmaking를 세워서 정치적·경제적·군사적 목적으로 구름 조작을 실험한 바 있다. 이러한 종류의 시도가 얼마나 거대한 규모로 이루어졌는지는 〈인간 대 기후Man Versus Climate〉(1966) 결론 부분에서 잘 드러난다.

국가가 조장하는 위험들

우리의 작은 책은 이제 마지막에 도달했다. 우리는 과학이 이미 자연의 신비에 침투하고 있음을 이야기했다. 지구를 변형시키기 위해 시도되는 대담한 프로젝트에 대해 이야기했다. 미래에 실현될 환상적인 꿈에 대해 이야기했다. 오늘날, 우리는 자연 정복의 바로 문턱에까지 도달해 있다. 하지만 마지막 페이지를 넘기면서 독자들이 인간이 정말로 지구의 정복자가 될 수 있고 미래가 인류의 손에 있음을 확신하게 된다면 본 저자들은 이 책을 쓴 목적을 달성했다고 생각할 것이다.⁹

당연하게도 미국은 소련의 이러한 야심과 역량에 공포를 느꼈다. MIT 기상학과 학과장 헨리 호턴Henry Houghton은 1957년에 이렇게 언급했다.

현실성 있는 날씨 통제 방법을 러시아가 먼저 알아낼 경우 어떤 결과가 발생할지 생각하면 소름이 끼친다. 우리와 이 세계로서는 다행스럽게도 핵무기는 우리가 먼저 개발했다. (중략) 이제 핵 에너지는 통제되고 있는 만큼, 대기의 조작을 국제적으로 통제하는 것이 세계의 안보에 필수적이다.

히로시마가 처했던 극단적인 "운명"까지 그려보는 것은 다소 진부하지만, 호턴의 반응은 전적으로 예측 가능한 반응이었다. 베트남 전쟁은 군사 전략에서 핵심으로 부상한 환경 테러를 실험하는 더 큰 실험장이었다. "뽀빠이 작전Operation Popeye"으로 구름 생성용 항공기를 파견한 것에 더해(장마철을 연장하기 위해 대기에 요오드화은을 주입해 구름을 만들려고 했다), 미국은 중부와 남부 베트남에서 숲을 말려버리고 그 안의 모든 것을 죽이기 위해 7,200만 리터로 추산되는 막대한 양의 제초제를 살포했다.[10] 가장 많이 사용된 고엽제인 오렌지제는 숲과 경작지 550만 에이커를 파괴했고 인간과 생명영역의 기형을 낳았으며 그 상흔은 오늘날에도 명백히 볼 수 있다. 그 결과 유엔에서 "기후 개조 수단의 군사적 및 기타 적대적 목적을 위한 사용을 금지시키기 위한 협약"이 채택되었다. 여기서 환경 조작 기술은 다음과 같이 정의된다. "자연 과정에 대한 고의적 조작을 통해 생물권, 암석권, 수권, 기권, 그리고 외부 공간을 모두 포함하는 지구의 동학, 구성, 구조를 변형시키는 모든 기술."[11] 물론 이 협약은 민간 사용과 군사적 사용을 분명히 구분할 수 있다고 전제한다는 데서 문제가 있다. 역사가 보여주듯이, 자유주의 사회는 이 구분을 흩뜨리며, 그럼으로써 정치는 또 다른 수단을 통한 전쟁의 지속으로서 정상화된다. 그뿐 아니라 "적대적"이라는 말은 자유주의가 말하는 사전적 의미로서는 정치적 의미나 울림을 가질 수 없다.

냉전이 끝나면서, 겉으로나마 전쟁과 불안을 없애는 게 목표라고 말하던 가식적인 자유주의도 끝났다. 모든 사회적 병폐에 대해 공공연히 전쟁이 선포되었고, 전쟁과 평화 사이의 세세하고 구체적인 구분은 모두 무의미해졌다. 그에 더해, 불안이 자유주의적 주체를 형성하는 데 핵심 요인이 되었다. 이제 주체는 이 세상에 참여하기 위한 필요조건으로 취약성을 인정해야 한다. 복지국가가 해체된 것과 전략적 목적(전쟁 등)을 위한 기후 조작에 투자가 계속된 것은 얼핏 관련 없어 보이지만, 생명세계 시스템이 "모든 생명은 구별 없이 취약하다"는 것을 근거로 무한한 개입 가능성에 열려 있게 되면서 이 둘 모두

국가가 조장하는 위험들

동일한 논리를 드러낸다. 그런데도 정치적 목적으로 대기를 조작하는 것은 환경 담론에서 빠져 있기 일쑤다. 미셸 초수도프스키 Michel Chossudovsky가 지적했듯이, "기후변화에 관한 정부간 패널IPCC"은 "기후변화를 이해하는 데 필요한 과학적·사회경제적·기술적 정보를 평가할 것을" 의무화하고 있으며 여기에는 "환경 전쟁"이나 "지구공학" 등도 포함되지만, 2,500명의 과학자, 정책 결정자, 환경운동가들이 참여해 작성한 수천 쪽 분량의 IPCC 보고서와 자료에서 [기후 조작 기술의] 기저에 있는 군사적 적용은 정책 분석이나 과학적 연구의 대상이 아니었다. 그래서 "기후 전쟁이 미래의 인류에게 매우 위협적일 가능성이 있는데도" 이것은 "2007년 노벨평화상을 받은 IPCC의 보고서에 빠져 있다."[12] 이 점에서 미국 정부의 "고주파 오로라 활동 연구 프로그램HAARP"에 주목할 필요가 있다. 웹사이트에 따르면, 알래스카에 기지를 두고 있는 HAARP는 "전리층의 특성과 활동을 연구하는 과학적 연구로, 특히 민간 및 군사 목적의 통신과 감시 시스템에 사용될 수 있는 가능성을 연구하고 있다"고 한다.[13] 이 설명이 기후 조작의 이중적 목적을 드러내고 있다는 점은 매우 의미심장하다. 또한 이는 몹시 우려스러운 일이기도 하다.

인간 주체의 삶에 영향을 미치는 대기적 조건들에 대해 진리를 부여하고 조작하고 개입할 수 있도록 대기와 관련된 진리 체계를 설정하는 능력을 "대기의 정치"라고 정의해보자. 그렇다면 여기서 대기의 정치에 대해 매우 중요한 점 하나를 짚을 수 있다. 부르노 라투르Bruno Latour가 설명했듯이, 슬로터다이크식 이론은 대기를 정치적 용어로 명시화했다는 데서 장점을 갖는다.[14] 우리는 "대기적"이라고 여겨지는 것들의 가치를 수량화하려는 데서 벗어날 필요가 있다. 금전적인 비용-편익 분석뿐 아니라 거의 모든 자유주의 정부가 환경 담론에서 주체를 호명하려 시도할 때 사용하는 어휘와 논리는 모두 대기적인 것들을 수량화할 수 있는 면으로만 환원하려 한다. 하지만 수량화의 어휘를 벗어나야 한다는 말은 대기적인 것들을 중요하게 논하지 않아도 된다는 말이 아니다. 대기적 전쟁에 대해 위에서 언급한 점들은 현재 인류가 겪고 있는 문제들과 매우 중요한 관련이 있다. 막대한 정치적 함의를 갖기 때문이다. 슬로터다이크는 처음부터 이것을 잘 알고 있었다. 이에 대해, 라투르는 다음과 같이 설명했다.

> 처음에 우리는 아무것도 느끼지 못하고 무감각하다. 우리는 자연화된다. 그러다가 갑자기 우리는 "무언가를" 느끼는 것이 아니라 "무언가가 없다는 것을" 느끼게 된다. 전에는 그것의 부재를 상상도 할 수 없었던 것에 대해서 말이다. 1915년 4월 22일 이프르의 참호 속에 있었던 가엾은 군인들을 생각해보자. 그들은 총알, 폭탄, 쥐, 죽음, 진흙, 공포라면 잘 알고 있었다. 하지만 공기에 대해서는 인식하지 못하고 있었다. 그들은 그저 숨을 쉬고 있었다. 그런데 알지 못하는 사이에 추하고 느린 움직임으로 초록의 구름이 그들의 위를 덮쳤고, 공기가 사라졌다. 그들은 질식하기 시작했다. 이렇게 해서, 우리가 박탈당한 것들의 목록에 "공기"가 들어왔다.[15]

라투르의 독해에서 핵심은, 대기를 의식적으로 조작하는 활동이 (가장 두드러지게는 전쟁 중에) 대기를 사라지게 하면서 우리가 대기의 존재를 인식하게 되었다는 점이다. 또한 우리는 이러한 기후의 정치

국가가 조장하는 위험들

적 조작이 "생명의 부양"을 보장할 수 없는 여건으로 우리를 몰아간다는 것도 알게 되었다. 기후는 "사라짐"을 통해 폭력적으로 우리에게 나타난다. 이 논리는 환경 담론에 강력하게 스며들어, 이제 이 현상은 새로운 정상으로 여겨지게 되었다. 전에는 전투장에 속했던 것(가령 방독면)이 곧 일상의 요소가 될 것이므로, 우리는 그 모든 부정적이고 질식적인 효과들에 대해 "기후적으로" 각성되어야 한다고 한다. 하지만 "부정의 부정"[대기를 부정하는 것을 다시 부정하는 것]을 통해 더 고차원적이고 계몽된 통합으로 간다는 식의 변증법적 투쟁을 상정하기보다는, 대기에 대해 조금 더 긍정적인 설명을 해보면 어떻겠는가? 가령 살아 있고 숨 쉬는 주체로서, 또 존재의 현상으로 환원되지 않는 윤리적 성찰을 할 수 있는 존재로서, 인간에 대해 새로운 현상학을 제시할 수 있는 설명은 어떻겠는가?

대기는 신체의 정서와도, 마음의 상태와도 밀접히 엮여 있다. 그것들은 정서적·미학적 측면으로부터 분리될 수 없다. 그렇다면, 어떻게 하면 뵈메가 제안했듯이[16] 대기를 가치판단적인 것을 넘어 새로운 미학의 토대로 생각할 수 있을까? 어떻게 하면 우리가 더 시적이고 상상력 있는 방식으로 재앙적 서사의 질식과 한탄을 넘어서 작동할 수 있는 존재의 현상학을 만들 수 있을까? 어떻게 하면 변혁적 잠재력을 두려워하지 않고 긍정적으로 동원해낼 수 있는 인식 체계에 부합할 대기적 조건을 만들 수 있을까?

병리적 폭력과 지구

권력이 힘을 잃을수록 필연적으로 폭력을 더 많이 필요로 하게 된다는 이론은 잘 알려져 있다. 한나 아렌트의 연구에 이어 많은 이들이 논했듯이, 권력과 폭력이 사실상 동일한 것의 상이한 전략이며 후자가 전자의 쇠락을 드러낸다는 것이다. 그렇다면 병리적인 폭력이 발생한 것, 그리고 그것이 무매개적이고 무제한적인 수준으로까지 치닫도록 지속되고 있다는 것은 권력이 생명에 군림하는 데 실패하고 있음을 드러내는 것이 된다. 이렇게 보면, 폭력은 권력이 부여한 생명 개념에 문제를 제기하는 "길들여지지 않는 요인들"을 제거하려는 병리적 복수의 일종으로 보인다. 토머스 홉스Thomas Hobbes는 《리바이어던The Leviathan》에서 주권자를 누추한 존재에 의미 있는 특질과 안전을 부여하는 "인공 허파"라고 묘사했다. 그리고 폴 비릴리오는 독일 제3제국이 "자살적"이라고 밖에 표현할 수 없을 정도로 되돌아올 수 없는 수준에 이르렀던 파괴 의지에서 병리적 속성을 단적으로 보여준다며 문명의 붕괴에 대한 이론을 개진했다. 물론 이것이 권력과 폭력에 대한 유일한 설명은 아니다. 권력과 폭력 모두 수많은 방식으로 논의될 수 있다. 하지만 권력이 힘을 잃을수록 폭력을 더 필요로 한다는 유형화는 오늘날 지구가 드러내는 병리적 기질을 파악하는 데 유용하다. 즉, 지구가 한때는 자신이 안전을 제공했던 대상에 대해 이제 더 자주, 그리고 더 격렬히 폭력을 행사하게 된 것을 파악하고자 할 때 매우 유용할 수 있다.

인류세적 사고는 가이아를 인간종으로 대체했다. 우리는 지구적 헤게모니를 가진 종이다. 다만, 우리가 저지르는 행동의 장기적인 시사점을 판단할 역량이나 생태적 다양성을 유지하면 생명영역을 번성시킬 자연법칙에 대한 존중심은 없는 채로 그렇다. 그래서 이제 인간종이 지구 표면에 가한 상처에 대해 지구가 역습을 가한다고 한다. 여기서 "초토화 정책"이라는 말은 전혀 다른 의미를 갖게 된다. 의식적으로든 무지해서든, 우리가 생명영역과 타협하고 협상하지 않고 되레 점점 더 많은 군대를 동원해서 지속적으로 전쟁을 벌인 통에, 지구는 느리지만 확실하게 우리까지 한꺼번에 끌고 갈 운명적인 후퇴를 하고 있는 것으로 보인다. 생명 위에 군림할 수 있는 권력(이것이 압제적인 의존성의 권력인지 호혜적인 민주적 권력인지에 대해서는 논란이 있다)을 잃어가면서 지구가 우리에게 복수를 상연한다는 개념과 함께, 지구가 병리적 폭력을 보이고 있다는 개념은 오늘날의 환경 담론에서 빼놓을 수 없는 이야기가 되었다. 지구적인 폭력이 점점 더 극단적이고 무차별적으로 전개되고 있다는 점은 이런 논의를 뒷받침하는 근거로 사용된다. 버락 오바마가 두 번째 대선에서 승리한 뒤 연설에서 반복해서 말했듯이, 우리는 "더워지고 있는 지구의 파괴적 힘"에 직면해야만 한다.[17]

병리와 대기[기운, 분위기]의 관계에 대해서는 상당히 상세하고 깊이 있는 계보학이 발달되어 있다. "광기의 역사"라는 용어만 봐도 그렇다. 푸코는 병리가 어떻게 사회적·정치적 현상으로서 출현했는지를 연구하면서 광기를 매우 중요하게 다루었다. 프랑스어로 "루나티크lunatique"인 광기는 라틴어 "루나티쿠스lunaticus"가 어원으로, 달을 뜻하는 접두사 "루나luna"에서 볼 수 있듯이 "달에 의해 타격을 입은"이라는 뜻이다. 현대 심리학은 일탈 행동이 달의 주기 때문이라고 말하는 수준은 넘어선 지 오래지만, 여전히 우리는 인간의 성격과 사회의 직조를 악마적으로 만드는 늑대의 모티프를 너무나 잘 이해하고 있다. 더 이전에 들뢰즈가 개진한 프로이트 비판을 이어받아 자크 데리다는 현대 정치에 대한 우리의 이해 전체가, 특히 주권 개념이, 정치적으로 자격이 주어진 생명과 자연적인 생명 사이를 구분 지을 수 있게 해주는 늑대 같은 존재에 의해 지탱되고 있다고 주장했다. 그런데 이 구분이 붕괴되고 기후변화로 인한 사막화의 뜨겁고 얼어붙은 재앙의 새 형태로 우리의 관심이 옮겨가면서, 인간과 사회의 일탈이 다시 대기와 연결되고 있다. 더 섬세하고 정교할지는 몰라도 결코 덜 병리적이지는 않은 방식으로, 정상과 비정상의 구분을 다시 확립하기 위해서 말이다.

병리화된 지구는 생명세계 시스템을 불가피하게 군사화하면서 "적합도 지형fitness landscape"이라는 생물학적 개념을 다시 생각하게 만든다. 생물학에서 적합도 지형은 적응적인 생물 시스템의 최적화를 시각화해 보여주는 것이지만(다이어그램적으로는 지도 지형과 비슷해보인다18), 우리는 이 단어의 의미를 더 확장해 일반적인 생명영역적 조건을 "정치화" 하는 것과 관련지어 생각해야 한다. 여기에는 전쟁부터 날씨까지 모든 것이 한데 불려온다. 인간적인 것과 자연적인 것이 급진적으로 상호연결된 시스템 안에 혼합되어 있다고 여겨지므로 "적합도"를 가늠하는 문제도 훨씬 더 복잡해졌다. 그런데 적합도가 논의되는 양상을 보면 분쟁, 안전, 환경의 연결을 수량적·실증적으로 분석해 입증하는 것보다는, 그것들이 연결되어 재앙을 일으킬 수 있다는

"잠재성"만으로도 경계하고 대처해야 할 충분한 이유가 된다고 주장하면서 개입을 정당화하는 쪽에 더 방점을 두고 있는 듯하다. 부정적인 결과를 낼지 모를 "잠재성"이 있다는 말에 대해서는 반박이나 반증을 할 수 없다. 도시에 질식할 듯한 절망의 구름을 드리우는 것이 허리케인이든 테러든 간에, 그 재앙이 더 오래 우리에게 포착되지 않고 있거나 실제 발생이 더 오래 미뤄지고 있을수록 그것이 잠재적으로 암시하는 재앙은 더 강력해진다. 재앙이 아직 나타나지 않았다는 사실은 그 재앙에 더 많은 것이 걸려 있게 만드는 데 기여할 뿐이다. 그러는 한편, 재앙이 진정으로 미지의 속성을 갖는다는 점은 그것이 실제로 도래하기 전까지는 계속해서 미지의 것이리라는 점 때문에 더 위험한 것이 된다.

적합도를 높이는 것은 신체적으로만 훈련된 주체가 아니라 심리적으로도 조건화된 주체를 요구한다. 회복력 있는 주체에 대한 최신 이론들이 가장 적극적으로 적용되는 공간이 군대라는 것은 우연이 아니다. 이런 목적으로 진행된 가장 개척적인 프로젝트로는 미국의 "종합군인 적합도 운동"을 꼽을 수 있다. 이 프로그램은 "전쟁 수행 역량"이라는 개념을 더 인간적인 방식으로 다시 사고하고자 한 흐름의 일환으로 진행되었으며, 병사들이 전투를 겪은 후에 트라우마에서 더 잘 회복될 수 있도록 미리 대비시키는 데 효과가 있는 것으로 알려져 있다. 이 프로그램은 "PERMA" 매트릭스를 토대로 짜여져 있다. PERMA는 긍정적 감정positive emotion, 관여도engagement, 인간관계relationships, 의미meaning, 성취accomplishment를 일컫는다. 이것들은 자신의 취약성과 전장에서 불가피하게 겪게 될 불안감을 잘 알고 있는 병사들이 전쟁이 발생하기 전에 그에 대해 더 잘 대비하는 데 필요한 상호보완적인 요소들로, 군인의 회복력과 역량을 높이는 데 핵심적인 토대로 여겨진다. 펜실베이니아 대학 '긍정심리센터' 소장 마틴 E.P. 셀리그먼Martin E.P. Seligman은 다음과 같이 설명했다.

> 미 육군 참모총장이자 이라크 전쟁 당시 다국적군 최고사령관이었던 전설적인 장성 조지 W. 케세이 주니어가 긍정적인 심리가 병사들의 문제에 대해 알려주는 교훈이 무엇이냐고 물었을 때, 나는 다음과 같이 간단히 대답했다. 극도로 적대적인 상황을 경험한 사람들의 반응은 대체로 정규분포를 따른다. 한 극단에서는 사람들이 PTSD, 우울증, 심지어는 자살의 나락으로 떨어진다. 대부분이 해당하는 중간 영역에서는 사람들이 처음에는 우울증과 불안 증세를 보이다가 한두 달 정도 물리적·심리적 조치를 취하면 트라우마 이전으로 돌아온다. 마지막으로 다른 극단에서는 사람들이 트라우마 이후에 오히려 성장을 보인다. 그들도 처음에는 우울증, 불안 증세, 심각한 PTSD를 겪기도 하지만 1년 안에 전보다 더 강하고 나아진 상태가 된다.[19]

회복력 있는 주체를 만들려고 하는 미군의 접근 방식에서 놀라운 점은, 위계의 언어를 재구성하고 있다는 점과 군대와 가정의 경계가 없어져서 전투 시와 평화 시의 구분도 없어지고 있다는 점이다. 마크 네오클레우스의 설명에 따르면, 이 프로그램은 "회복력 전문 트레이너가 운영하고 일반 회복력 훈련과 조직 회복력 훈련 등의 다양한 측면으로 이루어진 '수행성 및 회복력 강화 프로그램CFS2-PREP'을 제공

      국가가 조장하는 위험들

한다. 이보다 더 고급 단계인 '종합 회복력 모델'은 남성 배우자를 위한 회복력 강화, 10대 자녀의 회복력 강화, 사회적으로 회복력 있는 팀을 만들기 위한 동학Dynamics 같은 것을 포함한다."[20] 여기서 회복력은 단지 보편적인 특질로만 상정된 것이 아니라 "취약성"이라는 공유된 인식을 바탕으로 한 권력의 개입을 전투장에서부터 가정에 이르기까지 두루 일반화할 수 있는 논리로 작용하고 있다. 주체가 자신의 권력을 주장하고 행사할 수 있는 능력은 다가오는 재앙의 정치적 토대와 구성을 면밀히 고찰하거나 그것에 도전하는 역량과 연결되지 않는다. 하지만 회복력이 어느 누구도 면제될 수 없는 학습 과정이기 때문에, 그리고 학습 자체가 미리 확립된 지식에 대한 것이라기보다는 알 수 없는 위기의 순간에 어떻게든 더 잘 적응할 수 있게 해줄 지적·심리적 역량에 대한 것이기 때문에, 무엇을 "정신의 적합도"로 볼 것인지에 대해 가치판단이 개입될 수 있다. 따라서 위기 사건을 더 잘 헤쳐 나아가는 사람은 취약성이라는 현대 인간 조건의 존재론적 진리를 한층 더 강하게 입증시켜줄, 군사적인 비전을 제공하게 된다.

우리는 무엇을 두려워하는가

그렇다면 어떻게 대기적-미학적-정서적 구성을 다르게 생각할 수 있을까? 이에 대해, 우리는 "시적 주체"라는 개념을 제시하고자 한다. 이 개념을 제대로 다루려면 별도의 깊이 있는 연구가 필요할 테지만, 여기서 우리는 인간과 지구에 대한 새로운 윤리는 취약성 개념을 넘어서야 한다고 주장하고자 한다. 현 권력 체제는 인간의 복잡성과 적응성을 인정하면서도 취약성을 내세워 "불안전하도록 짜인" 상태로의 변형을 정당화한다. 하지만 우리는 이 변형을 한탄의 원천으로만 보지 말고 대기적-미학적-정서적으로 우리를 풍성하게 해줄 미래를 내다볼 수 있다는 확신을 가져야 한다. 또한 "시적인" 영역은 모든 형태의 파시즘(사회적·미학적 파시즘을 모두 포함해서)에 직접적으로 대항하게 되므로, 파시즘적 지구에 맞닥뜨린 대기적 정치는 어떤 형태를 띨 것인지도 그려봐야 한다. 물론 이러한 새로운 관계는 지구를 의도적으로 탈신성화하거나 "보호"라는 개념이 [자연이나 생명의 보호가 아닌] 기존의 권력 관계를 보호하는 것으로만 해석되는 신자유주의 권력의 자기소멸적 경향을 존중하는 것일 수는 없다. 하지만 그와 동시에, 시적인 관계는 대기의 재조합적 요소들의 변형이 철학적·과학적으로 새로운 창조와 새로운 세계의 원천이 될 수 있음을 인정하지 않고는, 즉 "대기적 변혁의 가치"를 인정하지 않고는 가능하지 않을 것이다. 정치적 가능성의 지평을 꺾어서 앞으로 올 세대를 식민화하지 말아야 하듯이, 환경이 탈신성화된 데 대한 고고한 분노에서 또 다른 종류의 지구적 순수론자가 되어서도 안 된다.

언젠가 들뢰즈는 "지구는 자신을 뭐라고 생각할까?"라는 질문을 던졌다. 이제는 "지구가 무엇이 되는 것을 우리가 두려워하는가?"라는 질문을 던져야 할 것 같다. 홀로코스트가 드러낸 병리적 모더니티에 대한 유명한 연구에서 지그문트 바우만은 국가 인종주의가 어떻게 해서 "생태적인, 너무나 생태적인" 방식으로 작동하는 것처럼 보이게 되었는지를 설명했다. "정원 국가"를 비판하면서, 바우만은 "번성하도록 독려해야 할 유용한 식물"과 "뿌리 뽑고 제거해야 할 잡초"로 인간을 구분하려는 경향과 관련해 순수성 개념을 설명했다.[21] 잡초는 파괴되어야만 하는 존재이며 따라서 현대 문화는 정원 문화다. 입증된 조작의 생태계에서, 인간 조건을 완벽하게 만들고 이상적인 정원을 만드는 길에 방해가 되는 것을 파괴하라는 의무를 스스로에게 부과하는 것이다.

바우만은 "사회적 정원화"라는 개념을 확장해보면 인간이 그들의 사회 질서를 만드는 주된 설계자가 될 때 발생할 일을 가늠해볼 수 있으리라고 생각했다. 인간은 "세속의 정원사"로, 정치 논리와 생태 논리를 결합해 그것이 무서울 만큼 합리적으로 보이게 만든다. 정교한 계산에 따라 "잡초"를 솎아낸다는 개념이 기초적인 수준의 욕망에 호소력을 갖기 때문이다. 그렇게 하면 번성할 가치가 있는 것들에 적합한 사회적 분위기를 만들 수 있을 것 같을 뿐 아니라 (그만큼 중요한 것으로) 여기에는 미학적인 쾌락도 있다. 하지만 인간이 지구적인 생명의 주된 설계자가 되긴 했는데 아직 그 임무의 거대함을 다룰 역량이 없다면 어떻게 되는가? 그리고 사회의 세속적 비전이 더 이상 "완벽해지는 것"이 아니라 단순히 "현 상태를 유지하는 것"을 지향한다면, 그러면서도 느리지만 확실하게 그것이 스러져 없어지게 되리라는 것을 우리가 알고 있다면 어떻게 되는가?

파시즘의 문제는 너무 복잡해서 역사적·이데올로기적 기준으로만 판단할 수 없다.[22] 사실 우리 시대의 파시즘은 매우 자유주의적이다. 하지만 생명에 군림하는 권력을 사회적 완벽성과 순수성으로 정당화했던 20세기 파시즘과 달리 오늘날의 자유주의적 파시즘은 시간의 연옥에서 작동한다. 모든 생명을 더 광범위한 생명관리정치적 순환의 노모스nomos(규칙, 습관, 법제. 더 광범위하게는 인습적으로 만들어진 모든 것을 의미하기도 한다 — 역주) 속에서 벌거벗은 상태로 존재하게 만든다. 엄밀히 말해 자살적인 상태는 아니지만, 인간이 서로가 서로에게 늑대로서 나타나는 상황이 된다.

이 이야기에 따르면, 인류는 죽은, 그리고 우리가 죽인 형이상학적 주체다. 이에 대한 그들의 반격은 "의미를 거부하는 것"으로서 펼쳐졌다. 그리고 유토피아적 생태 비전(어머니 지구, 아버지 조국 등)으로서의 지구가 아니라 병리적인 지구가 희생자임을 자처하고 있다. 한때 지구에 1차원적인 수준 이상의 의미를 부여했던 바로 그 생명 형태[인간]에 의해서 말이다. 가이아는 죽어가고 있고, 우리가 죽이고 있다. 그리고 그것이 우리에게 되갚는 폭력은 가장 재앙적인 파우스트적 맹약을 제시하는 거대한 환경 테러다. 그렇다면 우리는, 아무리 최선을 다해도 또 다른 재앙은 반드시 올 것이며 언제라도 그 시점이 될 수 있다는 것을 아는 상태로, 영속적인 비상상태를 통해 통치하는 체제 속에서 불길한 미래에 대한 편집증적 공포만을 느끼면서 살게 된다.

이러한 이야기가 위험한 진짜 이유는, 생명영역에 개입하는 것이 우연임을 가리는 자유주의의 "보편" 프레임이 여기서도 동일하게 사용되고 있다는 점이다. 인간에 대한 이전의 이해에서도 그랬듯이, 생명영역을 어떤 일관되고 통합된 실체, 그 자체의 확고한 법칙에 따라 작동하는 실체로 보는 개념은 "자연"에 대한 매우 환원주의적인 개념이며 이것은 "다가오는 재앙"을 설명하기 위한 진리 체계로 기능한다.

국가가 조장하는 위험들

도덕적 절대주의와 예언적 비전을 과학적 사실인 것처럼 이야기하면서, 현재의, 그리고 만들어지고 있는 풍성하고 복잡한 생명영역 시스템들의 속성을 정치적으로 얼버무린다. 그것들의 상호연결을 우리는 이제 겨우 조금씩 알아가기 시작했을 뿐인데도 말이다. 그뿐 아니라, 이 프레임은 너무나 익숙한 "주체-객체" 논의로 후퇴하게 된다. 그렇게 되면 유일한 정치적 가능성이라곤 자유주의가 적합하다고 인정해주는 질문의 틀 안에서만 존재하게 된다.

마누엘 데란다Manuel de Landa는 이미 우리에게 비선형적이고 매우 복잡한 역사의 경이로움을 보여준 바 있다.[23] 지질학에서 언어학까지, 우리는 모두 근본적인 변형이 계속해서 이루어지면서 생겨난 산물이고, 어쩌다 보니 우리가 그러한 변형들을 구성하는 주된 설계자라고 착각하고 있을 뿐이다. 그런데 이제 우리는 명백히 변형을 두려워하고 있다. 하지만 우리가 두려워하는 세상의 변형이 무엇인지에 대해 우리는 답을 할 수 없을 것이다. 미래 자체에 내용이 없어지게 되었으니 말이다. 소멸 이외에는 아무런 주장도 할 수 없게 된 상태에서 어떻게 더 나은 세계를 상상할 수 있겠는가? 이런 상황에서는, 재앙적 징후들을 읽고 자연이 행사하는 복수의 목소리를 들을 때 우리가 확실히 알 수 있는 유일한 것이라곤 우리가 근본적인 변형을 두려워해야 하며 지구적 사건이 하나씩 지나갈 때마다 그 사건을 타락한 존재로서의 인류를 보여주는 또 하나의 신호로 여기면서 애도해야 한다는 사실뿐이다. 그러면 우리에게는 우리 자신을 더 크게 불신하고 필연성에 대한 얄팍한 윤리적 주장으로 생명영역의 자연적인 것들을 질식시켜버리는 것밖에 남지 않게 된다.

이와 관련해, 펠릭스 가타리의 정신분석 연구는 시대를 한참 앞서 있었던 것으로 보인다. 그는 1989년에 이렇게 언급한 바 있다.

> 만약 오늘날 인간과 소시우스[사회], 프시케, 그리고 "자연"과의 관계가 점점 더 퇴락하고 있다면, 이는 단지 객관적인 손상과 오염 때문만이 아니라 그러한 사안들에 개인과 사회가 직면할 때 처하게 되는 숙명주의적 수동성과 무지 때문이기도 하다. 어떤 부정적인 전개를 암시하는 것이 있을 때 그 결과는 재앙일 수도 있고 아닐 수도 있다. 하지만 어느 쪽이건, 오늘날 그것은 질문 없이 그저 받아들여지는 경향이 있다.[24]

우리는 주체를 사로잡은 가짜 과학의 덫에서 우리를 벗어나게 해 줄 새로운 "생태학"(사회적·정신적·환경적인 의미 모두에서)이 필요하다. 가타리는 이런 맥락에서 현상학을 비판하면서 다음과 같이 지적했다.

> 나는 "기하학적 정신"과 "섬세의 정신"이라는 파스칼적 구분을 다시 말하려는 게 아니다. 이 두 감상 양식이 (하나는 개념을 통해, 다른 하나는 인식이나 정서를 통해) 절대적으로 상보적이라고 보기 때문이다. 내가 주장하고자 하는 바는, 이 가짜 내러티브적 우회로[현상학] 또한 반복의 메커니즘을 활용하고 있다는 것이다. 조금씩 변주되며 무한하게 반복되는 후렴구로, 그저 존재를 지탱할 뿐이다. 여기서는 담론(혹은 담론적 사슬에 연결된 모든 것)이 마치 스트로보스코프처럼 표현의 내용과 형식 모두에서 반대의 것들을 상쇄시키면서 사실상 "무담론"을 담지하게 된다. 그뿐 아니라,

이러한 매커니즘은 조금씩 다른 사건들(실체 없는 지시 대상의 우주들)이 발생하고 또 발생하면서 역사의 전개에 끼어들 수 있는 조건이 된다.[25]

가타리는 우리가 "과학적 레퍼런스와 은유로부터 긴박하게 자유로워져야 할 필요가 있다"고 주장한다. 그래야 "윤리적-미학적 영감을 가질 수 있는 새로운 패러다임을 만들 수 있다"는 것이다. 그가 말했듯이 "프시케의 가장 좋은 지형은, 혹은 가장 좋은 정신분석은, 요한 볼프강 폰 괴테Johann Wolfgang von Goethe, 마르셀 프루스트Marcel Proust, 제임스 조이스James Joyce, 앙토냉 아르토Antonin Artaud, 사무엘 베케트에서 발견되는 것이지 프로이트, 카를 융Carl Jung, 자크 라캉Jaques Lacan에게서 발견되는 것은 아닐 것이다."

6장

위험에 임박한 게임

RESILIENT LIFE
THE ART OF LIVING DANGEROUSLY

다가오는 재앙

정치적 근대는 인간의 유한성을 (인간의 근본적인 조건으로서) 드러내는 데 늘 의존했다. 그래야 생명에 대한 통치 의지를 정당화할 수 있기 때문이다. 하지만 종 전체가 대상이 된 경우는 없었다. 물론 진리 체계, 신념 체계로서 "종말의 날"이라는 개념은 현재의 생명관리정치가 내세우는 재앙의 상상 이전에도 있었다. 하지만 전에는 종말이 신실한 자들은 저 너머의 더 평화로운 세계에서 번성할 수 있는 정의 실현의 순간으로 여겨졌다면, 오늘날의 "다가오는 재앙"은 종말이 진정 최종적이라는 개념에 기반하고 있다. 종국에는 모든 것에 대해 모든 것이 잊힐 것이고, 모든 것이 결국 아무것도 아니었으며 그저 지나가는 한순간의 현상이었음이 판명되리라는 것이다. 이는 온갖 질문을 불러일으킨다. 종말의 순간까지 위험하게 살라는 것은 무슨 의미일까? "취약한 주체"는 기존의 자유주의 주체가 한계에 봉착하면서 자유주의가 가진 최후의 보루가 아닐까? 자유주의적 통치 합리성 말고는 따를 만한 것이 없다면, "저 너머"라는 시간적 개념을 거부하는 것에는 어떤 철학적 시사점이 있을까? 재앙의 논리가 "취약한 생명"들이 살아가는 현재와 재앙으로 희생된 사체들만 영원히 뒹구는 미래에서 작동하는 것이라면, 우리는 어느 정도까지 그 논리를 받아들이고 그에 맞춰가며 살 수 있을까?

우선 분명히 해두자. 미래에 대한 모든 질문은 어리석다. 우리는 미래를 내다볼 수 없다. 미래를 보편적 청사진에 맞게 구성할 수는 더더욱 없다. 역사는 그런 시도가 일으킨 공포와 폭력으로 가득하다. 하지만 그렇다고 우리가 "지금"과 "여기"를 넘어서 통치 합리성의 시사점을 논리적으로 확장해보고 비판적으로 고찰해볼 수 없다는 말은 아니다. 우리 방식대로 미래를 창조하려고 시도할 자신감과 확신을 없애야 한다는 말도 아니다. 오늘날 우리는 독특한 딜레마에 처해 있다. 우리가 가진 선택지에는 기후변화에 대한 과학적 사실을 무시하고 서구에 면죄부를 주거나, 아니면 과학이 알려주는 바대로 재앙이 오리라는 것을 받아들이고 이에 맞춰 행동을 바꿔야 하는 보기만 존재하는 것 같아 보이기 때문이다.

사무엘 베케트의 희곡 〈엔드게임〉(2011)의 등장인물 클로브가 드러내는 일견 비참해보이는 면들은 현재의 인류가 직면한 비극과 공포를 완벽하게 포착하고 있는 것처럼 보인다.[1] 인간 존재가 끝나는 때, 그래서 불가능했던 모든 것이 갑자기 가능해지는 때를 살아야 하게 되면 우리는 "그분"이 오셔서 인도해주기를 기다리는 것 외에는 아무것도 할 수 없게 된다. 오늘날의 과학을 믿는다면 우리는 적어도 세 개, 많게는 아홉 개의 "지구위험한계선"을 이미 넘었거나 거의 넘었다. 그 아홉 개는 기후변화, 생물 멸종, 질소-인 순환 교란, 대양 산성화, 오존 파괴, 담수 부족, 토지 변화, 미세먼지, 화학물질 사용을 말한다.[2] 지구위험한계선은 "인류가 안전하게 존재할 수 있는 지구의 작동 범위"가 어디까지인지를 말해주는데[3], 현재 몇몇 한계선이 동시에 교란되었기 때문에 거대한 규모로 전 지구적 생태 재앙을 일으킬 수 있다는 것이 과학계의 일반적인 견해다.[4] 지구, 생명, 문명이 존재할 수 있었던 세계, 우리가 아는 기후와 안정적인 해안선이 존재하던 세계가 위험에 임박해 있고, 그에 따라 인류 자체의 생존도 위기에 처해 있다

국가가 조장하는 위험들

는 것이다.[5] 이미 우리가 여섯 번째 대멸종기에 들어섰다고 보는 학자들도 있다. 다섯 번째 대멸종은 6,500만 년 전에 있었고 이때 공룡이 멸종했다. 학자들에 따르면, 우리는 그 이후 가장 큰 규모의 멸종기에 진입했으며 전과 달리 이번 멸종은 하나의 생물종, 즉 인간종의 행위가 원인이다.[6]

또한 학자들에 따르면, 전 세계의 채굴 가능한 석유, 가스, 석탄을 절반만 태워도 거기서 배출되는 탄소 때문에 지구 기온이 섭씨 2도가량 높아질 것이며, 그러면 지구는 불가역적인 티핑포인트를 넘게 되어 산업화 이전의 충적세 기후, 즉 인류가 알고 있는 모든 문명을 지탱해준 기후로 다시는 돌아오지 못하게 된다. 북극의 빙하나 그린란드의 빙하가 녹는 것 같은 불가역적인 변화는 멈출 수 없을 것이고, 이는 다시 기후변화와 그로 인한 재앙적 영향들(극단적인 날씨나 해수면 상승 등)의 발생을 가속화시킬 것이다. 특히 해수면 상승은 "인류가 상상할 수 있는 어느 시간 단위 안에서도 불가역적"이어서 "큰 폭의 해수면 상승에 우리가 적응하는 것은 거의 불가능할 것이다."[7] 앨 고어Al Gore는 2007년 노벨평화상 수상 연설에서 인간종이 사실상 지구 자체와 전쟁을 벌이고 있으며, 이 전쟁은 인간이 시작했고 인간이 지속하고 있으며 그러면서도 인간이 이길 가능성이 없는 전쟁이라고 언급했다. 자신이 생존을 의지하고 있는 바로 그 실체에 대해 전쟁을 벌였으니 이는 실로 자살과 같은 자기파괴의 전쟁일 수밖에 없다.[8] 그렇다면 재앙은 이미 우리 위에 드리워져 있는 것이다. 우리가 아는 대로의 세계, 우리가 의존한 세계는 끝나가고 있는 것처럼 보인다. "끝났다, 끝났을 것이다, 거의 끝났을 것이다, 아마도 거의 끝났을 것이다."[9]

재앙의 진리를 말하다

우리는 기후 과학자가 아니라 정치 이론가이므로 기후변화와 같은 환경적 과정이 재앙을 가져온다는 주장의 참거짓에 대해서는 질문할 수 없다. 복잡계 과학이라는 논쟁적인 영역에서 전 지구적 생태 재앙을 둘러싼 진리 체계에 도전하려는 시도는 다양하게 존재할 수 있을 것이다. 즉, 그러한 주장의 과장, 왜곡, 기만을 공격하고 재앙 담론을 퍼뜨리는 정치적·경제적 이해관계를 폭로하며 진리에 더 가깝다고 여겨지는 다른 주장들을 제시하는 데는 끝이 없을 것이다.[10] 사실 이런 논쟁은 이제 너무 많아서 피로감을 일으키는 지경이 되었고, 비판적 상상력을 일으키는 역량은 고갈된 것 같아 보인다.

이 책에서는 그런 논쟁을 벌이는 대신, 만약 우리가 재앙을 주장하는 것들의 진실성을 받아들인다면 어떤 일들이 뒤따라오게 될지 생각해보고, 재앙을 주장하는 것들의 비극적 여건이 정치적·윤리적으로 함의하는 바가 무엇인지 알아보고자 한다. 종말로 가고 있는 세상에서 유한한 존재로 산다는 것은 어떤 의미인가? 인간은 원인 제공자로서 어떤 책임이 있는가? 구원의 가능성도 없고 희망도 없어 보이는 자살적 자기파괴를 어떻게 이해해야 하는가? 우리가 소멸을 넘어서 나아가기 위해 소멸에 대해 고찰하고자 한다면, 기후변화의 재앙적 효과가 임박했다는 것이 참이냐 아니냐보다는 그것이 참일 경우 발생할 효과와 그 진리에 대한 우리의 반응은 어떤 것일지를 질문할 필요가 있다.

20세기 진리 담론의 정치적 시사점을 논한 가장 영향력 있는 학자

국가가 조장하는 위험들

를 꼽으라면 단연 푸코다. 또한 그는 임박한 종말을 이야기하는 "진리 말하기 양식," 즉 "예언"의 역사적 기원과 발달에 대해서도 중요한 연구를 남겼다. 예언은 고대에 기원을 두고 있지만 오늘날에도 모든 정치적 담론에서 빼놓을 수 없고, 특히 기후변화(더 광범위하게는 "전 지구적 생태 재앙")에 대한 담론에서는 더더욱 그렇다. 하지만 푸코가 예언보다 더 관심을 기울인 진리 말하기 양식은 "파르헤시아"였다(그의 가장 마지막 강연 시리즈의 주제이기도 하다). 파르헤시아는 고대 그리스에서 예언과 대비되는 종류의 진리 말하기 양식으로 발달했다. 예언과 파르헤시아는 진리의 시간성, 시간 안에서 진리를 말하는 자의 위치, 그리고 말해지는 진리의 속성이 상이하기 때문에 대립을 이룬다. 예언자는 언제나 현재와 미래 사이에 위치하며 인간에게 숨겨져 있는 "미래의 것"을 드러내는 기능을 한다. "시간이 인간에게서 숨겨놓은 것, 그래서 어떤 인간도 예언자 없이는 보거나 듣지 못하는 것"을 말하는 것이 예언이다.[11] 예언자가 현재와 미래 사이에 있으면서 미래를 말하는 존재라면, 파르헤시아는 이와 달리 미래를 말하는 것에는 관심이 없다.

파르헤시아는 사람들이 눈이 멀어 보지 못하는 것을 드러내고 밝히지만 미래를 이야기하지는 않는다. 그는 현재를 드러낸다. 예언자와 대조적으로, 파르헤시아는 사람들이 인간의 존재론적 임계, 그리고 그들을 미래와 분리하는 시간의 임계를 넘어서도록 돕지 않는다. 그는 사람들이 눈 먼 상태를 벗어나게 돕지만, 그렇게 해서 드러내는 것은 사람들 자신에 대한 것이다. 즉 여기서 눈 먼 상태는, 사람들의 존재론적 구조 때문에 생긴 눈 먼 상태가 아니라 그들의 부도덕, 무절제, 부주의, 태만, 방종, 나약함 때문에 생긴 눈 먼 상태다."12

현재의 "전 지구적 생태 재앙" 담론은 예언과 파르헤시아, 두 가지를 모두 담고 있다. 파르헤시아는 우리를 스스로의 오류에서 벗어나게 하기 위해 우리가 누구인지, 우리가 무엇을 했는지, 우리가 무엇에 책임이 있는지, 우리의 오류를 고치기 위해 우리 자신에게서 무엇을 바꿔야 하는지를 말한다. 예언과 파르헤시아의 결합은 새로운 것이 아니라 역사적으로도 존재했던 것이고, 사실 전근대적인 것이다. 가령 중세 기독교에서도 이 결합은 반복적으로 나타났다. 한편으로는 미래에 대한, 인류를 기다리고 있는 것에 대한, 숨겨져 있는 임박한 사건에 대한 진리를 말하고, 다른 한편으로는 인간이 무엇인지에 대한 진리를 말하는 것은 프란치스코 수사들과 도미니크 수사들의 담론에서 특히 잘 발달했다. 그들은 중세 서구 세계를 위해 "위험의 경험을 변모시키고 재생시키며 영속화시키는 데" 중대한 기여를 했으며13, 여기서 예언자와 파르헤시아 역할을 둘 다 수행했다. "임박한 위험을 경고하고, 마지막 날의 왕국과 최후의 심판, 혹은 다가오는 죽음을 이야기하는" 것과 동시에 사람들에게 그들이 누구인지, 그들이 지은 죄와 잘못이 무엇인지, 마지막 날과 최후의 심판을 준비하기 위해 그들의 존재 양식을 어느 면에서 어떻게 바꿔야 하는지도 이야기한 것이다.14

오늘날에는 종말을 맞은 왕국이나 최후의 심판을 문자 그대로 믿는 사람은 전보다 적다. 하지만 두 가지 진리 말하기 양식의 결합, 즉 다가올 사건에 대한 경고와 그 사건의 끔찍한 결과로부터 그들을 지키기 위해 현재 그들이 해야 할 일에 대한 가르침은 전 지구적 생태 재앙에 대한 오늘날의 담론에도 깊이 들어와 있다. "최후의 심판"만큼 허황한 이야기는 아닐지 모르지만, 정치적인 의미가 강하게 부여되어 있는 것은 마찬가지다. 전과 달라진 점은 유한성의 문제를 제기하는 방식이다. 중세 신정주의 통치는 인간이 유한성에 처한 대신 그 대가로 구원(영원한 삶, 즉 천국이라고 불리는 저세상에서의 완벽한 안전)을 받으리라고 약속하는 데 정당성을 의존하고 있었다. 하지만 오늘날 "임박한 재앙"을 둘러싼 공포의 담론은 인류가 자신의 유한성도, 자신이 살아가는 지구의 유한성도 제대로 인정하고 받아들일 방법을 아직 모르는 상태임을 드러낸다. 인간종은 어떤 신성한 섭리도, 내재적으로 주어진 지구상에서의 어떤 권리도, 미리 예정된 발달이나 안전의 보장도 갖고 있지 못하다. 그런데 이러한 유한성의 진리는 도덕 담론의 형태를 띠기도 한다. 이에 따르면, 하나의 종으로서 우리는 이제까지 우리 문명의 존재와 성장을 위해 의존하고 있는 자원들이 유한함을 인식하지 못했기 때문에 "유한성의 진리"를 깨닫지 못하고 있었다. 그런데 이제 [과학 지식의 증가 덕분에] 기후변화를 비롯한 환경 재앙의 위협과 현실을 인식하게 되었다. 따라서 우리가 경로를 바꿔 새로이 깨닫게 된 진리에 우리 자신을 부합하게 만들 기회가 작게나마 아직 열려 있다.

우리가 생물 다양성의 가치, "자연"이라고 불리는 복잡한 것의 가치를 인식하고 인정하는 방법을 지금 알아낼 수만 있다면, 어찌어찌 성공적인 적응을 거쳐 기후변화의 끔찍한 현실에서도 어떻게든 맞춰가며 살아갈 수 있게끔 스스로를 변화시킬 수 있을 것이다. 이런 기조에서, 오늘날 생태학자, 생물학자, 자연보호 운동가, 환경 변호사, 토착민, 그리고 (결코 강도가 덜하지 않게) 경제학자들은 어떻게 하면 인간이 생명영역의 유한성을 인식하게 만들 것인가를 열띠게 논의한다.

중세 기독교의 종말 담론과 오늘날 생태 재앙의 담론 사이에는 대칭적인 유사성이 있다. 중세 기독교의 신정 통치는 사람들이 최후의 심판과 마지막 날의 왕국이 도래하리라는 예언적 진리를 믿는 데 의존하고 있었다. 설교자들은 그러한 조건에서 인간이 구원될 수 있는 가능성을 말하고, 그 동일한 설교자들이 다시 파르헤시아로서 인간이 구원을 받으려면 과오와 범죄를 인정하고 행위를 바꿔야 한다고 말했다. 오늘날의 자유주의 통치는 사람들이 전 지구적 생태 재앙이 도래하리라는 예언적 진리를 믿는 데 의존하고 있다. 과학자들은 이런 조건에서 인간이 생존할 수 있는 가능성을 말하고, 그 동일한 과학자들이 다시 파르헤시아로서 인간이 피할 수 없고 임박한 재앙에서 자그마한 생존가능성이라도 잡으려면 재앙을 일으킨 종으로서 과오와 책임을 인정하고 행위를 바꿔야 한다고 말한다.

우리는 기후변화가 일어나지 않고 있다고 말하려는 게 아니다. 시간의 종말을 찬양하면서 생물학적·환경적인 "무에의 의지"에 헌신하려는 것도 아니다. 사실 이것은 자유주의 통치의 재앙 이미지가 나름의 방식으로 매우 잘 해냈고, 그럼으로써 사람들에게서 스스로를 정치적 주체로 여기고 급진적인 변혁을 논할 수 있는 역량을 없애버렸다. 하지만 우리가 세상을 믿을 이유를 갖게 되면, 우리, 즉 인간종이 가진 파괴력에 대해 분개하고 그 파괴력에 대한 세상의 역습이 우리를 죽이고 있음을 한탄만 하고 앉아 있지는 않게 될 것이다. 그러한

국가가 조장하는 위험들

분개와 한탄만이 유일한 정치라고 생각하면서 지구를 위해 애도만 하고 앉아 있지는 않게 될 것이다. 우리가 세상을 믿을 이유를 갖게 되면, 생명세계에서 벌어지는 변형들을 보면서 절망의 구름 위에 아름답고 시적인 것들이 있음을 믿고 긍정하게 되는 방식으로 새로운 윤리적 감수성을 가지고 세상과 계속해서 연결될 수 있을 것이다.

현재는 우리의 한탄과 분개가 서로에게로, 그리고 우리를 위태롭게 지탱시키고 있는 지구와 대기로 투사된다. 그 바람에 우리는 "제한 없는 허무주의"를 받아들이도록 내몰리고 있다. 이는 인간에 대해 한탄하고 분개하면서 인간 존재만을 관심의 대상으로 삼는 수준을 훨씬 벗어난다. 진정 거대한 규모의 기만 속에서 생명영역 전체를 들고 나오면서, 우리의 분노는 대기적인 것들이 짙게 깔린 전체 지형에 투사된다. 그리고 이 지형은 어떤 의미 있는 철학적 반향도 우리에게 되돌려주지 못한다. 반향은 탄력 있게 회복되는 능력이 없으면 가능하지 않은 법이다. 그런데 이제 "탄력적 회복력"은 생물학적 생존 본능에 대한 특질만을 일컫는 쪽으로 의미가 완전히 전용되어버렸다.

국가는 우리를 보호할 수 없다

전 지구적 생태 재앙 담론의 구조적 토대는 좌우파 모두에서 발견된다. 기후변화의 결과가 재앙적일 것이며 이것이 근본적으로 생물종으로서의 인간이 자신이 의존하고 있는 세계의 유한성을 인식하는 데 실패한 결과라는 주장은 신자유주의적 경제 체제를 재생산하고 확산하는 데 기여했다. 애초에 지구의 파괴를 일으킨 것이 바로 그 경제 체제인데 말이다. 기후변화에 대한 신자유주의 담론은 기후변화의 재앙적 결과가 조금이나마 누그러질 수 있으려면 인간이 삶의 경로를 바꿔서 자유주의적 실천에 더 "충실해져야" 한다고 말한다. 이러한 맥락에서, "회복력"은 기후변화로부터 우리가 안전을 확보할 가능성이 있다는 믿음, 그리고 국가나 그 밖의 정치체가 위험으로부터 우리를 보호해줄 수 있으리라는 기대를 기꺼이 포기하는 것을 포함한다. 그러고 나서 신자유주의를 온전히 받아들임으로써 우리의 삶을 조금이나마 가능하게 해주는 여건들에 적응하는 법을 배워야 한다고 한다. 특히 시장에서의 호명, 재산권 체제, 그리고 자유주의적 주체로서의 개개인들이 수행하는 기업가적 실천을 통해서 그렇게 해야 한다고 말한다. 기후변화가 "종국적인 재앙"이고, 국가는 사람들을 생태 재앙에서 보호할 역량이 없으며, 국가가 우리를 기후변화에서 보호할 수 있으리라는 기대는 위험한 것이라는 믿음은 오늘날 신자유주의 확장을 뒷받침하는 위험 담론이 토대로 삼고 있는 "진리"다.

이와 마찬가지로 좌파쪽 반자유주의 이론가와 실천가들도 (기후변화의 악영향을 완화하기 위해 더 급진적인 정치적·사회적 조치를 요구하긴 하지만) 전 지구적 생태 재앙이 임박했으며 인간이 자신의 과오와 어리석음을 인식하고 이제까지 보지 못했던 실수를 알아야만 한다고 주장한다. 디페시 차크라바르티Dipesh Charkrabarty의 주장에서 보듯, 여기서 핵심은 "우리의 사회경제적·기술적 선택이 무엇이든 간에, 또한 우리가 어떤 권리를 우리의 자유로서 찬양하고 싶어 하든지 간에, 인간 존재의 임계 변수로 작동하는 조건들(기후대 등)을 교란시켜서는 우리가 살 수 없다"는 점이다. "이 변수들은 자본주의든 사회주의든 상관 없다."[15] 기후 과학에서 말하는 "한계적 공통변수"들이 알려주는 지구의 유한성은[16] 이제까지 좌파가 인식하지 못했던 것이며, 이제 그 것은 "자본주의와는 별도로" 파악되어야 한다고 한다. 그렇다면, 이렇 게 시대의 현실을 받아들여야 하고 변혁을 위한 (혹은 자유주의나 자본 주의를 무찌르기 위한) 어떤 전략도 거부해야 한다면, 혁명적 주체는 어 떻게 되는가?

좌우파 모두의 진리 체계를 기저에서 받치고 있는 것은, 우리가 존 재의 유한성과 취약성을 인정하고 받아들임으로써 전 지구적 환경 재 앙이라는 현실에 적응해야 한다는 가정이다. 이러한 유한성의 진리가 널리 퍼지고 있는 맥락에서, 우리는 단순한 질문들을 던져볼 필요가 있다. 하나는 좌우파 모두에 해당한다. 어떻게 우리가 재앙에 적응하 거나 재앙을 겪고서 살아남을 수 있는가? 이미 진행되고 있다고 하는 이 과정이 진정 재앙적이라면 그것을 완화하기 위해 우리가 행동이나 경로를 바꾸는 것에는 무슨 가치가 있는가? "불가피한 재앙"이 닥치리 라는 예언의 맥락에서, 현재의 행동을 바꾸라는 파르헤시아의 효용은 무엇인가? 재앙은 모호한 개념이 아니다. 그리스어 "카타스트로프 Katastrophē"가 어원인 이 단어는 갑작스런 종말이나 뒤집힘, 파국, 대단 원을 말한다. 그렇다면 종말을 거치고서 살아남거나 종말 속에서 적 응하는 것이 가능한가? 초기 기독교의 맥락에서 파르헤시아가 가졌 던 효용은 사람들이 파르헤시아가 말하는 가르침에 귀를 기울인다면 예언자가 말한 운명에서 스스로를 구원해 영원한 삶과 진정한 평화, 그리고 천국에서의 안전을 보장받을 수 있으리라는 가능성에 기반하고 있었다. 그런데 전 지구적 생태 재앙의 맥락에서는 이 논리가 작동하지 않는다.

도래할 폭력이 전 지구적인 속성을 가진다는 것을 진리로 받아들이는 사람이라면 그 악영향을 완화하기 위해 우리가 아무리 행동을 변화시켜봤자 완화 효과를 전혀 보장할 수 없으리라는 것 또한 받아들여야 한다. 자신의 책임을 인정하고 삶의 양식을 바꾼다 해도 기껏해야 생존 시간을 조금 더 버는 데서만 만족해야 할 것이다. 즉 이런 맥락에서 인간에게 제시된 약속이라고는 인간종, 다른 생명, 전체 생명영역이 약간 더 생존을 연장할 수 있으리라는 것뿐이다. 그리고 그 시간이 지나고 나면 결국 모두가 소멸해 없어질 것이다. 소멸의 위험은 연기될 수는 있지만 궁극적으로 막을 수는 없다. 레이 브레시어Ray Brassier가 지적했듯이, 자연과학이 이러한 상황 전개를 매우 분명히 이야기하고 있는데도 철학은 이를 충분히 숙고하지 못하고 있다. "어떻게 다르게 살 것인가"라는 현재적 질문에 답을 내는 것은 고사하고 말이다.

자연과학은 고대에 대한 주장들을 산출한다. 우주가 약 137억 년이 되었다는 것, 지구가 45억 년이 되었다는 것, 지구에서 생명이 35억 년 전에 시작되었다는 것, 가장 이른 호모 속屬의 조상은 200만 년 전에 태어났다는 것. 하지만 자연과학은 "후대"에 대한 주장들도 만들어내고 있다. 은하수가 안드로메다은하와 30억 년 안에 충돌하리라는 것. 지구는 40억 년 뒤에 태양에 의해 불타 없어지리라는 것. (중략) 철학자들은 자신들이 생각한 것보다도 이런 주장에 훨씬 더 경악했을 것이다. 이것이 칸트 이후의

국가가 조장하는 위험들

철학에 심각한 문제를 제기하기 때문이다.[17]

전 지구적 생태 재앙 담론에서 이야기되는 여섯 번째 대멸종의 소멸 개념도 전혀 모호하지 않다. 넓게 보면 소멸은 확률적인 (즉 발생할 수도 있고, 발생하지 않을 수도 있는) 위험일 수도 있고 성공적으로 피할 수 있는 가능성이 있을 수도 있다. 하지만 오늘날 우리가 듣는 이야기는 이렇지 않다. 우리가 듣는 이야기는 모든 것이 종국에는 반드시 소멸하리라는 것이다. 우리가 이미 여섯 번째 대멸종 "안에" 있다는 것이다. 이것은 "이미 발생하고 있는" 생명 세계의 순환이며, 우리가 유한성의 진리를 인정함으로써 얼마나 많은 시간을 벌든지 간에 다양성을 가진 생물종의 회복은 인간의 시간 단위 안에서는 발생하지 않을 것이다. 새로운 종의 진화에는 적어도 수만 년이 걸릴 것이고 대멸종의 영향에서 회복되는 데는 수백만 년이 걸릴 것이다.[18] 그렇다면 우리가 "적응"하려는 노력을 아무리 기울여봤자 이미 벌어진 상황 "속을 지나가며" 살 수 있을 뿐이지 그 상황을 피하거나 극복하지는 못한다. 정치적·철학적으로 생각해보면 우리에게 매우 불리한 거래다. 그런데도 우리는 너무나 고분고분한 동반자로 보인다. 니체도 일찍이 이런 문제를 지적하면서 한탄 말고는 할 수 있는 게 없어 보이는 것에 어떻게 도전할지에 대해 논한 바 있다(그의 사상이 얼마나 그의 시대를 앞서 나갔는지를 여기서도 볼 수 있다).

"옛날 옛적에, 반짝이는 수많은 태양계를 만들어낸 우주의 한 구석에, 영리한 동물이 '인식'이라는 것을 발명한 별이 하나 있었습니다. 그것은 세계의 역사에서 가장 거만하고 또한 가장 기만적인 순간이었습니다. 하지만 그것도 한순간일 뿐이었습니다. 자연이 몇 번 숨을 쉬고 나서 그 별은 식어갔고 영리한 동물도 죽어야만 했습니다." 이런 우화를 만들어볼 수 있을 것이다. 하지만 이것으로도 자연 안에서 인간의 지성이 갖는 우월성이라는 것이 얼마나 방향성 없고 무상한지, 얼마나 목적이 없고 자의적인지는 충분히 표현할 수 없다. 인간의 지성이 존재하지 않았던 영원의 시간이 있었다. 그리고 인간의 지성이 존재한 시대가 끝나고 나면, 아무것도 일어나지 않은 것과 똑같은 상태일 것이다.[19]

〈비도덕적 의미에서의 진리와 거짓에 관하여Über Wahrheit und Lüge im aussermoralis-chen Sinne〉에 나오는 이 악명 높은 구절은 종종 허무주의를 촉진시키는 것으로 해석되곤 한다. "아무것도 일어나지 않은 것과 똑같은 상태일 것이다." 그렇다면 이 모든 게 다 무슨 의미인가? 하지만 이 해석은 사실과 거리가 멀어도 한참 멀다. 니체가 이 글에서 던진 핵심 질문은 "인간이 자신에 대해 실제로 무엇을 알고 있는가?"였다. 이를 더 긍정적인 방식으로 읽으면, "인간이 자신의 삶의 방식이 가진 '오류'를 인정하고 난 뒤에 어떻게 다르게 살 수 있는가?"라고도 말할 수 있다. 니체는 인간이 가진 진정으로 놀라운 점은 이성에 오류를 가져올 수 있는 능력이라고 봤다. 우리는 우리의 방식이 가진 오류에 의해 살아간다. 오류에 의한 삶이여, 영원하라. 또한 우리는 허구로 만들어낸 우주 속에서 살아간다. 여기서 허구의 힘은 주체에게 결코 덜 진실하지 않은 또 다른 인식의 감각들을 산출한다. 오늘날 주체의 삶에 대해 끊임없이 진리라고 제시되고 있는 숨 막히는 담론 양식을 드러

국가가 조장하는 위험들

내는 것보다 더 중요한 것은 그것의 도래를 넘어서는 것over-comeing(극복하는 것overcoming)이다. 따라서 시대의 종말에 대한 니체의 언명을 부정과 분노의 승리로 읽는 것은 잘못이다.

그와 반대로, 니체는 종말에 대해 "아무것도 일어나지 않은 것과 똑같은 상태일 것"이라고 생각하면서 사는 것의 위험성을 경고하고 있다. 숨 막히는 절망의 구름 아래서 삶을 지속하는 것은 유의미한 삶이란 존재하지 않는다는 것을 증명하는 확실한 방법이다. "허무주의의 가장 극단적인 형태는, 진정한 세상이란 존재하지 않기 때문에 모든 믿음, 모든 진리가 필연적으로 거짓이라고 믿는 것이다."[20] 니체는 이러한 무에의 의지에 맞서는 것은 "바뀌지 않는 본질"을 드러내는 보수적 속성의 진리, 혹은 진리의 근사치에 의존해서는 이룰 수 없다고 봤다. 무에의 의지에 맞서려면, 달라진 모습으로 다시 나타나기 위해 폭풍을 견뎌내는 "진리의 용기"를 필요로 한다. "머리 위의 먹구름 속에서 폭풍우가 쏟아질 때 외투로 자신을 감싸고 천천히 그 아래에서 걸어나오는" 용기가 필요한 것이다.[21]

여기서 몇 가지 중요한 질문이 제기된다. 우리가 전 지구적 생태 재앙의 현실과 진실을 받아들인다고 할 때, 어떻게 하면 그것에 다른 방식으로 반응할 수 있을까? 특히 인간종인 우리가 져야 할 재앙의 책임을 받아들인다면, 이는 우리의 반응에 어떻게 영향을 미쳐야 할까? 우리는 재앙 속에서 그저 더 오래 생존하기를 추구하라는 명령에 문제를 제기해야 마땅하지 않을까? 사실 오늘날 전 지구적 생태 재앙에 인간종이 책임이 있게 된 이유가 이제까지 인간이 [인간]종의 생존과 발달을 위해서라는 윤리에 따라 살아왔기 때문이라는 점을 생각한다면,

우리는 이러한 인간 존재의 자기실현적 엔드게임을 어떻게 넘어설 것인지 말해주는 대안을 찾아야 하지 않을까? 전 지구적인 생태 재앙이라는 것이 정말로 있다면, 우리는 더 긍정적인 선택지를 가져올 질문을 추구해야 하지 않을까? 어떻게 하면 우리는 인간의 종말이 더 이상 "공포"로서만 이야기되지 않도록 만들 수 있을까? 이것이 진정 종말이어서 되돌아갈 길이 없다면, 왜 다른 길을 시도하지 않고 종말의 여건에 적응하면서 살아야 하는가? 이미 종말할 운명을 가진 존재라면, 현재대로의 인간 존재를 최대한 오래 보존하기 위해 종말의 조건에 적응하기보다 이 세상에서 주어진 유한한 시간 동안 더 강렬하게 살기 위해 여러 가지 삶의 방식을 시도해보는 것이 죽음과 소멸이 불가피하다는 현실에 오히려 더 잘 부합하는 것이 아닐까?

이는 근본적으로 철학적인 질문들이며 마땅히 그래야 한다. 재앙 담론 속에서 우리의 정치는 재앙적이라 할 만큼 지적으로 빈약해져 있다. 유일한 해결책이라는 것이 결국은 모든 것을 현상 유지시키기 위해 변화하라는 것이기 때문이다. 취약성에 맞서기 위한 취약성, 불안전에 맞서기 위한 불안전이 해결책으로 제시될 때 그것을 따름으로써 우리가 정말로 지키고 보존하게 되는 것은 무엇인가? 바로 이것이 신자유주의가 가진 진정한 수완이라고도 말할 수 있을 것이다. "불안전하도록 짜여야 할" 신자유주의의 재생산 조건에 완전히 부합하는 재앙의 수렁으로 우리를 데려가기 때문이다. 그러면서 그것이 불확실성을 항해하는 가장 계몽된 방식이라고 포장된다. 이 배에는 선장이 없고 이 항해는 뭍에 결코 닿을 수 없다는 것을 선원들이 인정해야 하는데도 말이다. 생태적 과정에 대해 (그것이 아무리 재앙적이라 해도) 기술적인 해법들만 늘어놓는 식으로 논의의 틀을 짜는 것이 어떤 정치적·철학적 시사점을 가지는지 의심해볼 능력도 없고, 재앙 담론의 명령에 무턱대고 따르지 않고 멈춰서 숙고해볼 능력도 없다면, 불확실한 시대를 거쳐 살아갈 수 있는 우리의 능력을 확신하면서 새로운 방향으로 길을 내어갈 가능성을 어떻게 생각이나 해볼 수 있겠는가? 우리의 난관들을 새롭고 흥미롭고 미학적으로 풍성한 방식으로 보는 것을 어떻게 생각이나 해볼 수 있겠는가?

자연상태에 대한 두려움

대중적인 재앙 이야기에 자주 나오는 모티프 중 하나는 인간의 거주에 적합하지 않다고 입증된 공간이다. 이러한 데드존은 토머스 홉스가 말한 "자연상태"로 돌아감을 보여주는 형태를 취한다. 살아갈 가치가 있다고 인정된 것들(모든 것이 죽지는 않는다)도 모두 소멸의 경계에서 휘청대며 생존해간다는 생명영역적·대기적 반전을 담고 있긴 하지만 말이다. 이러한 이야기는 생존가능성의 극단적인 임계에 초점을 맞춘다. 특히 서식 가능성에 대한 모든 자연법칙이 붕괴되어, 전체 공간이 (위험이 일시적으로 연기될 수 있을지는 모르지만) 가차 없이 위험에 처한 지형으로 변하면서 공포와 폭력을 일으킬 힘을 갖게 된다. 여기서 인간의 생명과 그것이 거주하는 공간 사이의 구분이 무너진다. 풍경에 대한 폭력이야말로 오늘날의 정치 담론에서 거주 불가능성을 규정하는 "야만적인 무차별성"의 확실한 표시이기 때문이다.

이러한 "픽션" 중 가장 찬사를 받은 작품을 꼽자면 안드레이 타르코프스키Andrei Tarkovsky의 영화 〈스토커Stalker〉(1979)를 들 수 있을 것이다. 〈스토커〉는 이후에 일어난 체르노빌 사건을 내다본 예언적 작품으로 여겨지기도 한다. 여기서 타르코프스키는 소외와 유기의 느낌을 인간이 없어진 시대를 드러내는 징표로 제시한다. 이러한 구획화는 기후 여건이 빠르게 달라지는 생태학적 상황에서 일반적인 상황이 될 것으로 보인다. 환경 재앙으로 살던 터전을 탈출해야 하는 사람들이 점점 많아지면서 (현재의 해수면이 삼켜버리려 하고 있는 카터렛 섬부터 곧 그렇게 되리라 예측되는 몰디브까지, 또 그와 비슷하게 끔찍한 악영향을 가져올 다른 지대의 기후 온난화까지) "기후 난민"이 긴요한 정치적인 문제로 떠오르고 있다. 이들에게는 돌아갈 수 있으리라는 전망이 없다. 극단적인 기후 양상이 점점 더 흔하게 발생하면서 이제 "재앙 등급"이 일반적인 측정 규모 안에 포함되고 있다. 환경은 정치적 중요성을 갖지 않는다던 옛 개념은 실증적으로도 문제가 있고 데이터로도 어처구니없으며 생태와 밀접한 삶을 살아가던 피해자들이 경험하는 현실에 비춰보면 병리적이기까지 하다. 호주기후변화위원회 위원장 팀 플래너리Tim Flannery는 이렇게 말했다.

> 호주에서는 오랫동안 화재 위험 등급을 맥아더 지수로 매겨왔다. 100등급은 극단적인 위험을 뜻한다. 하지만 2009년 이후 새로운 위험 등급이 필요해졌다. "재앙 등급"은 100을 넘는 위험 등급을 말한다. (중략) 호주의 평균 기온은 지난 100년간 섭씨 0.9도 정도 밖에 증가하지 않았다. 그런데 앞으로 90년 사이에 적어도 3도가 더 오를 것으로 예상된다. 0.9도로도 폭

염과 극단적인 화재가 일어나게 되었는데 내 손주들이 살게 될 환경을 생각하면 두렵지 않을 수 없다. (중략) 이 대륙의 상당 부분이 인간이 거주할 수 없는 환경이 될 것이다. 인간뿐 아니라 호주의 놀라운 생물 다양성도 마찬가지일 것이다.[22]

거주하기 어렵고 살기에 적합하지 않은 곳을 별도의 공간으로 구획화해도 지역적인 영향만 제한할 수 있을 뿐이다. 장기적으로 볼 때 재앙은 위험을 별도의 구획에 가둬둘 수 있는 가능성을 전혀 제공하지 않는다. 이 우울하고 불가역적인 전망은 코맥 매카시Cormac McCarthy의 퓰리처상 수상작 〈로드The Road〉에 잘 드러나 있다. 이 소설은 재앙 이후 인간의 몰락을 다룬다. 알려지지 않은 어떤 사건으로 지구상 생명이 모두 파괴된 상황이 배경이다. 이 작품의 미학적 요소는 놀랍다. 이 소설은 영화로도 제작되었는데, 찰스 맥그래스Charles McGrath가 《뉴욕타임스The New York Times》에 〈세상의 종말에서〉라는 몹시 적절한 제목이 달린 영화평에서 적었듯이, 단색조의 풍경에서 "하늘은 잿빛이고 강은 검다. 색은 기억 속에만 존재한다. 풍경은 재로 덮여 있고 하늘에서는 계속해서 검댕이 떨어진다. 도시들은 폭발했고 버려졌다."[23] 우리 모두가 잔인한 종말을 맞을 운명이라는 개념이 아주 극명하게 표현되어 있을 뿐 아니라 묵시록 "이후"의 세계를 그린 여타 장르와 달리 맥그래스의 재앙적 비전은 종말에 대한 오늘날의 사고와 논리적으로 불일치해보이지 않는다. 영화의 각색을 맡은 존 힐코트John Hillcoat는 이렇게 설명했다.

매카시의 책이 감동적이고 충격적인 것은 이것이 너무 믿을 만한 이야기라는 데서 나온다. (중략) 우리가 원한 것은 고도의 현실주의였다. 하이콘셉트(주제, 스타, 마케팅 가능성 등을 결합해 막대한 수익을 올릴 수 있는 영화를 기획하는 것─역주)에다가 스펙타클한 〈매드맥스Mad Max〉와는 다르다. 우리는 묵시록의 클리셰를 피하고 이것을 더 자연재해처럼 보이게 하고 싶었다.

철학적으로 말해서, 이 작품은 "임박한 죽음"과 "생존" 사이의 구분에 대해 숙고하고 있으며, 이는 취약한 존재의 유한성에서만 의미를 발견하는 사람은 금지된 것을 결코 넘어설 수 없음을 시사한다. 한 회상 장면에서 (이 장면은, 결국에는 실패할 운명을 향해가던 생존 투쟁의 시간 전개를 끊고 들어온다), 주인공에게 아내가 왜 죽음에 대해 더 이상 말하지 않느냐고 묻는다. 그리고 자기부터 대답해야 한다고 생각했는지 이렇게 말한다.

"그게 바로 여기 있기 때문이야. 그래서 이야기할 것이 남아 있지 않은 거지."

종말을 예언하는 묵시록

재앙은 붕괴, 부패, 퇴락, 재난 등의 개념과 구분되어야 한다. 경제적이든 생태적이든, 재앙을 이야기하는 것은 생태 위기나 경제 위기를 이야기하는 것과 절대 다르다. 위기는 우리가 견딜 능력이 있다고

국가가 조장하는 위험들

전제되는 복잡한 조건들이 잠재적으로 "관리 가능하게" 표출되는 것이다. 위기는 주기를 탄다. 즉, 위기는 언젠가 지나가며 따라서 우리도 언젠가 위기를 지나간다. 물론 위기가 우리를 파괴할 수도 있지만 그것은 가능성 중 하나일 뿐이고, 만약 그런 파괴에 실제로 맞닥뜨리게 되면 이제 그것은 "위기"가 아니라 다른 이름으로 불려야 한다. 이와 달리, 재앙은 과거, 현재, 미래가 없는 역사적 공허다. 재앙은 우리가 도망칠 수도 없고 지나쳐서 빠져나갈 수도 없는 종류의 종말이다.[24] 재앙은 "이미 진행 중인" 파괴다. 이미 작동 중이고 완전히 다 발생된 상태이기 때문에 그것이 펼쳐지는 과정에서 도망치는 것이 불가능한 사건이다.

생태론자들이 여섯 번째 대멸종이 임박했다고 말할 때, 이것은 "재앙"을 말하는 것이다. "여섯 번째"라는 것이 어떤지 더욱 섬찟하다. 불길한 어감을 갖는 "육감"(여섯 번째 감각)이라는 (종종 비웃음을 사곤 하는) 개념을 연상시키니 말이다. 하지만 물론 중요한 것은 그 예언에 과학적 무게가 있는지, 적어도 그것이 진리 체계의 지배적인 전략들을 따라서 이야기되고 있는지다. 사람들에게 재앙에 적응하라고 요구하는 것은 무슨 의미가 있는가? 어떻게 재앙에 "적응"할 수 있는가? 이 담론에는 불합리한 면이 있지 않은가? "재앙"에 대응하는 것이 어떻게 가능한가의 면에서도, 애초에 생태적 재앙을 일으킨 원인인 경제적 재앙을 가속화시켜서 생태적 재앙에 적응하라는 처방의 면에서도, 이중으로 불합리하지 않은가? 재앙의 과정에 복종하는 숙명주의적이고 광적인 적응이라니, 얼마나 불합리하고 어리석은가? 광기라는 개념은 근대 초기 유럽에서 마르틴 루터Martin Luther 등이 예언자를 자처하며 터무니없는 예언을 말하는 "가짜 예언자"들을 일컬으며 비판할 때 사용되었다. 그런데 오늘날 이와 비슷한 담론적 불합리함이 생태 재앙, 경제 재앙을 중심으로 나타나고 있는 것 같다. 우리는 새로운 광기의 시대에 살고 있다. 하지만 여기서는 예언이 틀려서 가짜인 게 아니라, 그 예언이 명령하는 처방이 정작 그 예언에서 말하는 "미래 없는" 맥락에서 앞뒤가 맞지 않기 때문에 터무니없다.

하지만 이런 종류의 터무니없는 엉터리가 어떻게 가능한지 설명한 사례가 없지는 않다. 사회학자 배링턴 무어는 오늘날에도 널리 대작으로 인정받는 저서에서 나치 독일의 강제수용소에서 유대인들이 "저항해봐야 아무 쓸모없다"는 개념을 어떻게 받아들이게 되었는지에 대해 설명했다. 그들이 자신이 처한 운명의 현실에 적응해야 한다고, 그 현실에 대해 저항하거나 탈출하는 것은 불가능성하다고 어떻게 확신하게 되었는지 말이다. 극단적인 고통의 환경에서, 대체로 수감자들은 전혀 저항을 드러내지 못한다. 그들은 주어진 생존 시간 동안 최대한 자신이 할 수 있는 복잡한, 그러나 결국은 실패할 적응의 전략을 추구한다.

홀로코스트 피해자들이 보인 숙명주의적인 적응에 대해 논하면서, 무어는 정치적 주체성을 발달시키려면 자신이 처한 상황이 불가피하고 필연적인 상황이라는 생각에 사로잡히는 것을 반드시 극복해야 한다고 주장했다.[25] 정치는 우연성의 기술이며, 필연성의 장에서는 작동할 수 없다. 경제적이든 생태적이든 간에 재앙의 필연성에 대한 주장을 받아들이는 것은 우리가 그것에 탈정치적인 방식으로 반응하게 된다는 의미다. 그렇게 되면 정치 자체가 기껏해야 불편한 교란이거나 더 나쁘게는 재앙적 지형에 협력하는 것이 되고 만다.

"다가오는 재앙"은 신학에서 말하는 묵시록적 종말과 다르다. 종말도 기독교의 역사적 발전과 밀접히 관련된 개념사를 가진다. 전통적인 종말 개념에서 종말은 "끝"이기는 하지만 여기에는 계시라는 중요한 요소가 덧붙는다. "베일을 벗고 드러나는" 진리가 있는 것이다.[26] 이는 출구도 없고 그것을 없앨 방법도 없으며 그것을 넘어서 다른 세계로 갈 방도도 없는 종류의 끝인 "재앙"과는 다르다.

종말 개념은 묵시록 문학이라고 불리는 장르에서 발달되었다. 12세기 중반에 쓰인 《서양의 종말 신학Occidental Eschatology》에서 정치 신학자 야콥 타우베스Jacob Taubes는 묵시록 문학의 역사를 개괄한 바 있다. 전체 내용이 현전하는 최초의 묵시록 문학 〈다니엘 묵시서Apocalypse of Daniel〉를 분석하면서, 타우베스는 "묵시록 구조"의 요소를 다음과 같이 간명하게 열거했다.[27] 섭리에 대한 믿음, 이 세상의 역사에 대한 개괄, 이 세상의 역사에 배경이 되는 우주적 지평, 꿈같은 자연의 정경, 숨겨져 있는 저자, 종말의 혹독한 양상, 종말 시점의 계산, 종말에 대한 과학적 설명, 숫자나 신비한 언어와 같은 상징 기호, 천사의 말과 내세에 대한 희망. 타우베스가 언급한 묵시록적 종말 구조의 요소들 중에서 "숨겨져 있는 저자"가 제시하는 "꿈같은 정경"이 특히 흥미롭다. 타우베스가 설명했듯이, 대개 묵시록적 종말 이야기는 예언자, 꿈꾸는 자를 필요로 한다. 묵시록을 내다보는 사람은 모호함을 꿰뚫고 운명의 칙령을 본다. 가령 악마의 사악한 행위가 눈앞을 지나가는 것을 보고 그다음에 사람의 형상을 보거나 사람과 비슷한 형상을 본다. 그러면 예언자는 그 사람이 종국에는 악마를 누르고 승리할 것이며 그가 지배하는 영원한 세상이 시작되리라고 믿는다. 이런 면에서 묵시록은 재난에 대해 근본적으로 긍정적인 태도를 가지고 있다. 재난이 가진 갈등과 분열의 속성을 이해하고 그에 직면해 승리할 수 있는 인간의 힘을 확신하는 것이다.

묵시록 이야기 자체는 "예언"의 형태이지만, 이것은 명백하고 공공연하게 정치적인 형태이기도 하다. 여기서는 현재와 미래를 구분하는 것이 필연적이고 긍정적인 것으로 가정된다. 묵시록의 예언자는 인간에게 숨겨져 있는 미래를 알리고 경고하는 데 그치지 않고, 그 미래가 긍정적인 변화를 가져올 수 있음을 믿으면서 궁극적으로 사람들이 (어떻게든 삶의 양식을 바꿔 종말에 적응하려 애쓰기보다) 그 미래를 환영하고 그 미래에 관여하도록 독려한다. 이렇게 보면, 지질학자 에릭 스윙에다우Erik Swyngedouw가 기후변화가 제시하는 상상이 묵시록적이라고 말한 것은 옳지 않다. 기후변화의 상상에는 이러한 묵시록적인 특징이 없다. 스윙에다우가 묘사한 것은 "재앙"이며, 그의 연구 자체가 재앙의 상상이 가진 탈정치화 효과를 잘 보여준다.[28]

〈다니엘 묵시서〉 이래로 묵시록의 개념은 인류의 정치적 발전에 심대한 영향을 미쳐왔다. 이를테면, 묵시록 개념은 로마 제국에 맞선 유대인의 폭동에서 "열심당 운동Zealot movement"에 들어와 사회 변화와 혁명의 불꽃을 일으키고 그것에 양분을 제공했다. 기독교 이전에도 이런 일이 없지 않았다. 예수도 그보다 전에 있었던 떠돌이 설교자들의 전통을 이어 이스라엘의 묵시록 운동에서 영향을 받았다고 볼 수 있다. 이 설교자들은 모두 본질적으로 한 가지 이야기를 한다.

"나는 신성한 영혼이다. 나는 세상이 끝나려 하기 때문에, 그리고

국가가 조장하는 위험들

인류 중 일부가 그들 자신의 불의 때문에 사라질 것이기 때문에 여기에 왔다. 하지만 나는 너희를 구원할 것이다. 너희는 내가 천상의 힘으로 다시 오는 것을 보게 될 것이다."[29]

묵시록 서사에서 근본적인 것은 우리에게 재난에 맞설 수 있는 힘이 있다는 확신이다. 하지만 오늘날 넓고 깊게 퍼진 "불가피한 재앙"에 대한 믿음에서는 이러한 확신이 광기라고 진단 받는다. 여기에 핵심이 있다. 그냥 믿음이 아니라 자신감에 찬 확신, 세계들 사이의, 시대 사이의, 현재와 미래 사이 등 묵시록적으로 구분이 가능하다는 확신이 극단적인 "광기"로 여겨진다는 것은 오늘날 우리가 묵시록이 보여주는 이 특정한 진리 말하기 양식에서 얼마나 멀어졌는지 잘 보여준다.

이런 이유에서, 과도한 묵시록적 어조가 오늘날 좌파의 문제라고 본[30] 벤저민 노이스Benjamin Noys에게 우리는 동의할 수 없다. 오늘날 좌파의 문제는 그와 반대다. 지금 문제가 되는 것은 메시아적 전체주의가 아니기 때문이다. 오늘날의 문제는, 신자유주의와 재앙 담론을 확산시키는 데 결정적으로 기여하면서 정치가 생태 담론에 종속되는 맥락에서 어떻게 우리가 더 자신감 있고 확신에 찬 비전의 힘을 되살릴 것인가다.[31]

우리가 사는 세계는 급진적으로 우연적인 세계다. 미래는 불확실하고 계산이 불가능하다. 그럼에도 인간으로서 우리는 우리의 미래에 무엇이 일어날 수 있는지에 대해 확실성의 감각과 깊은 믿음을 투여할 수 있다. 사실 기후 과학이 표현하는 것이 바로 확실성의 감각에 대한 열망 아닌가? 이것이야말로 "확실성"을 내세워 말할 수 있는 진리 주장이 아닌가? 기후변화가 필연적으로, 그리고 실제로 발생하고 있다는 믿음과 그에 대해서는 논란의 여지가 없다는 믿음을 주는 과학적 이미지가 바로 그러한 열망의 표현 아닌가? 이 열망은 우리 세계의 급진적인 우연성을 넘어 확실성의 영역에 닿고자 하는 열망이다. 우리 세계가 급진적인 우연성의 세계라는 것은 과학계가 인정하는 바이지만, 그러면서도 기후 과학의 담론은 급진적인 우연성의 세계를 넘어서려는 열망을 드러낸다. 기후 과학은, 현실을 넘어서서 그러한 세계를 말할 수 있고 볼 수 있는 능력과 그런 세계가 존재한다는 믿음에 의존하는 주체에 의해 구성된다. 다른 말로, 기독교의 과학 및 문학과 구조적으로 비슷한 시간적 존재론을 가진다. 기후 과학 내부에서의 논쟁과 여섯 번째 대멸종과 관련된 논의들을 보면, 우리는 기독교의 예언자들이 이야기했던 것과 매우 비슷한 진리 체계 안에서 작동하는 예언자들의 세계를 발견하게 된다. 기후 과학은 종교다.

우리는 기후 과학이 말하는 사실들에 문제를 제기하려는 것도, 기후변화 이데올로기가 현실에 적합하지 않다고 비판하려는 것도 아니다. 우리의 관심은 그러한 주장을 가능하게 하는 조건들을 알아보는 데 있다. 기독교적 예언의 토대와 구조적으로 비슷한 그 조건들을 알아보고, 더 나아가, 또 다른 세계가 오는 것을 환영할 수 있는 정치적 담론의 조건은 무엇일지 알아보는 것이 우리의 목표다. 기후변화로 소멸될 위기에 처해 있다는 진단을 넘어선 또 다른 삶, 오늘날 우리가 겪고 있는 재앙의 세계를 넘어선 세계. 이것도 어쩌면 기후 과학보다 덜한 진실은 아닐 것이다. 기후 과학자들은 기후변화의 끔찍하고 무서운 현실에서 벗어날 길은 없다고 말한다. 경제학자들은 기후변화의 재앙적 결과들을 완화하는 데는 시장을 확장하는 것 말고 다른 대안은 없다고 말한다. 좌파는 인류가 자신이 의존하고 있는 "공통 변수적 조건들"을 존중하지 않았다고 비난한다. 이런 주장들 모두 우리의 미래가 끔찍하다고 전망하면서 이제까지 우리 삶의 방식에 죄악과 오류가 있었던 탓이니 삶의 방식을 바꿔야 한다고 촉구하는, 즉 예언과 파르헤시아가 혼합된 진리 말하기 양식을 재생산한다.

여기에는 기후변화의 필연성과 현실성을 우리가 이제까지 알고 있던 것을 넘어선 새로운 삶으로 가기 위한 경로로서 환영하는 대안적 어휘가 빠져 있다. 생물종으로서 인류를 규정했던 조건으로부터 우리가 긍정적으로 이탈할 수 있게끔 해주는 어휘가 빠져 있다. 충적세를 넘어선 생명을 누가 알 것인가? 우리 중에는 아무도 모른다.

인류세는 이제 막 시작되었다. 우리가 알 수 있는 것은 그 생명이 아주 다른 형태를 띠게 되리라는 것뿐이다. 현재와 미래의 구분은 언제나 존재할 것이고(모든 것을 단순한 원칙으로 환원하려 들지 않는 사상이라면 인정할 것이다), 그 구분 안에서 현재의 생명과 미래의 생명도 구분될 것이다. 이것은 구원 받은 자와 못 받은 자 사이의 구분이 아니라 충적세가 끝날 때 소멸하게 될 생명 형태와 그 이후에 존재하게 될 새로운 생명 형태 사이의 구분이다.

가령 "그롤라 곰"을 생각해보자. 그롤라 곰은 북극곰과 그리즐리 곰이 교배해 생긴 것으로, 기후변화의 불가역적 결과 때문에, 특히 북극의 빙하가 부서진 결과 때문에 생긴 현상이다. 환경의 극적인 변화에 따라서 새로운 생명 형태가 출현하는 놀라운 현상을 모조리 위험하거나 불안한 현상으로 간주해버리는 문명과 문화를 우리는 어떻게 이해할 수 있을까? 미국 해양포유류연구소의 브렌던 켈리Brendan Kelly가 이 끄는 생태학 연구팀은 토착종 중 멸종 위기의 종(가령 북극곰)은 그롤라 곰 같은 신생종이 나오면서 곧 사라질 것이라고 본다. 또 진화적 압력의 속도가 빨라져 동물들이 굉장히 빠르게 적응하도록 몰리고 있어서, 생물학적으로 유리한 결과가 나오지 않을 수도 있다고 말한다. 《라이브 사이언스Live Science》와의 인터뷰에서 켈리는 "이 변화는 너무 빠르게 이루어지고 있어서 적응에 유리하지 않다"[32]고 말했다. 현재의 생물종이 지구적 움직임의 결과로 죽음을 맞이하게 되리라는 전망에 대한 한탄과 새로운 생물종에 대한 두려움에는, 재앙에 대한 고대의 두려움에 생물종을 변형시킬지도 모르는 것에 대한 현대의 생명관리 정치적 두려움이 결합되어 있다. 따라서 순수하고 토착적인 생명 형태가 순수하지 못하고 외래적이고 잘못 적응된 생명 형태에 의해 위험에 처한 것으로 여겨지게 된다.

우리는 임박한 전 지구적 생태 재앙을 두려워하고 그 재앙에 대해 인류의 도덕적 책임을 인정하라는 명령을 그저 받아들이는 것을 넘어, 이러한 진리 담론에 예언과 파르헤시아의 두 가지 양식이 모두 작동하고 있다는 것과 이것이 발생시키는 효과를 인식해야 한다. 이 두 진리 말하기 양식의 조합에서 우리가 자신과 세계를 구하려면 삶의 양식을 변화시켜야만 한다는 명령이 도출된다. 오늘날 유한성의 문제에 대해 우리가 스스로에게 말하는 진리는 기독교만큼이나 오래된 도덕적인 진리 말하기 양식을 담고 있다. 전 지구적 생태 재앙이라는 협박에 굴복하는 것은 중세에 최후의 심판이나 최후의 날의 왕국과 같은 불합리한 개념에 사람들을 복속시켰던 것과 동일한 진리 말하기 양식에 복종하는 것이다.

현대와 고대의 차이는 유한성의 문제를 드러내는 방식의 차이일 뿐이다. 중세의 신정 통치가 유한성에 직면한 인간에게 안전을 제공한다는 약속에 정당성을 의존했다면, 오늘날의 통치 체제가 제공하는 약속은 유한성을 제대로 인식하지 못해서 생긴 악영향들에 우리가 잘하면 성공적으로 적응할 수 있을지도 모른다는 전망이다. 우리가 이제 막 깨닫기 시작한 현실(지구상에서 인간종이 어떤 신성한 섭리도, 내재적으로 주어진 어떤 권리도, 미리 예정된 발달이나 안전의 보장도 갖고 있지 못하다는 것)을 조금이나마 누그러뜨리면서 말이다. 우리가 이러한 유한성의 진리와 그것에 적응해야 할 필요성을 받아들일 때, 우리에게 약속된 것은 영원한 삶도, 더 나은 삶도 아니다. 우리에게 약속된 것은 우리 종이, 그리고 우리가 상호의존하고 있는 다른 종들이 조금 더 삶을 연장할 수 있으리라는 것뿐이다.

그러므로 우리는 "다가오는 재앙의 미래"라는 협박에 굴복하기보다 미래를 환영하는 정치를 일굴 수 있는 대안적 어휘, 더 시적인 어휘를 개발해야 한다. (폴 비릴리오의 표현을 빌리면) "(인간) 진보의 유한성"이라는 현실에 더 잘 직면할 수 있도록 말이다.[33] 세상의 진행에서 벌어지는 근본적인 변모가, 그리고 우리 자신의 근본적인 변모가 왜 꼭 두려운 것이어야 하는가? 왜 우리는 종말을 꼭 두려워해야 하는가? 인간의 잠재력을 가치 절하하는 데 맞서 싸우고 좌파와 우파가 오늘날 공히 가지고 있는 난관을 넘어서 나아가려면, 도래할 재앙의 가능성을 이야기하되 그것을 우리가 현재 알고 있는 세계 너머의 세계로 가는 통과 지점으로서 환영할 수 있게 해줄 새로운 진리 체계(담론적, 감각적, 미적, 대기적 측면 모두에서)를 발달시켜야 한다. 세상이 진행되는 과정과 그것이 일으키는 변형과 변모를 우리가 두려워해야 한다고 말하는 진리 체계가 아닌, 또 현재 우리가 알고 있고 의존하고 있는 방식과 형태를 가능한 더 오래 연장할 수 있으리라는 비전만을 약속하는 진리 체계가 아닌, 그러한 변형과 변모 자체를 통해 우리가 또 다른 가능성을 열망하고 기꺼이 그것에 마주할 용기와 확신을 가질 수 있게 해줄 진리 체계를 발달시켜야 한다.

이러한 새로운 진리 체계를 구성할 요소들은 어디에서 조달할 수 있을까? 예언과 파르헤시아 모두 논쟁과 재구성을 통해 얼마든지 지금과는 다른 방식으로 사용될 수 있다. 푸코가 진리 말하기 양식을 분석했을 때 주장하고자 한 바가 바로 이것이었다. 시대에 따라 상이한 진리 체계들의 복잡한 상호 얽힘, 그것들을 어떻게 사용할지를 두고 벌어지는 다층적인 투쟁을 보여주고, 그것들이 정치적 주체를 구성하는 데 필수적인 것임을 드러냄으로써 말이다.

우리의 주장은 예언과 파르헤시아를 거부하자는 것이 아니라 그것들을 새로운 방식으로 사용하자는 것이다. 그리고 이미 지금도 그것들은 더 시적인 미학을 구성하는 데 사용되고 있다. 이런 미학에서는 다음과 같은 명령이 도출된다. 끝을 보되 두려워하지 않으면서 보고, 온전히 인식하면서 그 끝을 살아가라. 그와 동시에, 애초에 우리에게 적대적으로 규칙이 짜인 게임판 안에서 생존만 연장하려는 목적으로 살아야 한다고 말하는 주장에 저항하라. 이는 현재의 생명관리정치적 미학에 기초를 둔 우파의 자유주의 거버넌스에도, 또 숙명적인 재앙적 과정에서 우리 스스로를 구하려면 자유주의적 거버넌스에 적응함

국가가 조장하는 위험들

으로써 우리의 삶의 양식을 바꿔야 한다고 말하는 좌파의 주장에도 저항할 수 있는 기반이 될 수 있을 것이다.

7장

정치의 기예

RESILIENT LIFE
THE ART OF LIVING DANGEROUSLY

인간적인, 너무나 인간적인 존재임을 넘어서

근대적 주체의 역사는 온갖 어려움을 헤쳐 나아가는 생존의 역사라고들 한다. 하이데거에 따르면, 세상에 내던져진 근대의 주체는 자신이 처하게 된 곳에 위험이 가득하다는 것을 발견하고 나서 어떻게든 거기에 적응하는 법을 배우며, 환상 속에서라면 몰라도 실제로는 결코 그곳의 정복자가 될 수 없다는 것도 배운다. 이렇게 세상 속에서 생존을 위해 고투하는 주체의 삶은 (니체의 표현을 빌리면) 계속해서 "인간적인, 너무나 인간적인" 삶으로만 머문다(니체는 흔히 알려져 있는 것보다 실은 훨씬 더 비판적인 글에서 이렇게 언급했다). 이런 종류의 이야기에서, 살아간다는 것은 끝까지 견뎌간다는 것을 의미한다. 또 "진보"라는 것이 존재하기나 한다면 그것은 인간의 존재를 조금이나마 더 연장하기 위해 되도록 오래 죽음을 피하는 것을 의미한다. 아직 알 수 없는 어떤 사건으로 결국에는 자신의 존재가 곧 소멸되리라는 것을 아는 채로 말이다. 그런데 인간의 진보에 대한 이러한 서사, 그리고 이런 서사에 수반되는 "고난이 가득한 세상을 겪어나가는 생존의 이야기"는 만족스러운가? 우리의 삶에는 단지 생존을 이어가는 것을 넘어서 무언가가 더 있지 않을까? 오늘날 자유주의의 위기가 그것의 나르시스트적이고 자기파괴적인 요소가 가져온 논리적이고 예측가능한 귀결이라고 볼 수 있다면, 더더욱 우리에게는 재앙의 상상을 넘어설 수 있는 가능성을 그려볼 또 다른 정치적 사고가 필요하지 않을까?

가스통 바슐라르Gaston Bachelard는 역작 《불의 정신분석 *La psychanalyse du feu*》에서 놀랍도록 설득력 있고 신명나도록 시적인 대안을 제시했다.[1] 나뭇가지를 비벼 불을 처음 발견한 사람들은, 그것이 친밀감과 연대의 정서적 행위가 아니었다면 왜 그런 일을 했겠는가? 불을 소재로 드는 것이 너무 진부해보일지도 모르지만, 생명영역의 위력과 인간 생명의 한계에 대한 사고에 고착되어버린 오늘날 불과 같은 자연의 요소들을 우리가 어떻게 이해하고 있는지 알아보는 것은 그 어느 때보다도 적절하다. 바슐라르가 말했듯이, 언제나 불은 자연적 실재라기보다는 사회적 실재였다. 그리고 많은 사회적 실재들이 있지만 서사에 가장 많이 등장한 것은 생존과 관련된 불의 이야기였다. 서구 문화를 보면, 그리스 신화에서 그리스를 무장시킬 임무를 가진 대장장이신 헤파이스토스의 등장에서부터 아이스킬로스의 비극 〈오레스테이아〉의 첫 장면에서 타오르는 봉화, 호메로스Homeros의 〈일리아드Illiad〉에서 트로이가 몰락할 때 불타는 성, 기독교의 지옥에서 죄인을 벌하는 화염, 타락한 삶에 대한 응보로 제시된 베수비오스 화산(오늘날까지도 재앙을 이론화하거나 상징적으로 표현하는 데 비중 있게 쓰이는 소재다)에 이르기까지[2], 불은 우리의 역사적 현재에서 공동체적 회합이나 퍼포먼스, 또는 춤과 같은 자생적인 표출 등과 연결되기보다는 너무나 자주 "생존을 위한 필수품" 서사를 강화하는 쪽으로 쓰여왔다.

불에 대해서만 생각해보더라도 생명을 "생물학적으로 취약한 존재"로 보는 프레임이 역사적으로 아무 도전과 논쟁 없이 이어져온 것은 아님을 알 수 있다. 생명을 생물학적 존재로 봐야 한다는 강박이 근대의 중요한 특성 중 하나이긴 하지만, 그럼에도 근대 시기 내내 주체는 세계의 문제들로부터 안전을 확보할 수 있으리라는 믿음 또한 가지고 있었다. 이 믿음은 정치적 공동체를 일구는 데 필수적인 "소속

국가가 조장하는 위험들

감"을 이야기하는 다양한 신화를 통해 지탱되었다. 반면, 자유주의는 마치 자신이 "한계를 갖지 않은 듯이" 작동한다. 자유주의의 성장과 발달, 자유주의가 닿는 범위는 점점 더 확장되어야 했다. 하지만 이는 생물학적인 조건을 넘어 생명에 무언가가 더 있다고 생각할 수 있게 해주는 형이상학적 각성으로 연결되지 않았다. 그보다, 오늘날의 자유주의적 생명관리정치는 "무한한 잠재력"을 "위험의 무한한 원천"으로 인식되게 만들어서 우리가 생각할 수 있는 것의 범위를 생존가능성과 필수품으로만 축소시킨다. 이런 면에서 말하자면, 자유주의적 생명관리정치는 [한계가 없다기보다는 오히려] "제한적"이라고 봐야 할 것이다. "열린 지형"을 무한한 가능성을 위한 공간으로 만들지 않고, 모든 것을 내재화해서 현재의 자유주의적 인식 범위 내로 환원되지 않는 것들은 영원히 그곳을 떠도는 끔찍한 유령이 되게 만들기 때문이다. 이는 우리를 "잘 살아진 죽음"이라는 어려운 질문으로 이끈다.

죽음을 숙고하는 것이 살아가는 방식에 큰 영향을 미친다는 것을 아는 데는 복잡한 이론까지 필요하지도 않다. 치명적인 질병에 걸린 사람을 본 적이 있다면, 죽음의 전망에 사로잡혀 걱정으로 소진되고 있는 사람에게 죽음에 대한 생각이, 아니 죽음이라는 것이 있다는 것 자체가 그들의 "살아 있음"을 얼마나 효과적으로 멈추게 만드는지 잘 알고 있을 것이다. 그들은 "살아 있을" 수 없다. 죽음에 대한 생각이 불러온 신체적·인식적 불확실성이 그들이 지기에는 너무나 어려운 부담이기 때문이다. 하이데거는 죽음을 생각한다는 것의 "절대적 불가능성"이야말로 [살아 있는] 존재를 가능케 하는 요인이라고 주장했지만, 그의 주장과는 반대로 죽음의 가능성에 대한 생각은 죽음의 공포가 아니라 삶의 공포를 촉발한다. 하지만 우리는 여기서 멈추면 안 된다. 오늘날, 살아가는 것의 기예를 위험하도록 흥미롭게 만들어주는 요인은 우리가 위험의 원천들을 거쳐 지나가면서 살도록 요구받는다는 데 있다. 트라우마와 불안은 그 자체로 우리의 무기가 되고, 취약성은 점점 더 증폭된 상태로 우리에게 되돌아오면서 "정상화되는" 지경에까지 이른다. 이것의 정치적인 중요성을 과소평가해선 안 된다.

회복력 전략은 주체의 정치적 역량을 훼손하며, 이는 죽음에 대한 질문에서 긍정적인 면을 없애버리게 된다. 죽음의 질문에서 비판적 시각을 제거하기 때문이다. 여기서만 그치지 않고, 이는 형이상학적으로 생각할 수 있는 능력을 근본적으로 타격한다. 그리고 이는 다시 현재 우리가 휩싸여 있는 재앙의 조건을 넘어 세상을 변혁시킬 수 있는 능력 또한 타격한다. 이 세계의 소멸과 죽음의 전망을 긍정적으로 받아들이지 않고 어떻게 다른 세계를 상상할 수 있겠는가? "회복력"이라는 개념은 그 자체로 "치명적인 생태학적 논증"이라고 볼 수 있다. 생명이 현재 의존하고 있다고 알려진 모든 요소에 개입하고자 함으로써, "또 다른 세상"에 대한 대안들을 모두 솎아내고서 물질적, 비물질적, 가상적 요소들이 가장 불안전한 상태로 엮여 있는 생명부양 시스템에 생명을 영원히 묶어놓는 것이다. 생명의 생명관리정치화가 포이에시스(문학을 만들어내는 창의적인 솜씨 – 역주)보다 테크네(기술적인 솜씨 – 역주)의 승리를 의미한다면, 또 오늘날의 생명관리정치가 운명을 받아들여야 하는 취약한 주체를 기술적으로 생산하는 데서 번성한다면, "이런 의미의 생명으로 환원될 수 없는 것들"이 우리가 더 시적인 삶의 기예를 생각하고자 할 때 출발점이 될 수 있을 것이다. 이러한 확신을 되살려야만, 정치사상과 철학의 역사에서 많이 논의되었으나 아직 해결되지 않은 갈등을 우리가 새로이 열 수 있을 것이다. 형이상학의 점진적인 퇴락에 대한 페터 슬로터다이크의 언급도 이와 같은 맥락이라고 볼 수 있다.

> 18세기 이래 이것은 비허무주의의 성장 또한 볼 수 있는 중간 지대가 되었다. 그곳이 예술이 막대한 중요성을 가질 수 있는 곳이기 때문이며, 우리가 본질적이라고 생각하는 것을 창조할 책임이 우리 자신에게 있음을 긍정적으로 받아들이는 비허무주의를 명백히 드러내주는 것이 바로 예술이기 때문이다. 예술은, 사실관계 이상의 것을 알 수 없으며 상호관계적인 새로운 생명의 힘이나 생명력의 에너지를 포착해낼 능력이 없는 얄팍한 경험주의와 치명적인 실증주의로부터 삶의 진실을 구해낸다.[3]

예술 작품으로서의 생명

이것은 "회복력 있는 주체"를 넘어서려는 우리의 시도에서 우리를 어디로 데려가게 될까? 재앙적인 여건의 혼란스러운 상황에서 정치의 의미를 어떻게 되살려낼 수 있을까? 생명관리정치적 삶의 형태를 넘어선 삶을 고대하고 환영하려면 우리에게는 무엇이 더 필요할까? 다른 말로, 어떻게 하면 긍정적인 활력을 가지고 "삶 자체가 예술 작품이 되어야 한다"는 니체의 신나면서도 통렬한 도발을 되살려낼 수 있을까? 니체의 저술이 정치 영역에서 얼마나 큰 의미를 가질 수 있는

지에 대해 우리는 아직 다 파악하지 못했다. 니체의 화려한 예술적 언명은 대체로 문학 영역에서 논의되지만(대표적으로《차라투스트라는 이렇게 말했다*Also sprach Zarathustra*》), 그는 시적이고 미적인 것을 적극적으로 포함해 경험의 감각을 온전히 누릴 수 있게 해줄 긍정적인 활력이 필요하다고도 주장했다. 이는 변형과 변모가 가지는 창조적인 힘을 주장하는 것이기도 하지만 생명에 정치적 가능성을 부여하는 것이기도 하다. 생명의 미학적 특질이 사상의 도그마적 이미지에 도전할 저항적·긍정적인 잠재력을 가지고 있을 것이기 때문이다. 이것은 오늘날 그 언제보다도 절실히 필요하다.

　중요한 것은, 이것이 어떤 우아한 미적 표현 기준에 순응하는 "존재의 미학"을 말하는 게 아니라는 점이다. 그런 식의 "구성된 이미지"는 놀라울 정도로 다채로운 지구의 색상을 회색으로 만들어버린다. 우리에게 필요한 것은, 세상을 믿을 이유를 갖는 것을 두려워하지 않는, 존재의 대안적 양식을 구성해내는 것이다. 들뢰즈는 이를 다음과 같이 명료하게 설명했다.

> 모든 근대성과 모든 새로움에서 우리는 순응과 창조를 동시에 발견한다. 밋밋한 순응도 발견하지만 "조금 새로운 음악"도 발견한다. 시대에 순응하는 것도 발견하지만 시대에 맞지 않는 무언가도 발견한다. 그 둘 사이의 차이를 알아보고 구분해내는 것은 사랑하는 법을 아는 사람들, 우리 시대의 진정한 파괴자이자 창조자인 사람들의 몫이다.

　여기서 들뢰즈는 니체가 말한 "시적 주체"라는 개념을 적극적으로

　　　　　　　　　　　　　　　국가가 조장하는 위험들

긍정하고 있다.

> 시적인 주체는 그 자신이 삶을 계속해서 창조하는 시인이다. (중략) 시인
> 으로서 그는 당연히 숙고하는 삶vis contemplative을 살 것이고 자신의 작품
> 을 되돌아볼 능력을 가지고 있을 것이다. 하지만 그와 동시에, 그리고 무
> 엇보다도, 그는 창조하는 삶vis creative을 살 것이다. 이것은 행동하는 사람
> 에게는 결여된 것이다. (중략) 생각하면서 동시에 느끼는 사람들은 전에
> 존재하지 않았던 것을 지속적으로 "꾸려내고 만들어내는" 사람들이다. 가
> 치, 색, 강조, 관점, 규모, 긍정, 부정으로 이루어지는, 영원히 성장하는 세
> 계 전체를 만들어내는 사람들이다.4

여기서 니체가 말하고자 하는 바는 스티븐 바커Stephen Barker의 설명
을 빌리면, "삶을 미학화한다는 것은 예술적이고 세련된 이탈을 포함
한다"는 것이다. 즉 "은유와 무–자아–성으로 자유 낙하해야 할 필요가
있다"는 것이다. 또한 "자동미학, 즉 (무)자아의 예술적이고 환상적인
꾸밈과 창조는 그 사람의 예술과 생산에 영향을 미친다. 즉 예술을 창
조하(고 해석하)는 지점에서 [무자아의 자동미학은] 자아와 수렴한다."5
푸코도 이런 점을 놓치지 않고 다음과 같이 언급했다.

> 자아가 우리에게 주어져 있는 것이 아니라는 개념에서 나올 수 있는 실천
> 적인 결론은 하나뿐이라고 생각합니다. 이 통찰을 [자아의] 진정성이 아니
> 라 창조성에 연결하는 것입니다. 우리는 우리 자신을 예술 작품으로서 창
> 조해야 합니다. 장 폴 사르트르Jean Paul Sartre는 샤를 보들레르Charles

Baudelaire, 귀스타브 플로베르Gustave Flaubert 등을 분석하면서 작품을 저자가 자기 자신과 맺는 관계에 비추어 언급합니다. 이것은 [자아에 비추어] 작품의 진정성/비진정성을 말하게 됩니다. 하지만 나는 그와 반대로 말하겠습니다. 우리는 누군가의 창조 활동을 그가 그 자신과 맺는 관계에 비추어 이야기하지 말고, 그가 그 자신과 맺는 관계를 그가 수행하는 창조 활동에 비추어 이야기해야 합니다."6

삶을 예술 작품으로서 창조한다는 것은 재앙의 상상을 통해 구성된 주체의 특징인 소외, 무관심, 허무주의와 정반대라고 말할 수 있을 것이다. 이는 신의 죽음을 이야기한 니체의 언명을 새로운 삶의 의미를 발견하고자 하는 추구에서 되살린다. 여기서 새로운 삶의 의미는 필연적으로 계시적인 속성을 갖게 된다. 또한 이는, 의미 있는 삶이란 생명관리정치적으로 인식된 존재의 조건[즉 존재의 생물학적 조건]에서 도출되는 삶만을 뜻한다고 보는 실증주의 개념을 뒤집는다. 이것은 주체를 "생존을 위한 분투의 역사"로만 보지 않는, 그것을 넘어서는 설명을 요구한다. 사이먼 크리츨리Simon Critchley는 오스카 와일드Oscar Wilde를 인용해 다음과 같이 설명했다.

종교라는 것을 생각해야 한다면, 나는 믿지 않는 사람들을 위한 질서를 발견하고 싶다. 믿음 없는 자들을 위한 종교를 발견하고 싶다. 이 종교의 제단에는 초가 타고 있지 않을 것이고, 사제는 가슴에 평화 따위는 없이 축복받지 않은 빵과 비어 있는 성배를 찬양할 것이다. 진실인 모든 것은 종교가 되어야 한다. 그리고 불가지론도 종교에 못지않은 의례를 가져야 한다."7

국가가 조장하는 위험들

토드 메이Todd May가 설명했듯이, 세속 논리로는 설명되지 않는 존재가 있음을 받아들이려면 "어떻게 다르게 살 수 있을 것인가"라는 질문을 향한 더 섬세하고 정교한 철학적 탐구가 필요하다. 이러한 탐구는 주체를 마비시키고 무력화시키는 종류의 형이상학에서 벗어나야 한다.

> 우리는 이것을 단순히 도덕적으로 좋은 삶으로 축소시키고 싶지 않다. 마치 의미 있는 삶이란 소외되지 않은 도덕적 삶으로서만 이야기될 수 있다는 듯이 논의를 축소시키고 싶지 않다. 유의미한 삶은 그렇게 한정적이지 않으며, 때로는 더 어렵고 까다롭다. 그러므로 우리는 도덕 영역 밖에서 삶이 객관적으로 가치를 갖게 해주는 것이 무엇인지를 물어야 한다. 삶의 "서사적" 특징이 중요한 역할을 하는 지점이 바로 여기다. (중략) 인간의 삶이 표현하는 가치 중에는 도덕적 가치로 환원되지 않는 서사적 가치들이 있다. 또한 이것들은 단순히 주관적인 감정의 문제가 아니기 때문에 행복으로 환원되지도 않는다. 서사적 가치들은 느껴지는 것이 아니라 살아지는 것이다. 그리고 서사적 가치는 자신의 고유한 가치 영역을 가진다. 그런데도 삶의 의미를 고찰하는 철학자들 대부분은 서사적 가치의 영역을 간과하고 있다.[8]

여기서 분명히 할 것이 있다. 우리는 예술을 우리가 처한 현실에 대해 부정적인 반응을 촉진하는 계기로만 보는 데서 만족할 수 없다. 창조는 어떤 변증법적 이유보다도 앞서야 한다. 또한 삶의 예술을 단지 잘 짜인 춤을 연습해서 추는 것과 같은 순응적인 예술로 혼동해서도 안 된다. 필연적으로 "예술 작품으로서의 삶"은 아직 드러나지 않은 것에 호소한다. 예술 작품으로서의 삶은 모사품에는 관심이 없으며, 위험하게 사는 삶을 데자뷔처럼 또다시 반복하는 것을 필요로 하지도 않는다. 예술 작품으로서의 삶에서 자아는 표준화된 기준을 모방하고자 하지 않는 주체, "안정적이지 않은" 주체로서 적극적으로 생산된다. 이런 자아는 그가 현재 처해 있는 취약한 토대에 강하게 도전한다. 이런 믿음은 존재의 환원이 불가능함을 믿는 것인가? 물론 그렇다. 모든 반동적이고 노예화화는 요인에 적대적인가? 당연히 그렇다. 계속 창발되는 사건들을 기꺼이 고대하는 데 변명을 구하지 않는가? 단호히 그렇다. 자율적인 주체의 잠재력을 공공연히 긍정하는가? 완전히 그렇다. 역사의 더 정서적인 의미를 믿는가? 확고하게 그렇다. 영원히 만들어지고 있는 역사의 개념을 믿는가? 전적으로 그렇다. 종말론을 따르는가? 진지하게 그렇다. 무언가를 만들고 짓는 창조 행위가 갖는 변혁적 정치의 힘을 믿는가? 진실로 그렇다. 수리적이고 기계적인 것보다 시적인 것을 사랑하는가? 진심으로 그렇다. 도래할 세상을 환영하는가? 주저 없이 그렇다.

하지만 생명이 자연적인 속성상 시적인 무언가를 가지고 있을 터이니 생명을 옹호하자는 식으로 단순하게 생각해선 안 된다. 전에 없이 요즘은 생명의 가치에 대한 찬사가 많다. 생명은 넓은 의미에서 존재의 의미 자체를 구성한다고들 이야기한다. 하지만 생명의 "문제"를 고찰하지 않으면 권력이 놓은 추상적인 기만의 덫에 빠질 수밖에 없다. 이것이 바로 현재 전 지구적인 규모에서 벌어지는 자유주의적 통치의 기본설정이다. 한때는 생명이 저항의 의지와 역능을 내재하고

국가가 조장하는 위험들

있어서 자신이 참을 수 없다고 여기는 것에 대해 저항하리라는 것이 여러 비판 이론들에서 주장하는 바였지만, "생명적" 특질만으로 환원된 주체에게 이제는 더 이상 이런 믿음을 가질 수 없다.

생명은 자신이 억압적이라고 느끼는 것을 계속해서 욕망한다. 삶이란 더 나은 미래라는 약속을 부여잡기 위해 자율적 주체성을 박탈당하는 과정이다. 생명은 수치스럽게도 자신과 타인 모두를 복종시키면서 권력과 타협하기도 한다. 또한 생명은 권력이 규정하는 자유를 약속받는 대가로, "차이를 가진 생명"을 전적으로 위험한 것으로 취급하는 정치 전략에서 자신이 "정상 기준"으로서 제시되는 것을 기꺼이 허용한다. 사실 생명을 통치의 주된 대상으로 삼을 때 권력은 대개 생명의 본질적인 취약성에 대한 주장을 되풀이한다. 생명의 취약성에 대한 주장은 오늘날의 권력과 잘 부합할 뿐 아니라 권력에 유리하게 활용되기도 쉽다. 결국 신자유주의는 불안전하도록 짜인 환경 속에서 번성한다. 이는 단지 생명을 새로이 숙고해서 생명의 의미를 새롭게 생각하는 것만으로는 극복되지 않는다. 그렇게 하고자 하는 유혹에 빠지기 쉽지만, 우리는 "생명의 특질만으로 환원될 수 없는" 우리 존재의 시적이고 긍정적인 특질들에 더 분명히 초점을 맞춰야 한다. 그래야만 생명을 가장 낮은 수준으로 환원시키기 위해, 그럼으로써 영속적인 불안전을 근거로 지속적인 개입이 가능한 대상으로 만들기 위해 취해지는 전략에 맞설 수 있을 것이다.

말할 필요도 없이, 생명으로 환원되지 않는 시적 특질에서 정치적 가치를 찾아내고자 하는 삶의 기예는 세상과 닮고자 하는 순응적 예술과 전혀 다르다. 현대 예술의 상당 부분은 돈이 만드는 것이라고 봐도 과한 말이 아닐 것이다. 앤디 워홀Andy Warhol이 발터 벤야민이 말한 "기계적 복제 시대의 예술 작품"의 진수를 보여줬다면, 오늘날의 회복력 논리를 더없이 잘 드러낸 작품으로는 데미안 허스트Damien Hirts의 작품을 꼽을 수 있다. 그가 자기영광화의 취향에서 갖다 붙이곤 하는 이런저런 개념들을 차치하고 보면, 잘 알려진 대로 허스트의 작품은 박제적이고 의료적인 것을 특징으로 한다. 상어 등 동물들을 포름알데히드 욕조에 넣어 진열한 작품은 현대의 재앙적인 지형을 특히 잘 표현한다. 완전한 가사상태로 현대 사회를 상징하는 액체의 무게에 짓눌려 질식한 이 동물들은 어떤 정치적 주체성도 갖지 못한다. 그 동물들이 보여주는 마비 상태의 밋밋하고 생기 없는 응시는, 부패할 수 있는 기회를 갖지 못한 채로 죽음에 복무하도록 만들어진 생명을 놀랍도록 단순하게 보여준다.

이것이 말하는 바는 죽음에 대한 철학적 탐구의 이야기가 아니라 종말이 변혁적일 수 있다는 개념을 거부하는 유한성의 이야기다. 이것들은 영구히 고정된 재앙 이야기의 "세트"다. 이 세트장에서는 어떤 독창적인 것도 생산되지 않는다. 여기서 생명은 자율적 주체성이나 변혁의 역량을 갖지 못한 채 그저 보여지는 대상일 뿐이다. 또한 이 생명은 무한히 지속될 선고 유예에 처해진 상태다. 허스트의 작품은 칸트의 이상과 니체의 악몽을 닮아 있다. 여기서 대상은 전적으로 아무런 움직임이 없고 우리는 우리가 공유한 취약성을 깨닫게 될 수밖에 없다. 억지로 그것을 지탱하는 데 참여하는 비극을 넘어서는 것은 고사하고 그 비극에 도전이라도 해보기 위해 "어떻게 다르게 살 수 있을지"를 질문하지는 못한 채로 말이다.

국가가 조장하는 위험들

고통으로 소진되다

우리가 막 떠난 시대가 그것이 가졌던 남아 있는 가능성들을 다 소진했고 그럼으로써 정점을 달성했다고 해서, 사고, 행동, 의지의 과정도 그 자신의 지향에 도달했다는 말은 결코 아니다. (중략) 그와 반대로, 인류학의 드라마는 이제 막 시작된 것이라고 봐야 한다.

《태양도 죽음도 아닌Neither Sun Nor Death》에서 슬로터다이크는 이렇게 주장했다.⁹ 슬로터다이크가 "인류학의 드라마"를 강조해 말한 것에는 중요한 의미가 있다. 인류는 단순히 구성된 범주이거나 재현의 결과에 불과한 것이 아니라 "드라마"다. 인류에 대한 모든 설명은 이 드라마가 펼쳐지는 극장을 전제한다. 우리는 이런 면에서 여전히 그리스인의 후손이다. 인간은 상연이고 연기다. 인간은 자신의 표현 속에서만이 아니라 연기 속에서, 그리고 연기를 통해서 생겨난다. 이러한 상연의 전개는 삶의 의미에 진실성을 부여하기 위한 "의미부여"나 "주관화"의 양식이기만 한 것이 아니라 미리 예견될 수 없는 방식으로 미래를 여는 근본적인 각성이기도 하다. 그런데 지금 우리는 어떤 장르를 연기하는가? 오늘날 인류의 극장에서 상연되리라 기대되는 드라마는 무엇인가? 종말의 운명에 처한 지구를 관망할 수밖에 없는 인류는 자신을 누구라고 생각하는가? 그것이 우리더러 찾아보라고 알려주는 진리는 어떤 것인가? 다른 삶에 대해 질문하지 말고 그저 주어진 것을 반복하라고 말하는 그 진리는 무엇인가?

"이 시대의 가장 절박한 질문은 인간의 고통을 어떻게 하면 잘 완화할 것인가다"라는 널리 알려진 주장을 우리는 받아들이지 않는다. 아니, 생존의 이야기로만 규정된 생명 이야기는 어떤 것도 받아들이지 않는다. 고통의 담론과 고통의 미학을 실천하는 것은 이제 다 소진된 것으로 보이며, 그래야만 한다. 인간을 고통 받는 생명, 고통을 만드는 생명, 그 결과 무자비한 세상에서 고통을 줄이는 것에만 관심이 있는 생명으로 표현하는 것보다 더 진력나는 이야기는 없어 보인다. 대중은 "희생자"의 모습에 이제 면역이 되었다. 그뿐만이 아니다. 고통은 종종 동정으로 해석되고, 동정은 너무나 쉽게 경건함으로 이어진다. 그러한 경건함은 정당하게 분개하는 다른 이들보다 높은 도덕적 우월감을 그들에게 부여한다. 이러한 도덕화는 생명에 개입하는 수단이 된다. 고통을 줄이기 위해 무언가를 해야 한다는 필요성이 인정되려면 희생자가 퇴행적 여건을 만드는 데 어느 정도 공모해야 하기 때문에, 이러한 개입은 정치적 주체성의 제거를 승인하게 된다. 이렇게 해서, 희생자를 해결되어야 할 문젯거리로 만드는 방식으로 고통이 정치화된다. 여기서 희생자들은, 외부적 조력이 필요한 취약한 존재의 관점에서가 아니라 또 다른 관점, 즉 그들에게 정치적 주체성과 열망을 표현할 능력이 있음을 부인하는 여건에 맞서 싸울 수 있게 해줄 또 다른 관점으로 자신이 처한 고통을 인식할 수는 없을지를 묻지 못한다.

인류가 지금 거주하고 있는 극장은 동정적이고 나르시스트적인 극장이다. 이 무대의 코러스는 다른 소리를 모두 차단해 들리지 않게 한다. 하지만 우리는 "고통을 소진시키고 나면, 혹은 고통으로 소진되고 나면 그다음에는 어떻게 될까"를 인류의 극장에 질문해보고 싶다. 모

국가가 조장하는 위험들

든 비극적인 한탄의 언어를 다 소진하고 난 다음에는 인류가 무엇을 연기하게 될까? 자유주의적 모더니즘의 극장에서 반복해 연기하도록 강요된 한탄들을 다 소진하고 난 다음에는 무엇을 연기하게 될까?

들뢰즈는 베케트의 희곡을 분석한 글 〈소진된 인간 L'épuisé〉에서 이렇게 언급한 바 있다. "소진되는 것은, 소진시키는 것, 말려 없애는 것, 희박하게 만드는 것, 흩어 없애는 것이다(들뢰즈는 "가능한 것"을 소진시키는 네 가지 경로로 사물을 소진시키는 일련의 경로를 만드는 것, 목소리들의 흐름을 말려 없애는 것, 공간의 잠재력을 희박하게 만드는 것, 이미지의 힘을 흩어 없애는 것을 제시했다. 들뢰즈는 "피로한 인간"과 "소진된 인간"을 구분했는데, 피로한 인간은 현재의 가능성이 아직 남아 있는 하에서 무력한 상태인 반면, 소진된 인간은 현재의 가능성을 모두 소진한 상태다. 여기서 소진은 새로운 생성의 가능성을 강하게 함축하는 긍정적인 개념이다 ─ 역주)."[10] 소진되는 것은 피로해지는 것과는 전혀 다르다. 피로한 인간은 이미 열심히 연기하고 있는 것을 계속 연기한다. 그들은 현 상태에서의 그들의 존재와 의무에 의해 고통 받는다. 그리고 피로한 인간은 그들의 고통 속에서 지루하고 짜증스러운 인간이다. 우리는 그들의 존재에서 고통 받으며, 그들을 맞닥뜨리는 것이 다 소진되어버리기를, 그리고 그들 자신이 스스로를 소진시키고 말려 없애서 사라지게 되기를 바란다.

이와 달리, 소진되는 것은 이제까지 했던 것을 다 해버려서 더 이상 그것을 계속할 가능성이 남지 않게 되는 것이다. 다르게 할 수 있기 위해서는 이제까지 했던 것을 더 이상 할 수 없어야 한다. 따라서 소진된 인간은 결코 소극적이지 않다. "다 해버려서 아무것도 할 수 없는 상태"를 위해 적극적일 수 있어야 소진된 인간이라고 말할 수 있다.[11] 그리고 "아무것도 할 수 없는 상태"를 위해 적극적으로 변한다는 것은 아무것도 하지 않은 무력한 마비 상태 속에 사로잡히지 않는 것을 의미한다.

이러한 적극적 의미의 소진은 주체에 많은 것을 요구한다. 사무엘 베케트의 희곡에는 고통으로 완전히 소진된 인물이 많이 등장한다. 그들은 "아무것도 할 수 없는 상태"를 위해 적극적이다. 종말을 보지만 종말을 두려워하지 않으며, 종말이 온다는 것을 온전히 아는 상태로 종말을 끝까지 살아내지만 종말에서 살아남기 위한 노력은 하지 않는다. 그들의 목적은 종말에 대비하기 위해 이런저런 것들을 준비하는 게 아니라 종말에서 살아남기 위해 준비해야 할 계획들을 모두 거부하는 것이다. 그들은 굴종적인 자기보존에는 존엄이 없다고 생각한다. 이러한 거부는 죽는 법에 대한 학습, 행동, 예의주시, 각성을 필요로 한다. 이것은 비참한 극장이 전혀 아니며, 종말을 새로운 시작의 가능한 조건으로서 찬양하는 극장이다. 이 극장은 [현재의 상황에서] "가능한 것"의 너머에 있는, 절대적인 자유를 가리킨다. 그러한 자유에 도달하려면 우리는 "가능한 것"을 다 소진해야 하며 그것에 의해 소진될 준비가 되어 있어야 한다. 사실 "가능한 것"은 그것을 소진시키는 등장인물들에 의해 달성된다.[12]

"세상의 끝"을 미학적으로 표현하고 그로부터 정치적 목적을 드러내는 데는 물론 끝이 없을 것이다. 최근에는 특히 영화에서 종말의 이미지가 많이 사용되었다. 인간 생명의 완전한 파괴가 임박했다는 공포를 투사하고 미학화한 작품들이 많이 나와 있다.[13] 그런데 이런 공포는 "생명관리정치적 미학"을 보여준다. 이러한 미학이 점점 더 많이 영화에 쓰이는 것은 영화에서, 더 넓게는 미학적 재현 체계 전체에서 생명관리정치적 미학의 힘이 커지고 있음을 보여준다. 프레드릭 제임슨이 자본주의적 "세계체제" 안에서 이루어지는 영화적 구현을 "지정학적 미학"이라고 묘사했다면14, 그 체제와 그 체제 안에 있는 모든 것의 파괴를 그것을 견딜 수 없는 생명의 입장에서 영화적으로 구현하는 것을 "생명관리정치적 미학"이라고 부를 수 있을 것이다.

이렇듯 생명관리정치적인 미학을 담은 싸구려 영화들이 쏟아지는 와중에, 이와 달리 생명관리정치적 미학을 교란한다는 면에서 두드러지는 작품이 하나 있다. 바로 라스 폰 트리에Lars von Trier 감독의 〈멜랑콜리아Melancholia〉다. 〈멜랑콜리아〉는 저스틴과 클레어 자매의 가족이 이 세상의 마지막 며칠을 보내는 상황을 보여준다. 이들의 가족은 역기능적인 콩가루 부르주아 가족이다. 영화평을 보면 흔히 저스틴이 우울증을 겪고 있는 것으로 묘사되지만, 정작 영화가 말해주는 바는 그렇지 않다. 저스틴이 우울증이라는 진단은 저스틴의 멍청한 가족친지들이 저스틴을 볼 때 하는 말일 뿐이다. 그들이 그렇게 판단한 이유는 저스틴이 착하지만 따분한 신랑과의 결혼을 결혼식 당일에 거부했기 때문이다. 결혼 제도에 헌신하며 살아야 하는 삶이 두렵고 점점 더 깊이 얽혀 들어가 호명되는 직장의 분위기(저스틴은 광고회사의 아트디렉터인데, 남편은 저스틴의 직장 상사와 친한 친구다)가 혐오스러운 저스틴은 "다른 세계"인 멜랑콜리아 행성이 존재하며, 그것이 지구로 다가오고 있다는 것에서 위안을 얻는다. 저스틴은 들뢰즈가 "현대 영화"의 특징을 설명하면서 언급한 정통적인 의미에서 "미래를 보는 사람"

이다.

저스틴은 자신이 그 안에서 호명되어야 할 권력관계가 참을 수 없는 것이 될 것임을 내다본다.[15] 들뢰즈가 말한 현대 영화의 정치적 속성을 생각할 때, 우리는 등장인물의 삶이 단지 그가 "무엇이 참을 수 없는 것인지를 내다본다"는 점에 의해서만이 아니라 그 때문에 그가 상충적인 위치에 처하게 된다는 점에 의해서도 영향을 받는다는 데서 미학적인 요소를 포착할 수 있다. "참을 수 없으리라는 것"을 내다보지 못했더라면 그들은 그 권력관계에 그저 깊이 의존하면서 살았을 것이다. 하지만 참을 수 없으리라는 것을 내다봤으므로 이제는 그 권력관계[자신이 의지해야 하는 권력관계]에 저항해야 한다. 이러한 상충적인 위치에서 그들의 삶이 결정된다. 이러한 인물들은 각자의 방식으로 자기 자신, 그리고 자신을 둘러싼 모든 것과 전쟁을 벌이고 있다는 것을 깨닫는다. 그들의 삶은 예술로써 살아지며, 주체를 이성의 구름으로 질식시키고자 하는 사람들에 맞서 열린 전쟁을 수행하는 것이 그들의 예술이다.

비극적인 예언을 받아들이는 방법

오늘날의 자유주의적 상상을 특징적으로 보여주는 미래 비전인 생태적 재앙은 단순한 진리 주장이 아니다. 이것은 예언의 정치다. 현대의 자유주의적 생명관리정치와 권력, 그리고 신학의 관계는 우리가 이미 다른 저술에서 논한 바 있으므로, 여기서는 그것을 되짚기보다

국가가 조장하는 위험들

취약한 주체와 회복력 전략이 진리의 이름으로 작동하는 데 주된 역할을 해온 진리 확증 양식에 도전할 수 있는 예술적 표현과 저항의 지점들을 살펴보고자 한다. 묵시록부터 재앙 담론까지 모든 정치가 그 속성상 영원히 증명이나 검증이 불가능할 미래에 대해 어떤 주장들을 내놓아야만 한다면, 그리고 미래에 대한 모든 질문은 그 자체로 불합리할 수밖에 없어서 우리가 이미 알지 못하는 것에 대해서는 답할 수 없다면, 우리는 어떻게 "펼쳐지는 연기"라는 개념을 새롭게 사고해서 창조적인 사고 양식과 지적 전통에 연결시킬 수 있을까? 우리가 소멸에 직면해 있다는 것이 정말로 의미하는 바는 무엇일까? 또한 "종말에 직면한 것이 사실이라면 또 다른 삶을 상상해보는 것이 대체 무슨 의미인가"라는 질문으로 빠져버리게 되는 것을 어떻게 넘어설 수 있을까?

"삶이란 펼쳐지는 드라마"라는 개념을 받아들인다면, 대안을 위한 지적 재료를 찾으려 할 때 고대 그리스 희곡을 빼놓고 생각할 수는 없을 것이다. 뭐니뭐니해도 그리스 희곡은 우리의 "드라마적인 현재의 역사"에서 본질적인 요소다. 출발점으로 삼기에 가장 확실한 인물은 오이디푸스일 것이다. 오이디푸스는 가내 정치에서부터 국가의 가부장적 속성, 그리고 지그문트 프로이트의 분석에서 볼 수 있듯 더 일반적인 폭력적 병리에 이르기까지 권력에 대한 우리의 사고에 지배적인 영향을 미쳐왔다. 또한 오이디푸스 컴플렉스는 고정된 구조로서 존재하지 않았다. 오이디푸스가 폭력적으로 체현하고 있는 권력 형태가 지속적으로 자연화된 것은 이것을 고정된 구조가 아니라 계속해서 재생되는 과정이라고 생각해야 더 이해하기 쉽다.[16] 한편, 주디스 버틀러 등 많은 이들이 논했듯이, 안티고네는 오이디푸스식 통치의 압제에 맞서 정치를 새롭게 사고하게 해주는 존재로 흔히 해석된다.[17] 이런 설명에서 안티고네의 취약성은 더 전복적인 정치를 나타낸다. 이런 해석에 따르면 크레온이 그 이전의 오이디푸스처럼 (나중에는 자신의 권력이 일으킨 비극의 늪에 빠져들게 되지만) 국가적 이성을 체현한다면, 크레온의 조카 안티고네는 혁명적 실천을 사고하는 데 필수적인 "고통의 새로운 장소"가 된다.

보니 호닉Bonnie Honig은 이것을 "계몽주의 이후의, 한탄과 유한성의 휴머니즘"이라고 표현했다. 이것은 공유된 고통과 슬픔이라는 보편 프레임을 제시한다.[18] 하지만 한탄의 속성은 [그것을 전복적인 정치의 가능성으로 해석하고 싶어 하는] 버틀러와 같은 학자들이 인정하고 싶어 하는 것보다 훨씬 모호하다. 사실, 안티고네 역시 자신의 이름으로 수행된 폭력을 통해 정치적인 문제를 해결(크레온 가문의 몰락)하지 않았는가? 안티고네의 취약성과 슬픔은 죽음이 아니고서는 피할 수 없는 새로운 형태의 공포로 변모되지 않았는가? 호닉도 이 점을 인정했다. 호닉은 "[안티고네가 에이즈 사망자나 적군 사망자와 같이 애도할 수 없는 이들을 애도하고자 했다는 버틀러의 설명과 달리] 이 희곡은 실제로, 그리고 반복적으로, 애도할 수 없는 이들뿐 아니라 애도할 수 있는 이들에 대해서도 어떤 방식으로 애도를 허용할 것이냐의 문제를 탐색한다"고 주장했다. 따라서 호닉은 "이 희곡이 원한의 정치를 논하기 위해 매장의 문제를 소재로 다뤘다기보다는, 매장이 은유적으로 드러내는 더 넓은 정치적 문제를 드러내기 위해 (적의 매장에서 시작해 멀리 돌아가는 방식으로) 원한의 문제를 활용하고 있다고 봐야 한다"고 언급

국가가 조장하는 위험들

했다(호닉은 크레온을 주권 권력, 안티고네를 그에 맞서는 대항적 힘으로 보는 버틀러 등의 해석과 달리, 안티고네가 귀족적, 엘리트적, 개인적, 명예 기반적, 해당 인물 특정적인 방식의 애도를, 크레온은 민주적, 공동체적, 법 기반적, 해당 인물을 넘어 보편화가 가능한 방식의 애도를 각각 상징한다고 본다 – 역주).[19] 오이디푸스도 안티고네도 아니라면, 우리는 누구에게서 대안적 정치를 위한 지적 재료를 발견해야 하는가?

이에 답하기 전에 전체적으로 현대 예술이 "현대 세계 안에 견유주의를 나르는 도구"가 되어야 한다는 푸코의 주장을 생각해보자.[20] 푸코가 "진리의 용기Courage of Truth" 강연에서 상세히 탐구한 견유주의는, 파르헤시아적인 실천을 가장 극단적으로 밀고 가는 형태를 취한다. 이는 자유주의적 근대 시기 동안 규범을 주입하고 도덕화하는 데 쓰이던 종류의 파르헤시아적 실천과는 매우 다르다. 따라서 현대 예술은 단지 파르헤시아로서만이 아니라 정치로서 이해되어야 한다. 파르헤시아는 진리를 보는 행위이기만 한 것이 아니라 그것을 말하는 행위다. 그렇다면 현대 예술에 등장하는 연기자들을 파르헤시아로 볼 수 있지 않을까? 자신의 삶이 투여된 참을 수 없는 권력 관계의 속성을 볼 뿐 아니라 그 참을 수 없음에 대해 말하는 사람은 그러한 행위를 통해 새로운 진실에 대한 이해를 만들어가고 있다고 볼 수 있지 않을까? 참을 수 없는 권력 관계와 상충적인 위치에 직면할 수밖에 없는 삶을 살아갈 뿐 아니라, 자유주의적 삶의 방식이 참을 수 없는 것임을 맹렬히 고발하고 있다고 볼 수 있지 않을까?

현대 영화, 특히 현대 영화의 등장인물들이 드러내는 "현대성"에 대한 들뢰즈의 분석은 그들의 "보는" 기능보다 "말하는" 기능에 더 관심을 뒀다. 들뢰즈의 논의에 대한 영향력 있는 해석들은 "보는 자"로서 등장하는 인물을 통해 "다가올 사람들"을 이론화하고 있지만[21], 사실 들뢰즈는 현대 영화에 등장하는 "다가올 사람들"을 단지 그들이 가진 "내다보는 역량"만으로 이해할 수 있다고 보지 않았다. "이야기를 말하는story-telling" "언어 행위speech act"는 포스트식민주의 영화에서 등장인물들이 정치적 기능을 수행하는 집단적 발화를 산출하는 핵심 수단이었다. 여기서 발화가 갖는 정치적 기능이란 식민화된 사람들을 제국주의자들이 식민화를 정당화했던 신화로부터 해방시키는 것을 의미한다.[22] 예를 들면, 브라질의 영화 감독 글라우버 로샤Glauber Rocha의 작품은 "신화의 지배 아래 살아가게 되는 현재를 짚어내고 고립시킨다." 그 현재는 "아마도 '이 사회'에서라면 믿을 수 없고, 참을 수 없으며, 가능하지도 않은 삶일 것이다." 그리고 그 "살아질 수 없음"으로부터 "도저히 침묵시킬 수 없는 언어 행위를 이끌어낸다. '이야기 말하기'로 드러나는 이 발화는 신화로 돌아가는 것이 아니라 비참함을 긍정성으로 끌어올릴 수 있는 집단적인 발화다. 사람들을 발명해내는 발화다. (중략) 다가올 사람들에 대한 '이야기 말하기'의 행위다."[23] 이렇게 집단적이면서도 개인적으로 수행되는 연기를 통해 권력을 고발함으로써, 그들은 현실의 "참을 수 없음"에 맞서 주변화된 위치로부터 구원된다. 이들이 없었더라면 현실의 "참을 수 없음"은 (그들의 발화가 청자로 상정하고 있는) 관객에게 계속 숨겨져 있었을 것이다. 이런 면에서, 영화 속의 연기자들은 진실을 말할 용기를 가지고 있는 사람들이라고 볼 수 있다. 진정한 삶이라고 알려진 것의 거짓됨을 고발하고, 고대 아테네의 대표적 견유주의자 디오게네스Diogenes가 했던 방식으

국가가 조장하는 위험들

로, "유통되는 가치 체계가 이제는 달라졌음"을 주장하는 사람들인 것이다.[24]

하지만 오늘날의 여건에서는 진리를 "이야기하는" 것만으로는 변혁이 추동되지 않는다. 비판적 철학과 자유주의적 생명관리정치 모두 "사건의 지평"이라는 개념에 깊이 의존하고 있지만, 거기에서 도출하는 정치적 의미는 서로 매우 다르다. 열려 있는 사건의 지평에서는 앞으로 다가올 사건이 "현재의 원칙으로 환원할 수 없는 경이로움의 원천"일 수도 있고 "이미 발생 중인 재앙"일 수도 있다. 따라서 우리는 진실을 말하는 "파르헤시아"적 순간에만 초점을 둘 게 아니라, 오늘날 정치가 (전에도 늘 그랬듯이) "예언"에 전적으로 노출되어 있다는 것을 생각할 필요가 있다. 과거의 유산을 드러내지 않는 정치가 없듯이 미래에 대한 주장을 펼치지 않는 정치도 없다. 이런 면에서, 영원히 우리는 발생한 일과 발생할 일 사이의 경계 위를 계속해서 휘청대며 걸어가는 주체로서 체현된다. 이것이 "생명이라는 사건"이다. 과거와 미래가 충돌하는 전략적 교차로에서 현재의 직조가 구성되도록, 영원히 과거와 현재를 체현하는 주체인 것이다. 따라서 이를 비판적으로 이해할 수 있으려면 우리의 역사적 현재에 대해 질문되지 않은 것을 질문해야 하고(진리를 말하는 실천), 그와 동시에, 미래가 반드시 올 것이며 그 미래는 우리의 행동으로 구성될 것이라는 (그 미래를 미리 예상할 수는 없다 하더라도) 절대적 확신을 가지고 미래를 봐야 한다. 여기서 우리는 "티레시아스"라는 인물을 떠올리게 된다. 정치 이론이나 철학 이론에 잘 등장하지는 않지만 티레시아스는 매우 중요한 인물이다.

테베의 장님 예언자 티레시아스는 몇몇 그리스 비극에 등장하지만

〈오이디푸스 왕〉에 등장하는 짧은 순간이 특히 중요하다. 오이디푸스는 티레시아스를 불러서 아버지 라이오스 왕을 살해한 자가 누구인지 알려달라고 한다. 그러자 티레시아스는 일견 역설적으로 보이는 접근 방식을 통해 오이디푸스가 자신이 저지른 범죄를 자발적으로 알아내도록 만든다. 티레시아스의 말이 없었다면, 그 전에 크레온이 오이디푸스를 추방하면서 전한 신탁의 메시지는 일반적인 예언이었을 것이다. 그런데 티레시아스는 오이디푸스가 자신의 죽음으로 귀결될 "자기 발견"의 경로에 서도록 했다. 티레시아스는 오이디푸스가 종국에 도달하게 될 운명을 예언자처럼 정말로 미리 본 것이었을까? 신탁의 예언이 말한 미래의 모습이 아니라 그저 다른 이들은 보지 못하는 현재를 본 것은 아니었을까? 티레시아스는 미리 예정된 진리를 드러내는 계시적 인물이 아니라 질문되지 않은 것을 질문할 역량을 가진 인물이었던 것은 아닐까? 오이디푸스의 허무주의적 특질을 이용해 궁극적으로 오이디푸스를 눈먼 파멸로 이끌게 된 것은 아니었을까? 이는 눈먼 상태가 오이디푸스의 불가능하고 자기파괴적인 야망에 의해 이미 선포되어 있었기 때문에 가능한 일이 아니었을까?[25] 이에 대해 마저리 챔플린Marjorie Champlin은 다음과 같은 질문을 던졌다.

> 진리를 드러내는 사람으로서 티레시아스는 구약의 예언자와 비슷한 인물이었을까? 소포클레스는 티레시아스가 "말할 수 없는 천상의 일들을 아는 사람"이라고 설명했다. 이러한 각본에서라면, 티레시아스는 인간사의 과거와 미래를 온전히 알고 있는 사람이어야 한다.[26]

국가가 조장하는 위험들

따라서 그는 장님이지만 "과거"의 폭력과 "현재"의 자기파괴적인 허무주의에 비판적으로 관여하는 방식으로 "미래"를 이야기할 확신과 용기를 가진 사람이라고 할 수 있다. 이런 면에서, 티레시아스는 가장 긍정적인 의미에서 진리를 보는 사람이다. 티레시아스의 설명 속에서 명백해보이는 운명에 대한 도전을 발견할 수 있고, 그럼으로써 재앙의 결과들을 경고하고 재앙에 정면으로 맞설 수 있게 되기 때문이다.

미하일 람폴스키Mikhail Iampolski의 〈티레시아스의 기억The Memory of Tiresias〉은 고전 영화가 예언적 진리 말하기 양식과 어떻게 관련이 있는지를 잘 보여준다. D.W. 그리피스D.W. Griffith나 세르게이 에이젠슈타인Sergei Eisenstein과 같은 고전 시대의 유명한 감독들은 자신이 예언자라고 생각했으며 그들이 작품을 통해 수행하려 한 임무는 인류를 암흑에서 벗어나게 하고 해방의 빛으로 이끄는 것이었다. 그리피스는 그의 작품이 "가장 첨예한 사회적 갈등들을 해결할 수 있는, 전에 없었던 보편 언어를 창조하는 것을 목적으로 하는 일종의 미션"이라고 생각했다.27 그렇게 해서 궁극적으로는 인류 해방의 여건을 구축하는 것이 자신의 임무라고 여겼다. "활동사진이라는 보편 언어를 통해 인류애의 진정한 의미가 지구 전체에 구축될 수 있을 것이다."28 에이젠슈타인도 예언자 티레시아스에 매우 깊이 관심을 보였으며, 고전 영화에서 현대 영화로 넘어가던 시기인 1940년대에 눈먼 상태를 주제로 한 시리즈를 만들기도 했다. 여기서 그는 눈먼 상태가 "보이는 것을 넘어서" 보는 것을 가능하게 해주는 조건이라고 보았다.29

그렇다면 예언적이고 인류 향상의 임무를 자처하며 세상의 진리에 다가가고 있음을 확신한다는 점이 "고전 영화"의 특징이었지만 제2차 세계대전으로 영화의 위기가 오면서 예언적 양식에 대한 믿음이 무너지고 파르헤시아적 양식으로 넘어갔다고 생각해볼 수 있을 것이다. 즉 전에는 영화의 인물들이 미래를 내다보는 진리 말하기 양식을 보여주었고 영화 자체도 예언자의 말을 실현시킨다는 임무를 담지하고 있었다면, 제2차 세계대전 이후로는 인간 존재의 비참함을 말하는 진리 말하기 양식으로, 그리고 세상의 속성은 기본적으로 혼돈이므로 예언자의 말을 실현시키는 것은 불가능하고 궁극적으로는 모든 예언이 거짓임을 드러내는 쪽으로 이동했다고 볼 수 있다. 이런 구도로 보면, 파르헤시아적 양식과 예언자적 양식은 세상의 속성을 다르게 보고 있기 때문에 본질적으로 상충하는 양식이 된다. 따라서 [제2차 세계대전 이후] "현대 영화"가 파르헤시아를 받아들이기 위해서는 ["고전 영화"의] 예언자를 몰아냈어야 했다고 볼 수 있다.

그 이후에 예언적 진리 말하기 양식은 어떻게 되었을까? 오늘날의 영화를 보면 [제2차 세계대전 이후의 "현대 영화"로부터] 또 한 번의 변화가 있었던 것으로 보인다. "현대 영화"적 특징을 더 세련되게 정교화한 영화들이 많이 나오는 한편, 위의 구분에 따르자면 "현대 영화"적이지도 "고전 영화"적이지도 않으면서 예언적 진리 말하기 양식을 다시 도입한 영화들도 등장한 것이다. 오늘날의 많은 영화가 후기 자유주의 통치가 말하는 재앙 예언을 담고 있는 게 사실이긴 하지만, 그와 달리 미래를 예측하고 내다보며 그에 따라 실천해가는 능력에 대해 확신을 가진 주체의 가능성을 탐색하고자 하는 작품들도 없지는 않다.

자크 오디아르Jacques Audiard 감독의 영화 〈어떤 예언자A Prophet〉(2009)

를 생각해보자. 영화의 제목에 정관사가 아니라 부정관사가 쓰였다는 데 주목할 필요가 있다. 그의 도래와 역할이 모두 명백하게 정해져서 정확한 순간에 나타나는 단 하나뿐인 존재로서의 예언자가 아니라, 그저 "어떤 한 예언자"인 것이다. 이러한 인물이 드러내는 간주관적inter-subjective인 고유성은 정관사가 쓰여야 할 예언자적 인물을 해석할 때와는 다른 독해를 요구한다. 이 영화는 사소한 범죄로 6년형을 살게 된 아랍 젊은이 말리크가 겪는 고통을 다룬다. 감옥 안에는 코르시카 출신 갱단과 아랍 출신 갱단 사이에 세력 다툼이 있는데 말리크는 여기에 휘말리게 된다. 어쩔 수 없이 아랍 수감자인 레혜브를 죽이게 된 말리크는 통과의례를 견뎌내고 코르시카 갱단의 냉혈한 조직원이 된다. 말리크는 그들의 사회적 규범을 습득하고 그들의 언어를 배우고 그들의 규칙을 익힌다. 하지만 코르시카 사람들에게 결코 받아들여지지 않는다. 그러다 어느 순간, 그가 레히브를 죽인 사람이라는 것이 아랍 갱단의 두목에게 발각되어 죽을 위기에 처한다. 하지만 그는 믿을 수 없는 예언의 힘으로 살아남는다. 자동차의 뒷자리에 타고 어디론가 끌려가던 그는 사슴이 길에 뛰어들리라는 것을 내다보고 "사슴!"이라고 외친다. 옆에 앉아 있던 아랍 갱단 두목은 이것을 보고 깊은 인상을 받아서 존경심을 가지고 그를 받아들인다. 말리크는 코르시카 쪽과 관계를 끊기 시작하고, 결국에는 자신의 조직을 만들어서 감옥에서 지배적인 위치가 되며 마지막에는 감옥에서 풀려난다. 하지만 이것의 의미는 무엇일까?

〈가디언〉 기자 필 호드Phil Hoad는 〈어떤 예언자〉가 "다중언어적인 미래를 보여준다"고 언급했다. "우리 대부분은 이제 세계화된 다중언어적 세계에 살고 있다. 자크 오디아르 감독의 영화는 이를 드러내는 드문 영화다."[30] 말리크의 생존가능성은 그가 코르시카와 아랍의 언어와 문화를 둘다 배우고 그 둘 사이를 오가는 능력 덕분에 높아진다. 이런 면에서, 제롬 세갈Jerome Segal은 이 영화 전체를 "성장소설"로 볼 수 있다고 언급했다. 말리크의 심리적·도덕적·사회적 발달 과정을 그리면서, 다가올 시대에 대해 말하는 이야기라는 의미에서다. 여기서 말리크의 성공은 "자신의 네트워크를 구축할 수 있었기 때문에," 더 근본적으로는, "복잡한 네트워크를 만들어가는 과정에서 부르디외가 말한 문화자본이 사회적 자본으로 투자될 수 있었기 때문에" 가능했다.[31] 호드는 다음과 같이 설명했다.

> 세계화된 세계에는 〈어떤 예언자〉 같은 언어적인 영화가 더 많이 필요하다. 이 예언자는 유연하고 기회주의적이며 주의 깊게 경계한다. (중략) 말리크는 자신의 운명을 스스로 벼려나가도록 남겨진다. 바로 이것이 점점 더 복잡해지는 세계를 살아가야 하는 우리에게 주는 교훈이다. 말리크는 예전의 단일 문화권을 몰아내며 빠르게 증가하고 있는 인종적으로 혼합되고 언어적으로 다중적인 대중을 상징한다. 이들은 세계의 권력이 더 복잡하게 뒤얽히고 더 파악하기 어렵게 변해가는 양상 속에서 번성할 수 있는 사람들이다. 이 세계는 폭력배, 중개인, 대사, 중간 관리자의 세계다. 즉 말리크는 미래다.[32]

하지만 호드의 분석은 깊이가 너무 얕고 너무 많은 것을 이데올로기에 의존해 말하고 있다. 그보다 우리는 다음과 같이 질문해야 한다.

국가가 조장하는 위험들

말리크는 무엇을 보았는가? 말리크의 예언이 가진 속성은 무엇인가? 고전적인 예언자와 달리 여기서 "어떤 예언자"는 인간에게 보이지 않게 숨겨진 미래를 드러내주는 존재가 아니다. 말리크는 현재 투명하게 드러나 있는 가능성만을 본다. 그는 현재의 신호를 최대한으로 읽는다. 가령 그는 사슴을 조심하라는 도로 표지판을 읽는다. 그다음에 사슴을 예언한다. 다른 말로, 그는 순수하게 자신의 앞에 있는 것을 읽는다. 말리크는 "바로 예언자"가 아니라 가장 일상적이고 밋밋한 형태로 "어떤 한 예언자"다. 사실 이 "어떤 한 예언자"는 예언자 없는 사람들이 어떻게 되어가는지를 예언한다. 과거의 사람들이 살았던 예언자들의 세계를 끊고 나와서 미래에 올 사람들과 연결되는, 예언을 가진 게 아니라 순수하게 정보를 가진 사람들 말이다.

〈멜랑콜리아〉로 돌아가 저스틴을 생각해보자. 저스틴은 예언자다. 저스틴은 일상적인 것(병에 들어 있는 콩이 678알이라는 것을 한눈에 맞춘다)부터 심오한 것(가령, "생명은 지구에만 존재하고 짧은 기간 동안에만 존재한다"는 것)까지 "세상일들을" 알고 있다. 궁극적으로, 우리는 멜랑콜리아 행성을 (그리고 그것이 의미하는 세상의 종말을) 본다. 멜랑콜리아가 다가오는 것은 필연적으로 현 세상의 종말이 오리라는 저스틴의 예언적 개념이 실현될 것임을 암시한다. 지구가 파괴되는 장면은 영화사에서 가장 아름다운 장면일 것이다. 바그너의 〈트리스탄과 이졸데〉가 배경음악으로 흘러나오는 가운데 외부 우주에서 보는 추상적인 시점에서 그려진 장면들은 "충돌"로서가 아니라 "치명적인 마주침과 끌림"으로서 에로틱하게 묘사된다. 관객은 세상의 파괴에서 판타지와 경이로움을 본다. 하지만 이러한 경이로움은 저스틴의 관점에서,

즉 그 세상에 의존하는 삶에 의해 "소진된," 그리고 그 세상에 의존하는 삶을 "소진한" 주체의 관점에서 봤을 때만 해당된다. 저스틴의 이러한 면은 언니 클레어와 극명한 대조를 이룬다. 클레어는 세상의 종말에 대해 신경증적 공포를 가지고 있다. 멜랑콜리아가 지구에 가까이 올수록, 즉 지구의 완전한 파괴가 가까워 올수록 더욱 그렇다. 하지만 저스틴에게 멜랑콜리아가 의미하는 것은 지구의 종말에 대한 주체의 두려움도, 종말의 재앙적인 결과도, 종말에서 생명이 어떻게 생존할 수 있을 것인가의 문제도 아니다. 멜랑콜리아는 생명관리정치적 미학을 넘어선 미학을 촉발시킨다. 이것은 "소진"의 미학이다. "또 다른 세계가 가능하다"는 것을 "월가를 점령하라" 현수막처럼 선언하는 것으로만 그치지 않고, 이 영화는 또 다른 세계가 그저 가능한 게 아니라 "실제로 당신을 데리러 오고 있다"는 메시지를 주는 방식으로 그 세계에 주체를 부여한다. 현 세계의 유한성을 긍정하면서, 또 다른 세계를 단지 당신"에게" 다가오는 것으로서가 아니라 당신을 "위해" 다가오는 것으로서, 당신을 이 세계에서 데리고 나가기 위해 다가오는 "종말의 선물"로서 적극적으로 환영하는 데서 정치적 주체성이 생겨난다.

클레어가 드러내는 생명관리정치적 미학과 저스틴이 드러내는 소진된 미학의 갈등은 이 영화의 결정적인 장면들을 구성한다. 저스틴은 이렇게 말한다.

"지구는 사악해. 우리는 그것을 위해 슬퍼할 필요가 없어. 지구 위의 생명도 사악해."

반면, 클레어의 남편인 존은 멜랑콜리아의 궤적이 지구와 충돌하지 않고 무사히 옆으로 지나쳐 갈 것처럼 보이자 "생명에 건배를 올리자" 고 말한다(나중에 멜랑콜리아가 지구와 충돌하는 궤적으로 오고 있음이 드러나자 존은 자살한다—역주). 영화의 마지막 부분에서 멜랑콜리아가 실제로 충돌 궤적으로 다가올 때 저스틴이 보이는 침착한 태도는 클레어의 신경증적인 공포와도, 존의 억압된 공포와도 대비된다. 가장 중요한 장면을 꼽으라면, 멜랑콜리아와의 충돌(즉 지구의 종말)이 명백해지고 존이 자살한 뒤에 자매가 나누는 대화다. 클레어는 파괴의 순간을 어떻게 대비해야 할지 몰라 걱정하면서 "계획"을 세우고 싶어 한다.

클레어 그 일이 일어날 때 우리가 함께 있었으면 좋겠어…. 제대로 맞이하고 싶어.

저스틴 그러면 빨리 하는 게 좋을 거야.

클레어 테라스에서 와인을 하는 게 어떨까?

저스틴 언니네 집 테라스에서 나더러 와인을 마시자고?

클레어 응. 그래줄 거지?

저스틴 [어이없다는 말투로] 음악은 어때? 베토벤 교향곡 9번이나 뭐 그런 거? 초도 켜지 그래? 언니네 테라스에 와서 노래 부르면서 와인 마시자고?

클레어 응. 그러면 행복할 것 같아.

저스틴 언니 계획에 대해 내가 어떻게 생각하는지 말해줘?

클레어 아니. 하지만 네가 좋아했으면 해.

저스틴 나는 아주 개떡 같다고 생각해.

클레어 저스틴, 제발. 나는 그저 잘 끝맺고 싶을 뿐이야.

저스틴 잘? 빌어먹을 변기 위에서 만나는 건 어때?

〈멜랑콜리아〉와 베케트의 〈엔드게임〉을 함께 보면 놀라운 점을 볼수 있다. 두 작품 모두 고통에 의해 "소진된" 주체, "아무것도 할 수 없는 상태"를 위해 적극적인 주체를 보여준다. 이들은 경이롭도록 낙관적인 무언가를 긍정하면서 한탄의 경향을 거부한다. 이들은 숙명주의적이지 않다. 종말은 이미 알려져 있는 사실이다. 이들은 종말을 보면서도 그것을 두려워하지 않고, 종말에서 살아남기 위해 안간힘을 쓰려는 노력을 모두 거부하면서, 종말을 온전히 알고 있는 상태에서 종말을 살아내는 주체다. 저스틴은 종말을 준비하기 위해 이런저런 일들을 하고 싶어 하지 않으며, 클레어의 계획이 "종말 속에서 어떻게 존재할 것인가"에 대한 계획이기 때문에 그것을 거부한다. 물론 클레어가 하는 행동은 무용하며, 무엇을 준비하든 클레어에게는 끝까지 재앙적으로 숨 막히는 상태일 것이다. 저스틴식의 거부는 모종의 행동, 예의주시, 각성을 필요로 한다. 이것은 수동성의 우울한 상태가 아니라 적극적인 상태다. 그리고 다른 방식으로 사고하고 살 수 있는 가능성에 대한 믿음과 낙관을 모두 질식시키는 클레어식 종말 준비를 소진시키는 행동이다.

라스 폰 트리에의 영화는 "가능한 것"이 모두 끝나는 상황을 새로운 것들을 가능케 하는 조건으로서 찬미하고, 나아가 "가능한 것"을 넘어 절대적 자유의 암흑을 찬미한다. 소진의 미학을 드러내는 저스틴의 자유는 아주 짧은 순간에 삶에 대한 확신을 발견한다. 자유주의 이론가들은 이런 자유를 전적으로 병리적이라고 여길 것이다. 만성적

국가가 조장하는 위험들

으로 재앙이 존재하는 미래의 상에 기반한 현재의 생존본능적 미덕으로 환원되지 않기 때문이다. 그러한 생존본능적 미덕은 재앙 논리 안에서 논박도 도전도 불가능한 순응을 요구하지만, 저스틴의 자유는 이러한 논리로 환원되지 않는다.

미래를 확신해야 하는 이유

위에서 묘사한 위험하게 살기의 기예에 대해 숙명주의적이라고 말할 사람도 있을 것이다. 또 이러한 서사가 기후변화 부인론자들에게 변명거리를 제공한다고 보는 사람도 있을 것이다. 물론 그것은 우리의 의도가 아니다(기후변화와 관련한 논쟁의 상당 부분이 지루하고 정치적 상상력을 자극하지 못한다고는 생각하지만). 우리가 짚고자 하는 바는, 회복력 전략이 생명영역에 대한 진정한 사랑을 꺾어버리고 있다는 점이다. 지구적으로 위험이 높아지고 있다는 사실이 우리가 세계를 더 낫게 변화시킬 역량이 있다는 희망을 모두 상실하게 만드는 방식으로 한탄의 원천이 되게 만들기 때문이다. 미학(특히, 묘사할 수 없을 정도의 아름다움), 감정(특히, 단지 참는 것이 아닌 사랑), 지상명령이 아닌 명령(특히, 알지 못하는 것을 환영하는 능력), 대기(특히, 긍정성으로 가득한 분위기), 정서적 경험(특히, 우리의 담론이 가진 한계를 넘어서는 사건들)과 같은 환원 불가능한 특질이 있음을 인정하는 정치 없이 어떻게 더 나은 미래를 생각할 수 있겠는가? 이 시대의 끝을 넘어서 나아가려면 미리 상상된 수렁으로 우리를 몰고 가는 재앙 이미지로가 아니라, 환원

불가능한 실체로서의 인간과 새로운 생태를 창조하며 영원히 변모하는 세계 사이에 전적으로 새로운 윤리적 관계를 요구하는 세상에 대한 헌신으로 미래를 볼 확신과 자신감을 가져야 한다.

상실이 한탄의 원천이 아니라 즐길 수 있고 긍정할 수 있는 경험이 되게 하는 방식으로 자기 자신에게 다른 존재가 될 수 있으려면, 죽음을 잘 받아들이는 법을 배워야 한다. 사는 법을 배우는 것은 결국 죽는 법을 배우는 것이다. 그러려면 주체의 유한성을 "해결해야 할 문젯거리"로 삼기보다 "가능성의 정치적 조건"으로 봐야 한다. 재앙적인 공허와 그곳에 깊이 박힌 의심을 없애고, 가능한 존재들의 열린 지평을 믿으면서 앞으로 올 사람들을 불러오는 것을 두려워하지 않는 시적 주체를 그 자리에 세워야 한다. 자크 데리다는 〈우정의 정치학〉에서 이렇게 말했다.

> 앞으로 올 것은 아마도 이것이나 저것이 아니라 "아마도"에 대한 생각, "아마도" 자체일 것이다 (중략) [우정을 사랑하기 위해서] 우리는 미래를 사랑해야 한다. 그리고 미래에 대해 말하자면 "아마도"라는 범주보다 더 합당한 범주는 없을 것이다. 이러한 사고는 우정, 미래, 그리고 "아마도"를 결합해 "다가오는 것들"이 다가오도록 문을 연다. 필연적으로, 이는 "가능화하는 힘"이 불가능한 것들을 누르고 승리하는 종류의 가능 체제에서 발생할 것이다. [단지 가능한 가능, 확실하게 가능한 가능, 미리 접할 수 있는 가능은 빈약하고 미래가 없으며 이미 정해진 가능일 것이기 때문이다.]33

여기서 우리가 요구해야 할 것은 불가능한 쪽이다. 재앙에 대한 도

국가가 조장하는 위험들

덕적인 비난을 넘어 진정으로 예외적인 정치가 세계 무대에서 상상되고 수행될 수 있도록 말이다.

이는 정치적 초점을 "취약성 담론"에서 전 지구적으로 억압 받는 사람들을 위한 "비판적 교육"으로 옮기는 것이 왜 중요한지 잘 말해준다. 정상적인 것을 거스르고, 지각할 수 있는 것의 범위를 재설정하며, 사회 변화를 위해 권력과 지식을 다시 연결시키자고 주장하는 담론, 개념, 가치, 사회적 관계는 오늘날 너무나 자주 불편한 것으로 여겨지고 한술 더 떠서 급진적으로 위험하거나 병리적으로 불합리하다고 간주되곤 한다. 질 들뢰즈가 분명하게 상기시켜줬듯이 비관주의적이거나 무력하다고 감옥에 가는 사람은 없다. 권력을 동요시키는 것은 그런 게 아니라 "진리에 대한 확신"이다. 권력은 취약한 자들을 두려워하지 않고 한탄하는 자들에게 위협을 느끼지도 않는다. 권력은 자신의 주체성과 창조적 에너지가 억압 받고 있음을 명민하게 인식하고 있는 사람들, 그리고 이미 만들어지고 있는 잠재력을 풀어놓기 위해 적극적으로 저항하고자 하는 사람들에게 위협을 느낀다. 그들에게서 "아직 오지 않은 사람들"이 생겨날 창조적 가능성을 감지하기 때문이다. 이런 점에서, 비판적 교육의 창시자 파울로 프레이리의 지혜가 우리에게 안도와 위안을 준다.

더 급진적인 사람일수록 더 온전하게 현실 속으로 들어가서 현실을 더 잘 알게 되고 변혁할 수 있게 된다. 그는 베일을 벗는 세계를 보고, 듣고, 그 것에 직면하기를 두려워하지 않는다. 그는 사람들과 만나고 대화하는 것을 두려워하지 않는다. 그는 자신이 역사의 소유주나 모든 이의 소유주라고 생각하지 않고, 억압 받는 사람들의 해방자라고 생각하지도 않는다. 그러나 그는 역사 속에서 억압 받는 사람들 편에 서서 싸우는 데 헌신한다.[34]

현재 억압 받는 자들에 대한 확신뿐 아니라 미래에 대한 확신까지 이야기한다는 것은 어떤 의미일까? 우리는 인간 진화의 역사를 애초부터 취약하게 될 운명인 채로 생존가능성을 추구해온 과정으로 보는 데 만족할 수 없다. 또한 우리는 위험에 처했다는 위기감이나 원한에서 정치가 생겨난다는 논리도 받아들일 수 없다. 정치적 현실주의자와 자유주의자는 "위험에 처한 주체"라는 상황을 "정치성이란 무엇인가"를 논하는 출발점으로 삼는다. 타자에 대한 더 본래적인 사랑(그들과의 친교와 연대 가능성 확신을 갖게 해주는 시적인 연결)이 없다면, 취약성과 위기의 감각에 기반한 모든 연대는 필요치 않다. 의심 이전에 사람들 사이에 존재하는 무언가가 없다면 어떻게 동료애를 느낄 수 있겠는가? 전략적 필요에 의해 생명들을 한데 모으는 생존 본능을 근거로 이에 반박하는 사람들도 물론 있을 것이다. 하지만 이 주장이 맞다면, 인간 주체를 얼마나 공허하고 환원주의적이고 상상력 없게 설명하는 것인가! 우리가 제기하는 도전은 사람들이 사람들 사이에, 그리고 생명영역을 향해 그 모든 변형의 경이로움 속에서 더 나은 윤리적 관계를 만들 수 있다는 확신과 자신감을 갖자는 데서만 그치지 않는다. 우리가 제기하는 도전은 주체들과 공동체들이 상호작용하는 방식을 둘러싼 진리 체계에 대한 도전이기도 하다. "확신confidence"이라는 단어는 "비밀을 털어 놓다confide"라는 동사에서 나왔지만 라틴어 어원의 뜻은 "비밀"보다는 "신뢰"에 더 방점이 있다. 어떻게 하면 우리가

국가가 조장하는 위험들

맞닥뜨리게 되는 모든 파시즘적 관계(파시즘적 지구로 이끌게 되는 관계도 포함해서)에 도전할 수 있는 확신과 자신감을 가질 수 있도록 서로를 신뢰할 수 있을까? 니체에게서 영감을 받은 이 특정한 화살로부터 우리가 새로이 던지는 화살은 시적 주체라는 개념에 확신을 가짐으로써 실현될 수 있을 것이다. 바로 여기서 현재의 재앙적 시대를 넘어서 우리를 데리고 갈, 전적으로 다른 대기적-미학적-정서적 영역을 만들어낼 가능성을 발견할 수 있을 것이기 때문이다.

이 세상을, 이 삶을 믿는 것

자유주의 체제는 몇 세기 전 자유주의의 기원에 너무나 근본적이었던 "안전의 지상명령"을 한참 넘어섰다. 한때 자유주의 체제에 정당성을 주는 것으로 보였던 안전의 약속이 "불안전하도록 짜인 상태"를 촉진하는 재앙 상상에 의해 해체되었기 때문이다. 한때 변혁과 진보의 약속으로 보였던 것들은 이제 도망칠 길을 전혀 허용하지 않는 전 생애적 위기에 자리를 넘겨줬다. 자유주의를 폐허의 이미지와 재앙의 상상에 기반한 체제로 본다고 해서 우리가 현재 살아가고 있는 (그리고 자유주의 체제들이 그에 대해 대응하고 있다고 자처하고 있는) 세상의 재앙적 속성이 실제로 존재하는 현실이라는 것을 부인한다는 말은 아니다. 하지만 현실과 상상을 분리할 수 있다고 생각한다면 잘못일 것이다. "현실"과 "상상"이라는 다른 단어를 사용하기는 하지만 이 둘 사이에는 명쾌한 구분이 존재하지 않는다. 우리는 상상을 통해 현실을 인식하고 이해한다. 우리는 정서와 감정에 심대한 영향을 미치는 "기호 체계" 안에서 지속적으로 호명되며, 우리 앞에 주어지는 특정한 상황들에 대한 이해와 감각도 마찬가지다. 또한 현실을 헤쳐 나아가기 위해 우리가 그리는 지도도 이미지로 구성된다. 자유주의 자체도 상상의 산물이다. 회복력 있는 주체라는 개념으로 구성된 오늘날의 자유주의도 그렇다. 그래서 오늘날 우리는 악몽 같은 결과들 속에 거주하고 있다.

또한 우리가 이미지들을 통해 현실을 표현하고 파악한다고 해서 그러한 이미지들이 현실에만 의존하는 것은 아니다. 이미지는 우리가 현실이라고 이름 붙이고 이해하는 것을 현실보다 앞서서 구성하고 만들어내고 산출하고 조작해서 우리가 사는 세계에 밀어 넣는다. 현재 우리가 (소유하고 있다기보다는) 노출되어 있다고 여기면서 그에 대해 취약함을 느끼는 세계의 재앙적인 속성은 우리의 상상이다. 우리의 머리가 이 세계에 속해 있는 만큼이나 이 세계도 우리의 머리에 속해 있다. 우리의 머릿속에서 이 세계는 임박한 재앙, 종의 소멸, 티핑포인트, 재앙으로 귀결될 악영향 등의 이미지에 파묻혀 가라앉고 있다. 재앙의 이미지와 현실은 끊임없이 상호작용을 하면서 결합된다. 우리가 "세계"라고 부르는 것은 이러한 뒤섞임의 발현이다.

정치는 세상을 변혁하는 기예이고, 변혁에는 세상의 변화 가능성을 상상할 수 있는 역량을 가진 주체가 무엇보다 필요하다. 세상이 현재 상상되고 있는 방식으로는 그 세상을 더 이상 참을 수 없다고 생각하면서 불가능해보이는 것을 요구하는 주체, 새로운 세상의 창조를 요구하는 주체, 상상과 이미지를 통해 만들어낸 비전이 열어준 길을 따

국가가 조장하는 위험들

라가고 긍정할 수 있는 주체, 다른 세계들이 우리가 충분히 접근할 수 있는 방식으로 생생하게 존재한다는 것과 그것이 불러올 적대를 긍정하는 주체가 필요하다. 따라서 시적 주체는 단순히 위험에서 생겨나는 것을 넘어서는 믿음을 추구하고자 하며 오래도록 사그라들어온 정치적 주체성에 다시 불을 지피고자 한다. 이제까지 이러한 정치적 주체성이 쇠퇴해온 것은 세상의 "현실"이 정치적인 것들을 솎아내도록 몰아붙였기 때문이 아니다. 정치적 주체성의 쇠퇴는 이 세상의 한계, 지구적인 위험의 임계치, 유한성의 무게, 그리고 자유주의가 규정하고 경고하는 종류의 위험(인간을 모든 한계와 경계를 넘을 수 있는 역량을 가진 종이라고 상상하면서 유한성에 대한 감각을 잃어버리는 것)에 대한 우리의 "인식"에 자유주의가 너무나 과도하게 영향을 미쳤기 때문에 발생한 것이다.

오늘날 우리는 온갖 "불안 당국"의 지배를 받고 있다. 이들의 전략적 만트라인 "회복력"은 후기 자유주의 통치가 촉진하는 재앙 상상의 산물이다. 하지만 이러한 협박에서 조금만 뒤로 물러서서 보면 여기에 정치적인 나르시시즘이 작동하고 있다는 것을 명백하게 알 수 있다. 이를테면, 우리가 전 생애적 위기라는 개념을 진지하게 받아들인다면, 더 나은 세상이 오리라는 것을 주체들이 한 번 더 상상할 수 있게 만드는 방식으로 통치하는 거버넌스를 생각해낼 수 없을 것이다. 예를 들어, 전에 없이 가혹한 처벌 시스템의 감시와 감금에 직면한 빈민 청소년들더러 자신이 처한 운명의 취약성을 받아들이라고 요구하지 말고, 그들이 비판적 교육의 가르침을 받아들여 삶의 여건을 급진적으로 변화시킬 수 있는 시적 자유와 자신감을 갖게 만드는 것이 어떻겠는가?

성장발달의 가장 초기 단계에서는 이런 것을 볼 수 있다. 이 시기에는 상상력이 갖는 변화의 힘과 비판적인 힘이 환영 받고 생명의 자질은 시적인 기여에 의해 평가된다. 파블로 피카소Pablo Picasso는 "모든 아이는 예술가다. 문제는, 자라면서도 어떻게 계속 예술가로 남아 있게 할 수 있는가다"라고 말한 바 있다. 이는 상상력의 힘만을 이야기하는 것이 아니다. 비판적 주체성의 힘에 대한 이야기이기도 하다. 상상력이 질식되면, 비판적 주체성은 긍정적인 일에 대해서조차 부정적인 불만의 형태로 표출되곤 한다. 아이가 있는 사람이라면 이런 경우를 잘 알고 있을 것이다. 하지만 우리에게는 이러한 방식을 넘어선 것이 필요하다. 이 점에서, "시적인 것"을 생각하는 데는 "소진"이 필수적이다. 소진은 우리가 덧없는 추상의 영역으로부터 정치적 주체성을 꺼내올 수 있게 해주기 때문이다. 시적으로 사는 기예는 평생에 걸쳐 연마해야 하는 것이다. 기껏 15분만 지속되는 워홀적 상업화의 영역으로 축소되어버려서는 안 된다.

이런 면에서, 인간 경험의 퇴락에 대한 우리의 진단은 여전히 칸트와의 논쟁이라고 볼 수 있다. 칸트의 사상에 역설적인 이름을 붙인다면 "칸트적 계몽주의"라고 말해볼 수 있을 것이다. 칸트의 사상은 인간이 다른 세계를 상상해볼 자유를 허용하면서도, (이 세상에 대해 알 수 있다는 것을 전제로) 이 세상이 실제로 존재할 수 있는 유일한 세상이라는 것을 언제나 잊지 않는다. 또 다른 세상의 가능성은 우리가 살고 있는 이 세상 안에서만 생각할 수 있다. 따라서 "가능한 것"은 언제나 "현실의 것"에 복종해야 한다. 즉, 또 다른 세계를 상상할 수 있는

국가가 조장하는 위험들

가능성은 이 세계를 벗어날 수 없다는 불가능성과 항상 함께 존재하게 된다. 이렇게 보면, 칸트의 계몽주의는, 그때도 지금도, "한계"에 대한 매우 강력하면서도 모멸적인 이야기다. 이 세계의 한계를 그것 없이는 우리가 생각도, 행위도, 행동도, 상상도 할 수 없는 위험한 필수품으로서 받아들여야 한다고 우리에게 요구하는 것이다. 이는 우리가 살고 있는 세계가 왜 탈정치화되었으며, 왜 구체적인 대안이나 그러한 대안을 창조하고 구축할 역량이 있는 주체에 대한 인식이 이토록 부재한지를 어느 정도 설명해준다.

자유주의 사상의 역사를 볼 때 놀라운 점은, "유한성의 주체"를 구성하는 프로젝트가 인간의 상상력을 완전히 병리화시킬 것을 요구한다는 점이다. 칸트는 냉철하고 반듯한 사람이었고, 여기에는 이유가 있다. 이성이라는 역량이 수행하는 조화로운 규율을 벗어나서 존재하는 것은 두려움의 대상이기 때문이다. 그것이 상상력을 선동하는 힘, 우리가 보고 느끼는 야생성, 그것에서 생겨나는 자유의 느낌, 생명력이 솟는 느낌, 그것이 우리 앞에 열어주는 새로운 궤적 모두가 말이다. 우리 자신을 자유롭게 하고 새로운 경험을 환영하는 것이 주는 느낌을 우리는 잘 알고 있으며 잘 알고 있어야 마땅하다. 또한 그것이 주는 상상과 이미지가 어떻게 우리가 세상을 다르게 볼 수 있게 하며 어떻게 우리가 다르게 말하고 행동할 수 있게 하는지도 우리는 잘 알고 있으며 잘 알고 있어야 마땅하다. 우리에게는 이러한 상상으로 이끌어주는 예술이 필요하며, 그러한 상상 하에서 우리 자신과 서로에게서 마주치게 되는 주관적인 상태들의 차이를 구분할 수 있어야 한다.

칸트가 일으킨 "상상력에 대한 전쟁"은 진리, 진리 말하기의 실천,

그리고 진리와 인간의 관계를 규율하려는 시도이기도 했다. 계몽주의가 우리가 진리를 말하지 못하게 막는다는 말이 아니다. 하지만 계몽주의는 진리의 생산을 규율하려 하고 진리가 생명관리정치적 권력의 새로운 체제에 복종하게 만들고자 한다. 칸트는 진리가 진리가 되기 위해서는 세계하고만 연결되어서는 안 되고 세계의 "생명"과 연결되어야 한다고 봤다. 더 정확히 말하자면, 그 자체로 유한하고 살아 있으며 보살핌과 보호를 필요로 하는 생명과 같은 세계, 그리고 인간이 미래에 대한 비전과 상상으로 그려내고 부과하는 지도와 경로의 파괴적인 잠재력에 취약한 세계와 연결되어야 한다고 봤다. "그 자체로 살아 있는 존재로서의 세계"라는 칸트의 개념은 오늘날 "생명영역"이라고 불린다. 생명영역의 생명은 자유주의적 근대를 살아가는 칸트적 주체에게 취약성의 지침을 준다. 이 이야기에 따르면, 살아 있는 존재로서 우리의 시대는 무심하게 분해되거나 해체될 수 없다. 우리에게는 따라야 할 길뿐 아니라, 우리의 길이 새겨진 이 세상에 유한한 기간 동안 생존과 양분과 생명을 의존하고 있다는 현실을 받아들임으로써 그 길을 따라 살아가는 법을 배울 수 있는 역량도 있다.

이러한 칸트의 진리 개념에 오늘날 우리가 붙인 이름이 "지속가능발전"이다. 이 담론이 말하는 세상의 속성과 인간의 상상력에 대한 매우 제약적인 처방의 기저에는 "모든 유한한 것은 생명영역에 무한히 빚지고 있다"는 개념이 있다. 이 담론은 우리가 이 세상과 앞으로 올 세상에 대해 말할 수 있는 모든 진리는 유한성, 취약성, 한계를 염두에 두고 우리가 진 빚과 책임을 인정하는 것이어야 한다고 말한다. 칸트 등이 제시한 초창기 생물학적 생명론 개념들은 "정치적 주체성"과 "자유주의적 주체성" 사이에 벌어지는 근본적인 대립을 설명해준다. 이 대립은 신자유주의 및 그것이 오늘날 전 지구적으로 호명하는 주체와 우리가 이 책에서 그 흔적을 되살리고자 시도한 근대의 정치적 주체 사이의 대립으로 이어진다.

　정치적 진리를 말하려면 세계들 사이의 갈등을 인정하고, 우리가 현재 거주하고 있고 어찌어찌 우리가 소유하고 있다고 믿고 있는 세상에 어떤 영향을 미칠지를 생각하는 데만 매몰되지 말고 도약하는 것이 필요하다. 우리가 살고 있는 현재의 세계에서 그 세계를 지탱하는 생명을 빼앗는 방식으로 생명에 대한 폭력이 필요하다. 우리가 아는 현재의 세계를 가능하게 하는 생명부양 시스템과 단절하는 것이 필요하다. 정치적 진리는 생명에 대한 보살핌만으로 말해질 수 없다! 그럴 수 있다고 보는 것은 자유주의적 근대의 거대한 기만이며, 이는 생명을 보살핀다는 명목으로 생명에게 자행된 폭력과 전쟁의 긴 역사만 봐도 쉽게 알 수 있다. 이 역설에 대해 연구하면서 우리는 주체의 정치를 되살리고자 한다면 진리, 생명, 죽음의 관계를 전적으로 다르게 사고할 필요가 있다는 결론에 도달했다. 정치적 진리는 자신의, 다른 이들의, 그리고 세계 자체의 생명을 위험에 내걸 수 있는 주체에 의해서만 말해질 수 있기 때문이다. 그들은 칸트가 주장한 생물학적 "생명의 진리"(취약성과 유한성)가 아니라 "진리의 생명"을 존중한다. 진리는 우리에 의해 말해지면서도 우리를 넘어서 살아남는 한에서만 생명을 가질 수 있기 때문이다. 어떤 진리가 말해질 가치가 있는 것이 되려면 진리의 생명력이 우리를 넘어서야 한다. 근본적으로, 칸트의 계몽주의는 생명, 세계, 죽음, 정치, 진리라는 범주와 그것들 사이의 관계를 이야기하지 않는다. 그것들을 이해하지 못했을 뿐 아니라, 그것들에 대한 오해가 계속해서 강력하게 정치적으로 영향을 미치는 세계를 만드는 데 기여했다. 신자유주의도 이러한 오해의 권력이 발현된 것이다. 그러므로 더 근본적으로, 신자유주의에 맞서는 우리의 싸움은 칸트적 계몽주의가 남긴 유산에 대한 투쟁이라고 볼 수 있다. 칸트를 잊자는 말이 아니다. 칸트는 아직 제대로 이해되거나 해석되지 못했다. 하지만 우리에게는 칸트 이외에 다른 원천도 필요하다. 이 책에서 다 다루지는 못했지만 상상력을 긍정하는 학문도 다양하게 존재한다. 하나의 고전에만 집착하는 것은 무의미하다.

상상력을 다시 유통시키고 주체가 재앙 이미지의 한계를 넘어설 역량을 갖도록 수단과 장비를 제공하자고 주장한다고 해서, 우리가 신자유주의에 저항을 표현하는 데 정치적 "이성"을 실행하는 것이 갖는 중요성을 폄하하는 것은 아니다. 지금도 그렇고, 미래에도 마찬가지다. 이성이 제공하는 지식 없이도 살 수 있을 것이라고 생각한다면 몹시 어리석은 일일 것이다. 우리가 부당하게 이용당하고 있을 때 그것을 알려주는 것은 이성이고, 우리가 살고 있는 세상이 한계가 있다는 것을 알려주는 것도 이성이며, 우리가 복종하는 질서가 불의하다는 것을 알려주는 것도 이성이고, 우리가 순응해야 하는 규칙이 불합리하다는 것을 알려주는 것도 이성이고, 우리가 꼼짝 못하고 사로잡혀 있는 권력 관계를 드러내주는 것도 이성이다. 우리가 겪는 고통의 여건들(그리고 그로부터 정치적 주체가 생겨날 여건들)은 상상이 아니다. 그것들은 실재하는 것이고 물질적인 것이며 알 수 있는 것이고 느낄 수 있는 것이다.

국가가 조장하는 위험들

이성은 칸트가 발명한 것이 아니다. 이성은 "계몽주의"에만 속한 것이 아니다. 이성은 인간의 투쟁과 지능의 오랜 도구이며, 호메로스까지 거슬러 올라가는 오래전부터 문학, 시, 사상, 예술에서 오래도록 찬미 받아온 것이다. 또한 이성은 그 자신에 대해서도 이야기한다. 다양한 실천이 끊임없이 새로이 펼쳐지고 새로이 발명되면서, 이성은 시대마다 다양한 형태와 방식의, 또 다양한 목적을 위한 지식을 드러냈다. 칸트는 오히려 이성의 가치를 절하했다고 볼 수 있다. 이성에 한계를 지우고, 경계를 두르고, 인간의 유한하고 한계가 있는 속성을 강조하기 위한 담론에 이성을 동원하고, 그 과정에서 정치적 잠재력을 상상할 수 있는 인간의 역량을 제한하고 가치 절하했다.

우리는 이성의 가치를 다시 한 번 높이 인정해야 한다. 오늘날 우리가 살고 있는 세계의 재앙적인 속성을 가장 고통스럽고 실질적으로 경험하고 있는 사람들더러 정치적 주체성이 생겨나게 할 냉철한 분노와 증오를 경험하기 위해 "상상력"을 발휘하라고 말한다면 큰 모욕일 것이다. 당신이 억압당하고 있을 때 그 사실을 알 수 있는 것은 이성이 "바로 이것이 지금 여기서 벌어지고 있는 일"이라고 알려주기 때문이다. 하지만 당신의 고통에 대해, 당신의 삶을 제약하는 것에 대해 "무엇을 할 것인가"라는 질문에 대해서는 이성이 그리 많은 것을 해주지 못한다. 물론 당신이 요청한다면 이성은 이 세상에 대해 자신이 알고 있는 것과 말할 수 있는 것에 기반해 당신이 처한 불의와 굴종의 여건에서 벗어날 길을 세심하게 따져보고 계산하고자 노력할 것이다. 하지만 그런 식으로 따져본다면 결국에는 이런저런 방식으로 당신을 다시 이 세계로, 이 세계의 생명 형태로 다시 돌아오게 만들게 될 뿐이다.

2,000여 년 전에 호메로스가 〈오디세이odyssey〉에서 보여준 것이 이런 종류의 이성 이야기다. 우리가 긴 여정 끝에 결국 한 바퀴를 돌아 예전의 땅으로 돌아가는 오디세우스가 되고자 한다면, 이성은 우리의 가장 소중한 친구다. 오스카 와일드식으로 말하자면, 합리적인 주체는 언제가 그가 어디로 가고 있는지 알고 반드시 그곳에 도달한다. 그곳 말고는 아무 데도 도달하지 않기 때문이다.[35] 합리적인 주체는 자신이 가진 삶에 천착하고 자신이 살고 있는 세계에 천착하면서 세상의 풍파와 난관을 수완 있게 헤치고 세상이 그에게 던지는 도전에 대해 자신의 삶의 형태를 영원히 적응시킨다. 하지만 또 다른 삶, 또 다른 세계에 접할 수 있는가의 문제에 대해서라면 이성은 우리를 돕지 못한다. 여기에는 주관적인 경로와 상상력이라는 변혁적인 힘이 필요하다. 이성은 아무것도 상상하지 않는다. 이성은 창조하지 못하고 변혁하지도 못한다. 물론 이성도 이것을 잘 알고 있다. 이성이 가진 이러한 한계를 우리에게 알려주는 것도 바로 이성이다. 이성은 새로운 세계들을 열어주지 못한다. 하지만 현재의 세계에서 생존하게 해주기는 한다. 따라서 우리는 이성이 잘 못하는 일을 이성더러 수행하라고 요구하지 말아야 한다. 이성이 수행하기에 전적으로 적합한 문제들은 아주 많다. 하지만 집단적인 정치적 변혁은 그중 하나가 아니다. 이를 위해서는 상상력 쪽으로 눈을 돌려야 한다. 이성 자체도 자신이 이 일에는 적합하지 않다고 말할 것이다.

"나는 이성이다. 나에게 당신을 도우라고 요구하라. 그러면 나는 최선을 다할 것이다. 나는 이성적이기 때문이다. 하지만 나는 내가 이성

국가가 조장하는 위험들

적임을 알고 있기 때문에 내게 한계가 있음도 알고 있다. 그리고 또 다른 힘, 나와는 다르고 모든 면에서 "내가 아닌 것"으로 규정되는 또 다른 힘이 있음도 나는 알고 있다. 이 세상의 한계들을 변혁하는 것이 당신이 당면한 문제라면 당신은 내가 아니라 그 힘에게 도움을 청해야 한다. 그 힘은 상상력이다."

이성에서 상상력으로의 전환은 이성의 한계에 대한 이성적 인식에서 나오는 것이다. 따라서 이성이 정치적 주체성의 발현과 변혁적 행동에 개입하지 않기로 하는 것도 이성이 진화하고 성숙했기 때문에 가능한 것이다. 우리가 상상력이 제시하는 길을 따를 수 있는 것은 이성, 그리고 이성의 겸손한 자기평가 덕분이다.

우리가 강조하고 싶은 이성의 효용이 하나 더 있다. 오늘날의 이른바 급진 정치사상을 보면서 마음이 불편했던 부분(이 책을 쓰는 계기가 되기도 했던 부분)은 그 사상들이 단지 상상력이 빈곤하기만 한 것이 아니라 매우 부적절하기까지 하다는 점이었다. 새로운 정치적 주체에 대한 비전과 그 비전이 제시하는 "함께함"의 방식이 너무나 공허해서 투쟁의 여건 속에서 새 전선을 열어젖히는 힘이 너무 약한 것이다. 우리는 이것이 오늘날 좌파의 전략적 실수라고 생각한다. 이런 전략은 사람들이 신자유주의 거버넌스의 막다른 길에서 고통만 받게 만들 뿐이다. 이런 비전의 부적절성은 이성을 동원해야만 인식할 수 있다. 정치적 이성이라는 더 고차원적이고 사려 깊은 형태를 동원함으로써 우리는 우리의 상상력이 자유주의 권력의 인식론에 여전히 지배당하고 있으며 그것에 공모하고 있음을 파악할 수 있다.

이 책의 목적은 취약성, 회복력, 적응성의 담론이 신자유주의적 주체를 유의미하게 능가할 수 있는 대안적 정치 주체의 상을 제공할 수 없음을 보이는 것이다. 그런데 안타깝게도, 바로 이러한 취약성, 회복력, 적응성의 담론이 (신)자유주의에 반대한다는 (좌파) 사상들의 인간관에, 즉 인간이 본질적으로 무엇이며 무엇이 될 수 있는가에 대한 상상에도 크게 영향을 미쳐왔다. 단순히 상상력이나 비전만 이야기만 하는 것은 값싼 것이다. 우리는 좋은 예언자와 나쁜 예언자를 구분하기 위해 이성의 냉철함을 활용해야 한다. 그리고 "이상적인 주체"에 대한 클리셰가 유통되는 것을 우리 스스로 규율해야 한다. 그래야 상상의 질이 유지될 수 있다. 멍청이도 꿈은 꾼다. 중요한 것은, 어떤 꿈이 클리셰를 파괴하고 새로운 세계와 새로운 삶의 형태들을 만드는 데 효과가 있을 것인가다. 이러한 전략적이고 시적인 문제제기를 하려면 이성이 꼭 필요하다. 우리는 우리가 맞서 싸우고자 하는, 우리가 반대하고자 하는 주체가 무엇인지 속속들이 알아야 한다. 그래야 그것을 그저 또다시 되풀이하는 일을 막을 수 있다. 시는 알아서 저절로 생겨나는 게 아니라 우리가 만드는 것이다. 이는 상상력의 역할을 기대하고 고대하는 사람들과 상상력의 질에 대한 냉철한 평가가 지속적으로 함께 존재해야만 가능하다. 우리는 우리 자신을 속속들이 알아야 한다. 우리가 경계해야 할 것은 이성의 발휘 자체가 아니라, "상상력"이라는 이름으로 유통되지만 사실은 인간의 역량을 박탈하는 주류 이미지에 순응하는 쪽으로만 이성을 발휘하는 것이다.

오늘날의 정치 문제를 푸는 일이 정치적 잠재력으로 충만한 인간이라는 대안적 이미지를 그것이 실제로 존재하지 않는 현실에서 철학적으로만 구성하면 되는 일이라는 말은 아니다. 의미 있는 창조와 행위가 불가능한, 가치 절하된 자유주의적 인간 이미지는 진정한 키메라다. 자유주의 체제는 회복력 있는 주체의 가능성과 필연성을 상상하는 데 막대한 노력을 들여야 했다. 이 주체는 자신의 통제 밖이라고 여겨지는 외부 세계에 기껏해야 적응할 역량 밖에는 가지지 못하는데, 실제의 현실에서 인간은 창조하고, 행동하고, 상상할 정치적·변혁적 잠재력이 가득한 존재이기 때문이다. 자유주의는, 인간이 자신의 상상력을 벗겨내고 그저 회복력 있고 적응력 있는 삶만 살게 되는 세상을 상상한다. 하지만 현실에서 삶은 어디에서도, 누구에게서도 그런 식으로 살아지지 않는다. 오디세우스는 그 자신도 말했듯이, 누구도 아니었고 무엇도 아니었다. 그는 어디에도 존재하지 않았고 어디에서도 발견될 수 없었다.

우리는 온갖 재앙으로 가득한 자유주의적 악몽의 마지막 장면들을 넘어서 살아가고 있다. 자유주의가 촉진하던 이미지가 분열하고 있고 자유주의적 주체 개념이 소진되고 있다는 것은 명백해보인다. 우리는 "다르게 생각할 수 있는" 정치 철학을 믿어야 한다. 현실적이고 실천적으로 생각해서, 우리는 우리가 살고 있는 현실에, 생겨나고 있는 투쟁에, 분출하고 있는 인간 생명과 정치의 새로운 형태들에 집중해야 한다. 그러면 자유주의 학계에 여전히 안주하고 있는 인간 이미지가 놓여 있는 장치들을 볼 수 있게 된다.

이 책의 맨 앞에서 소개한 들뢰즈의 인용문이 말하듯이, "이 세상을, 이 삶을 믿는 것"은 오늘날 철학자와 정치 사상가에게 가장 어려운 임무일 것이다. 하지만 자유주의 철학자와 정치 사상가들이 상상해서 우리에게 부여한 세상과 삶은 이미 (완전히는 아닐지라도) 거의 끝났다. 여전히 우리의 임무, 우리 시대의 정치적 임무는, "최종적으로 사는 법"을 배우는 것이다. 우리 시대의 재앙을 넘어 번성하는 것이다. 그럼으로써 자유주의의 죽음을 선포하고 더 시적인 주체를 자신 있게 환영하는 것이다.

| 에필로그 |

질 들뢰즈와 펠릭스 가타리의 저서 《안티-오이디푸스Anti-Oedipus》 (1972)에 미셸 푸코가 쓴 서문은 모든 정치학도가 실증주의의 압제에 물들기 "전에" 반드시 읽어야 할 글이다. 푸코의 저술을 두고는 비판을 위한 비판이 난무하지만, 이 글은 우리가 그런 식의 진부한 독해에 빠져들지 않게 할 만큼 강렬하고 명료하게, "해방된 존재"를 향한 길에서 정치적 지침으로 삼을 만한 지점들을 제시한다. 푸코는 파시스트적 경향을 새로이 드러내며 지배력을 강화해가던 신자유주의뿐 아니라 이른바 정통 좌파 또한 비판의 대상으로 삼았다. 이는 좌파가 자신의 지향과 방식대로 권력에 도전하는 데는 실패하고 기껏 동원한다는 정치적 기술arts politica은 되레 억압을 영속화하는 데 일조하고 있던 당시의 상황을 반영한다.

푸코는 "부정의 범주들"에 충성하기를 떨치고 나올 역량이 없는 "(이론의) 슬픈 투사들"을 단도직입적으로 비판했다. 이 비판은 오늘날 더욱 시의성이 크다. 부정의 범주가 그 어느 때보다도 교조적으로 힘을 발휘하고 있기 때문이다. 다만 오늘날에는 진리의 자리에 등극한 "[생명의] 취약성"이라는 새 옷을 입어서 외양이 바뀌었으며, 이것이 우리가 이 책에서 제기하려는 문제의 핵심이다. 푸코의 1972년 글을 21세기의 새로운 권력 지형에 따라 재해석하면서, 우리는 정치적 의미를 갖는 학술 프로젝트라면 다음과 같은 원칙을 따라야 마땅하다는 생각에 도달했다.

① 보편 법칙의 휘장으로 자신을 포장한 것은 무엇이든 깊이 의심하라. 정상적인 상태에서는 질문되지 않는 것들에 문제를 제기해야 한다.

② 권력의 작동을 평가할 때는 자기고결성과 자기정당화에 빠져드는 식의 분석을 넘어서라. 권력의 작동이 일으키는 구체적인 효과, 특히 [피통치] 주체들이 정치적 자유를 기꺼이 포기하게 만드는 조작의 방식을 분석의 초점으로 삼아야 한다.

③ 주체의 긍정적인 특질을 중시하라. 이는 모든 형태의 파시즘에 맞서는 싸움에서도 꼭 필요하지만 우리를 세상의 자비에 굴종하게 만들려는 자들의 나르시시즘에 도전하는 데도 꼭 필요하다.

④ 세상을 변혁할 수 있는 역량에 대해 확신을 가지고 말하라. 꼭 더 나은 쪽을 위해서라기보다는 세상의 변혁 자체를 확신한다는 의미에서다. 앞으로 올 사람들에 대한 헌신을 공개적으로 표명하지 않는다면 투쟁은 이미 진 것이다.

⑤ 도발을 정치적 도구로 활용하라. 극단적인 견해를 뒷받침하기 위해서가 아니라, "정상적인" 범주에 모든 것을 밀어넣으려 혈안이 된 권력이 조금이라도 예외적으로 보이는 것을 얼마나 두려워하는지 드러내기 위해서다. 물론 시詩적인 도발도 여기에 포함되어야 한다.

⑥ 인간 존재의 특질 중 단순한 원칙이나 범주로 환원될 수 없는 것들을 신뢰하라. 우리의 느낌과 감정, 우리가 숨 쉬는 공기, 우리가 받아들이는 미학, 우리가 써내려가는 이야기, 우리가 구성하는 유쾌한

페르소나, 이 모두가 새로운 사상의 이미지를 구성하는 필수 요소다.

⑦ 사람들을 신뢰하라. 사람들은 그들이 용납할 수 없는 것, 그들이 억압적이라고 느끼는 것에 저항할 것이며, 우리가 아무리 최선을 다해도 풀지 못할 문제들에 대해 그들 자신의 존엄하고 품격 있는 해결책들을 찾아낼 것이다.

⑧ 갈등을 회피하려 하지 말라. 갈등 없이는 권력에 대한 저항도 있을 수 없으며 권력에 대한 저항 없이는 대안적 존재를 만들 가능성도 있을 수 없다.

⑨ 자신의 정치적 지향을 온전히 드러내라. 정치적 지향을 글에 모호하게 추상화해 숨겨놓지 말아야 한다. 이러한 기만은 자신의 권력이 미미함을 부끄러워하는 자들이나 하는 짓이다.

⑩ 여러 면에서 의미 있게 정서적 반향을 울릴 수 있는 진실을 용감하게 이야기하라. 지적인 자극도, 정서적인 감동도 주지 않는 글이라면 독자 앞에 나올 가치가 없다.

행복을 기술적으로 추구해서는 답을 찾을 수 없듯이, 다르게 살도록 상상력을 자극하지 못하는 정치 저술은 설득력이 있을 수 없다. 의미 있는 정치 저술은, 말이 되고 유익하고 시대의 논리에 부합해보이는 것들에 도전하는 데서 시작된다. 우리 두 사람 모두 이러한 관점을 가지고 이 책의 문제의식에 도달했다. 회복력 개념이 도처에 퍼지고 있다는 것을 우리가 다른 사람들보다 일찍 포착했으므로, 이 개념에 정치적인 비판을 제기하는 책으로는 이 책이 처음일 것이다.

회복력 개념이 이미 여러 분야에서 상당히 널리 쓰이고 있는 와중에, 정치학은 그것이 일으키는 영향에 완전히 공모하고 있는 것으로 보였다. 안전 담론, 개발 담론, 생태 담론이 하나로 합쳐져 "시스템적 회복력"이라는 개념을 상호 육성하면서 정치 담론의 어휘에도 회복력이 포함되었지만, 곧 이 용어는 회복력이라는 의제와 회복지향적 태도를 가진 학자들을 육성하고자 하는 연구지원 기관과 인적자원 부서들이 단골로 동원하는 낱말이 되고 말았다. 우리는 회복력이 정교한 개념 규정 없이 흥미로운 관심사 수준으로 이야기되던 데서 어떠한 비판적 성찰도 허용하지 않는 보편 도그마로 너무나 빠르게 바뀐 것이 우려스럽다. "모두가 더 회복력 있게 되는 방법을 배워야만 한다"고 설파하는 만트라mantra가 널리 퍼진 것에 주목하면서, 우리는 회복력 도그마dogma가 이토록 빠르게 부상할 수 있게 한 존재론적·인식론적 가정들에 문제제기하고자 한다.

여기에는 매우 중요한 정치적 의미가 걸려 있다. 이미 회복력 담론은 연구자들에게 억압 받는 사람들의 삶을 향상시키기 위해 회복력의 요소와 육성 방법을 연구하라고 말하는 수준을 한참 벗어났다. 회복력 개념은 "영속적인 위기의 시대"에 유의미한 생명과 무가치한 생명을 가르는 기준과 방법을 새로이 제시하면서, 인간 존재와 경험의 모든 측면에 영향을 미치는 새로운 형태의 정치적 개입을 드러내고 있다.

하지만 학계의 구성원이 회복력 있게 된다는 것은 어떤 의미일까? 회복력 개념에 문제제기하는 것을 소용없어 보이게 만드는 기저의 가정들은 무엇일까? 이러한 가정들 상당수는 정책 영역, 그리고 생태학, 경제학, 심리학 분야에 널리 퍼진 도그마들만 봐도 명백히 알 수 있었다(회복력 담론과 관련해서는 이 분야들이 정치학보다 우위를 점하고 있는 데, 그도 그럴 것이 정치학계는 한때 정치학이 가졌[다고 생각했]던 독보적 지위가 쇠락한 것을 애도하고만 있었기 때문이다). 회복력 담론은 첫째, 불안전과 불안정이 마치 자연질서인 것처럼 이야기하고 있었고, 둘째, "피할 수 없는 재앙"에 대해 회복력이 논리적으로 가장 합당한 반응이라는 재앙 논리로 회복력을 도덕적 지상명령의 위치에 등극시켰으며, 셋째, 회복력이 우리 모두가 가진 "보편" 특질이고 이 특질은 우리가 적응력과 복원력을 높이는 데 필요한 복잡한 기술들을 습득하도록 요구한다고 말하고 있었다.

생존가능성만 생각한다면 다 맞는 말이지만 정치적 시사점을 생각한다면 이야기가 달라진다. 이를테면, 학자로서 우리는 우리의 연구 환경이 애초부터 불안정하도록 짜여 있다는 것을 받아들여야 하는가? 우리는 지식 생산자로서 우리가 취약하고 위태로운 처지라는 것을 하릴없이 인정하고서 교육도 다른 영역과 마찬가지로 결국에는 재앙적인 실패로 귀결될 것이라고 생각해야 하는가? "취약성"을 학문의 기초로서 촉진하는 세계에 사회학자와 인문학자가 적극적으로 참여한다는 것은 어떤 의미인가? 신자유주의의 영향으로 학계에서의 성공이 이 시대의 지배적인, 그러나 위기가 가득한 만트라에 위태롭게 순응하는 것을 의미하게 된 상황에서, 생존가능성에 복무하는 학문은 어떤 모습을 띨 것인가? 어떻게 해서 우리는 재앙을 받아들이는 것이 개인과 사회가 미래를 위해 잘 처신하기 위한 출발점이라고 생각하게 되었는가? 후기 자유주의 통치가 촉진하는 "재앙의 상상"을 넘어설 수 있는 가능성, 정치적 공동체 의식의 새로운 상을 구성해낼 수 있는 가능성을 우리에게서 부정해버린다는 것은 어떤 의미인가?

우리는 '감사의 글'이 갖는 의미에 대해서도 다시 생각해봐야 했다. 학술 프로젝트에 대해 위에서 개괄한 원칙에 맞게 감사를 표한다는 것은 어떤 의미여야 하는가? 우리는 훌륭한 학자들과 함께 아이디어, 생각, 질문들을 논의하며 개인적으로 막대한 도움을 받았다. 물론 깊이 신뢰하는 사람들이어서 우리의 생각을 나눴지만, 책이 나올 때까지 기밀 유지하듯 함구해주기를 기대했다는 의미는 아니다. 우리는 아이디어를 공유하는 것에 아무런 두려움이 없다. 우리 한 사람 한 사람 모두가 여러 가지 의미에서 협업자다. 그리고 엄정한 비판과 가차 없는 도전을 제기해줄 사람들에게 글을 보여줄 수 있어야 그것을 진정한 우정이라고 말할 수 있을 것이다. 우리는 ["비밀리에in confidence"가 아니라] "깊은 신뢰와 확신을 가지고with confidence" 그렇게 했다. 우리의 동료들 중 언제나 비판적인 시각을 잃지 않는 사람들, 권위에 맞서 진실을 말하기를 두려워하지 않는 사람들에게 가장 먼저 감사를 전한다. 이들의 이름은 책 내용 중에 많이 언급되어 있으므로, 우리에게 영감을 준 원천에 대해 더 알고 싶은 독자들은 참고할 수 있을 것이다.

학계에서 연구자들은 점점 더 "기밀"이라는 기만의 판에 들어가도록 강요받는다. 한편, 우리는 연구 내용에 대해 소유권을 주장하고 독창성을 인정받아야 한다. 이에 수반되는 조악한 성과평가는 확고히 짜인 기성의 판에서 진정으로 독창적인 사고가 나오는 법이란 없다는 생각을 비웃는 듯하지만 말이다. 다른 한편으로 다들 말하기를, 우리는 누구의 연구든 오늘날에는 아주 짧은 기간 동안만 의미가 있으리라는 현실을 받아들여야 한다고 한다. 다음 번의 (그리고 이미 만들어지고 있는) 위기가 그 온갖 재앙적 요소들을 가지고 닥쳐오면 이전의 모든 연구는 적합성을 잃게 되리라는 것이다. 그렇다면, 오늘날 학계에서 연구자의 삶은 후기 자유주의 시대를 살아가는 모든 이들의 삶과 마찬가지로 취약하고 위태로운 삶인 셈이다. 대학 본연의 의미를 되찾아야 한다는 확신과 원칙은 사라져가고 있으며, 우리가 듣는 조언은 오늘날의 학계 현실을 받아들이라는 것 일색이다. 하지만 우리가 동료 학자 및 학생들과 함께 공공연히 선포하고자 하는 우정은 이런 모델을 거부한다. 이런 모델은 잘해야 밋밋한 학문을 촉진할 뿐이고, 나쁜 쪽으로는 학자들을 막무가내로 줄 세우려 하는 정직하지 못한 출세주의자들이 현재의 새로운 불안정성을 마치 언제나 존재했던 자연스러운 상황인 것처럼 포장하게 만든다.

이런 의미에서, 우리는 지식인의 의미에 걸맞은 지식인들에게 감사드린다. 이들은 권력이 책무를 다하도록 요구하는 것이 대학의 본질적인 기능이라고 여전히 믿는 사람들이다. 우리는 학문의 가치를 수량화하는 조악함을 거부하고 "비판적 교육critical pedagogy"을 추동할 동기를 찾아내는 사람들, 단지 공공재로서의 교육의 가치 때문만이 아니라 존엄하고 자유로운 삶을 상상해내고 일궈갈 수 있게 해주는 시적인 것, 불가능한 것, 손에 잡히지 않는 것들에 대한 사랑 때문에 그렇게 하려는 사람들에게 감사를 전한다. 평생에 걸쳐 원칙을 가지고 연구에 임하는 학자들에게 우리는 계속해서 큰 감동과 영감을 받는다. 그러므로 그들의 학문은 너무나 자주 1차원적으로만 파악되는 오늘날의 해석을 넘어 더 오래 살아남을 것이다.

학계는 불안하고, 때로는 대놓고 적대적이기도 한 공간이다. 특정한 학과나 운동의 "내부"에 있어본 적이 없는 사람들에게는 더 그렇다. 새로운 것을 죄다 심사하고 검열해야만 "학파"라는 게 만들어지기라도 한다는 듯이 말이다. 우리도 "사상 경찰" 노릇을 하려는 동료와 맞닥뜨려본 경험이 있다. 이들은 오늘날과 같은 시도의 시기에조차 우리의 연구가 드러내는 학문적 차이를 환영하기보다 질식시키고 싶어 했다. 하지만 우리가 원칙에 충실하게 연구를 지속할 수 있도록 지지와 지원을 아끼지 않은 학자와 연구기관도 많았다. 그들에게 감사를 전한다.

"부재중"인 상태로 우리와 협업한 사상가들에게도 고마움을 표하고 싶다. 프리드리히 니체, 미셸 푸코, 한나 아렌트, 질 들뢰즈, 자크 데리다는 "또 다른 정치적 상상"이 가능함을 알려줬고, 프란츠 카프카Franz Kafka, 잉그마르 베르히만Ingmar Bergman, 브레톨트 브레히트Bretolt Brecht, 루이스 캐롤Lewis Carroll, 조지 오웰, 사무엘 베케트, 프랜시스 베이컨Francis Bacon, 필립 K. 딕Philip K. Dick은 오늘날에도 여전히 공명하는 통찰력과 창조력을 보여줬다. 우리의 연구는 정치적 상상을 정상화의 논리에 복종시키려는 시도에 맞서 시적인 것의 편에 서고자 했던 사람들에게 크게 빚지고 있다. 진정으로 혁명적인 인물들, 오늘날에도 계속해서 우리 존재를 가장 창조적이고 긍정적이며 설득력 있는 방식으로 재구성해주는 역사적 현재의 시적 주체들에게 감사를 전한다.

책이 갖는 가장 경이로운 위력이라면 과거, 현재, 미래가 서로 마주치고 부딪히게 할 수 있다는 점일 것이다. 책에는 우리의 모든 과거 경험이 녹아들어간다. 많은 것이 당시에는 그저 지나가는 일로 보이거나 중요치 않아 보이지만 나중에 우리가 세계를 (궁극적으로는 언제나 "우리의 세계"일 수밖에 없는 이 세계를) 파악하는 데 심대하게 영향을 미치곤 한다. 우리가 중요성과 고마움을 잊기 일쑤지만, 이러한 우연적인 만남들과 짧은 교란의 순간들은 우리의 정신에 복잡한 아카이브를 구성하고, 다시 이는 우리 존재의 물질적, 비물질적 측면들에 연결된다. 이에 더해, 어느 책이든 책에 담긴 내용 자체를 넘어서 반향을 일으킬 가능성에 열려 있다. 책이 어떤 식으로든 "영향력"이 있으려면, 집필하던 동안에 저자가 상상하지 못했던 방식으로 모종의 기능을 수행해야 하는 법이다. 물론 악의적이고 자의적인 오독 가능성에 노출될 수 있다는 뜻이기도 하지만, 이 책이 독자들의 사고에 변화를 일으키는 데도 기여할 수 있다면 기쁘겠다. 복음이나 신조로서가 아니라, 우리에게 세상의 자비에 굴종하라고 요구하면서 권력을 남용하고 존재의 다채로운 색상을 단색조로 만들어버리는 사람들에게 대항할 새로운 주체를 구성하는 데 영감을 주는 계기로서 말이다.

일찍이 니체는 알지 못할 후세의 학자가 주워서 새로운 방향으로 쏠 수 있게끔 화살을 쏘아놓았다. 이제 우리가 쏘는 화살을 통해 우리와 그런 만남을 갖게 될 미래의 학자, 학생, 시인들에게 감사와 환영의 인사를 전한다. 우리는 그들이 새로운 시대에 대한 희망을 가지고서, 또한 계속해서 파시즘적 지구를 구성하려 하는 정치적 상상에 맞서서, 우리의 삶을 계속해서 변혁시켜나가리라고 확신한다.

위와 같은 점을 전제로 하되, 이 책을 쓰는 데 구체적으로 도움을 준 분들에게 감사를 전하고자 한다. 우리 둘 다 덴마크 코펜하겐에서 열린 '회복력 워크숍Resilience Workshop' 담당자들에게 감사드린다. 이 워크숍을 통해 우리의 프로젝트가 (정책 분야에서 받아들여지기에는 시의적절하지 않았을지 몰라도) 매우 중요한 프로젝트라는 점을 다시금 확신할 수 있었고 많은 지적 자극을 받을 수 있었다. 또한 루이스 나이트Louise Knight를 비롯한 폴리티 출판사 팀의 전문성, 직업윤리, 헌신성, 비판적인 시각에 경의를 표한다. 이들은 순응에의 압력과 적당히 가려는 유혹이 출판계에 점점 퍼져가는 상황에서도 등대처럼 군건히 제자리를 지켜주고 있다.

우리 각자가 감사를 전할 사람들도 있다. 먼저 브래드 에반스는 다음 분들에게 감사를 전한다. 브리스톨 대학 톰 오스본Tom Osborne이 보내준 지지와 조언, 그리고 진정한 학문 공동체를 일궈췄던 브리스톨 대학 '글로벌 불안전성 센터Global Insecurities Centre' 동료들에게 고마움을 전한다. 헨리 지루, 마크 더필드, 마이클 샤피로Michael Shapiro, 사스키아 사센Saskia Sassen, 샘 웨버Sam Weber, 사이먼 크리즐리, 그레그 램버트Gregg Lambert, 케이스 테스터Keith Tester, 테렐 카버Terrell Carver, 레이먼드 부시Raymond Bush, 마이클 딜런Michael Dillon에게서도 지속적으로 커다란 조언과 영감을 받았다. 여러 사안에 대해 열정적이고 시적인 조언을 보내준 나딘 보리코박Nadine Boljkovac의 우정에도 고마움을 전한다. '생명관리정치의 미래 연구회Society for the Study of Bio-Political Futures' 동료들에게도 감사를 전한다. 이토록 활력 있고 너그러우며 개척적인 연구자들의 모임에 일원으로 참여할 수 있어서 영광이었다.

과거와 현재의 학생들 또한 언제나 강렬한 영감의 원천이었다. 자신의 학문적 한계 때문에 학생들에게 밋밋한 것만 가르치려 하는 사람들의 기만과 도그마에 도전하는 정신을 잃지 말기를! 마지막으로 가족의 따뜻한 지원과 사랑에 감사를 전한다. 크리스틴, 그리고 너무나 매혹적인 어린 시절을 거쳐 가고 있는 딸 아멜리에가 없었다면 이

국가가 조장하는 위험들

모든 일이 가능하지 않았을 것이다.

다음으로 줄리언 리드는 다음 분들에게 감사를 전한다. 말레이시아 노팅험 대학의 동료들, 핀란드 '국제문제연구소Institute for International Affairs'의 미카 알톨라Mika Aaltola, 라플란드 대학 동료들, 그리고 캐나다 웨스턴 온타리오 대학의 댄 멜람피Dan Mellamphy와 난디타 멜람피Nandita Mellamphy가 컨퍼런스에 연사로 불러준 덕분에 이 책에 실린 아이디어들을 먼저 선보이고 의견을 들을 수 있었다. 스페인 마드리드 대학의 IPSA 컨퍼런스, 포틀랜드에서 열린 서구정치학회Western Political Science Association 연례 컨퍼런스, 뉴욕과 시애틀에서 열린 미국지리학회Association of American Geographers 연례 컨퍼런스, 미국 프로비던스에서 열린 국제학회International Studies Association 북동지역 컨퍼런스, 브라질 리우데자네이루에서 열린 글로벌 연구Global Studies 컨퍼런스, 세르비아 벨그레이드에서 열린 '되돌아보는 국가와 국가 건설: 이론과 실제State and State-Building: Theory and Practice in Retrospect' 컨퍼런스, 인도 방갈로르 국가고등연구소National Institute for Advanced Study에서 열린 '국가 안보와 전략적 맥락National Security and Strategic Contexts' 컨퍼런스, 뉴올리언즈에서 열린 국제연구학회International Studies Association 컨벤션 등에서 유용한 통찰을 제공해준 참석자들에게 감사를 전한다.

포르투갈 코임브라 대학에서 열린 '폭력과 환경 워크샵Violence and the Environment Workshop', 영국 더럼 대학에서 열린 '기후변화, 이주, 국경 연구Climate Change, Migration and the Border Research' 컨버세이션, 독일 함부르크 대학에서 열린 '기후변화가 야기한 이주에 대한 비판적 접근Critical Approacherse to Climate-Induced Migration' 워크숍, 영국 리즈 대학에서 열린 '신의 죽음 이후의 정치 폭력Political Violence after the Death of God'워크숍, 스웨덴 스톡홀름 국제문제연구소Institute of International Affairs에서 열린 '국제개발안보 네트워크International Development-Security Network'워크숍, 호주 그리피스 대학에서 열린 '생명관리정치적 주체를 넘어서는 정치Politics Beyond the Biopolitical Subject'워크숍, 칠레 산티아고 디에고 포르탈레스 대학에서 열린 '공공의 것과 생명관리정치Biopolitics of the Commons'콜로퀴엄, 핀란드 이나리에서 열린 '칼로트 아카데미Calotte Academy', 런던 웨스트민스터 대학에서 열린 '뇌의 정치Politics of Brain'워크숍, 이탈리아 볼로냐 대학에서 열린 '탈식민적 현재에 미셸 푸코 읽기Reading Michel Foucault in the Postcolonial Present'심포지엄, 오스트리아 빈 대학에서 열린 '개발과 식민주의Development and Colonialism'워크숍, 뉴질랜드 더니든의 오타고 대학에서 열린 '취약성Vulnerability'심포지움, 인도 콜카타 스와부미에서 열린 '개발의 생명관리정치Biopolitics of Development'워크숍, 핀란드 라플란드 대학에서 열린 '기후변화와 인간 안전Climate Change and Human Security'워크숍도 매우 유익했다.

다음 분들의 친절한 초청과 환대에도 감사를 전한다. 기데온 베이커Gideon Baker, 앤드류 볼드윈Andrew Baldwin, 올리버 벨처Oliver Belcher, 데이비드 챈들러David Chandler, 산드로 메자드라Sandro Mezzadra, 요한나 옥살라Johanna Oksala, 무스타파 파샤Mustapha Pasha, 마나스 레이Manas Ray, 라나비르 사마다르Ranabir Samaddar, 조르지오 샤니Giorgio Shani, 아니카 스코그룬드Annika Skoglund, 엔스 소렌슨Jens Sorensen, 모니카 텐버그Monica Tennberg, 벤 트로트Ben Trott, 미구엘 배터Miguel Batter, 조프리 화이트홀Geoffrey Whitehall. 또한 터키 샤히르 대학에서 '임마누엘 칸트에게 보

내는 공개 편지An Open Letter to Immanuel Kant'퍼포먼스를 하도록 초청해준 마이클 딜런과 스웨덴 스톡홀름의 MDT에서 '큐리어스 오렌지, 파라노이드Curious Orange, Paranoid'퍼포먼스를 하도록 초청해준 마르텐 스팽버그Marten Spangberg에게 감사를 전한다. 두 행사 모두 이 책의 동력이 된 상상에 막대하게 기여했다. 라플란드 대학과 이스탄불 공대의 '개발의 생명관리정치와 안전' 수업, 그리고 라플란드 대학의 '글로벌 생명관리정치' 대학원 수업에 참여한 학생들에게도 고마움을 전한다. 연구 지원금을 제공해준 핀란드 아카데미, 유럽연합, 라플란드 대학에도 감사를 전한다. 마지막으로 "포스트 생명관리정치적 주체"로서 내 곁에서 전적으로 놀라운 영감의 원천이 되어준 산드라 롤렉스에게 깊은 고마움을 전한다.

2013년
브래드 에반스, 줄리언 리드

| 주 |

제1장 불확실한 인류의 미래

1   Friedrich Nietzsche, *On the Genealogy of Morals*(Indianapolis, IN: Hackett Publishing, 1998).

2   Brad Evans, *Liberal Terror*(Cambridge: Polity Press, 2013).

3   Paul Crutzen and Christian Schwagerl, 'A New Global Ethos'. 다음에서 볼 수 있음. http://e360.yale.edu/feature/living_in_the_anthropocene_toward_a_new_global_ethos/2363/

4   Johan Rockström, Will Steffen, Kevin Noone et al., 'Planetary Boundaries: Exploring the Safe Operating Space for Humanity', *Ecology and Society* 14(2) (2009), Article 32.

5   다음을 참고하라. Manuel De Landa, *1000 Years of Non-Linear History*(New York: Zone Books, 1997).

6   Slavoj Žižek, *Living in the End Times*(London: Verso, 2011), p. 331.

7   Intergovernmental Panel on Climate Change(IPCC), *Managing the Risks of Extreme Events and Disasters to Advance Climate Change Adaptation*(Cambridge: Cambridge University Press, 2012), p. 3.

8   IPCC, *Managing the Risks of Extreme Events and Disasters*, p. 32.

9   Žižek, *Living in the End Times*, pp. 332, 333.

10 IPCC, *Managing the Risks of Extreme Events and Distasters*, p. 33.

11 같은 책, p. 38.

12 다음을 참고하라. Giorgio Agamben, *Homo Sacer: Sovereign Power & Bare Life*(Stanford, CA: Stanford University Press, 1998).

13 Brad Evans and Mark Duffield, 'Bio-Spheric Security: How the Merger between Development, Security and the Environment Nexus [Desenex] is Retrenching Fortress Europe'. 다음에 수록됨. P. Burgess and S. Gutwirth(eds), *A Threat Against Europe? Security, Migration and Integration*(Brussels: VUB Press, 2011).

14 http://www.un.org/esa/population/publications/longrange2/WorldPop2300final.pdf.

15 Rockström et al., 'Planetary Boundaries', pp. 461, 472.

16 영국 정부의 '스턴 리뷰(Stern Review)'가 좋은 사례다. Nicholas Stern, *The Stern Review: The Economics of Climate Change*(Cambridge: Cambridge University

국가가 조장하는 위험들

Press, 2007).

17 인류세 미학(특히 임계기준과 위험한계선과 관련해)에 대한 사례는 다음을 참고하라. http://www.anthropocene.inco/en/home.

18 http://www.stockholmresilience.org/publications/artiklar/howdefiningplanet aryboundariescantransformourapproachtogrowth.5.1e6281dd1341fd221 2c80001738.html.

19 Rockström et al., 'Planetary Boundaries'.

20 http://www.stockholmresilience.org/publicationsartiklar/steeringawayfromca tastrophicthresholdsplanetaryboundariesforhumansurvival.5.fb3ee2f125e9da 349a80002141.html.

21 Alan Weisman, *The World Without Us*(New York: Picador, 2007), p. 4.

22 Sophocles, *Oedipus Rex*(Cambridge: Cambridge University Press, 2006).

23 Astra Taylor, *Examined Life*(New York: Zeigeist Productions, 2008).

24 다음을 참고하라. Zygmunt Bauman, *Collateral Damage: Social Inequalities in a Global Age*(Cambridge: Polity, 2011).

25 Susan Neiman, *Evil in Modern Thought: An Alternative History*(Princeton, NJ: Princeton University Press, 2002).

26 Walter Benjamin, *Selected Writings:Volume 2 Part 2 – 1931-34*(Cambridge: MA: Harvard University Press, 2005), p. 538.

27 Fredric Jameson, 'The Politics of Utopia', *New Left Review* 25, January-February(2004).

28 Fredric Jameson, 'The Politics of Utopia'. 다음에서 볼 수 있음. http://newleftreview.org/II/25/fredric-jameson-the-politics-of-utopia.

29 Martin Coward, 'Network-Centric Violence, Critical Infrastructure and the Urbanisation of Security', *Security Dialogue* 40(4-5)(2009), 399-418.

30 다음을 참고하라. Stephen Graham(Ed.) *Distrupted Cities: When Infrastructure Fails*(Abingdon: Routeldge, 2010).

31 Department of Homeland Security, The National Plan for Research and Devalopment in Support of Critical Infrastructure Protection(2004), p. xi. 다음에서 볼 수 있음. http://www.dhs.gov/xlibrary/assets/ST_2004_NCIP_RD_PlanFINALApr05.pdf.

32 Department of Homeland Security, The National Plan for Research and Development in Support of Critical Infrastructure Protection, p. 2.

33 Michael Dillon and Julian Reid, *The Liberal Way of War: Killing to Make Life Live*(London: Routeldge, 2009), p. 130.

34 Mark Duffield, 'Total War as Environmetnal Terror: Linking Liberlaism, Resilience, and the Bunker', *South Atlantic Quarterly* 110(3)(2011) 757-69.

35 Gilles Deleuze, *Desert Islands and Other Texts: 1953-1974*(New York: Semiotext(e), 2004), p. 17.

36 Friedrich Nietzsche, 'Ecce Homo', In K, Ansell-Person and D. Large(eds) *The*

Nietzsche Reader(Oxford: Blackwell Publishers, 2006), p. 514.

37 다음을 참고하라. Peter Sloterdijk, *Thinker on Stage: Nietzsche's Materialism*(Minneapolis, MN: University of Minnesota Press, 1989).

38 Juliette Kayyem, 'Never Say Never Again,' *Foreign Policy* 10(9)(2012). 다음을 참고하라. http://www.foreignpolicy.com/articles/2012/09/10/never_say_never_again?page1/4full#.UFLslAvZ-RY.twitter.

39 http://blogs.wsj.com/washwire/2011/09/11/obamas-speech-on-the-anniversary-of-911/

40 Alain Badiou, *Infinite Thought*(London: Continuum, 2005), p. 48.

41 W.N. Adger, 'Social and Ecological Resilience: Are They Related?', *Progress in Human Geography* 24(3)(2000), p. 349.

42 Jeremy Walker and Melinda Cooper, 'Genealogies of Resilience: From Systems Ecology to the Political Economy of Crisis Adaptation', *Security Dialogue* 42(2)(2011) 143-60.

43 Cooper and Walker, "Geneologies of Resilience," 155.

44 United National Development Programme, United Nations Environment Programme, World Bank and World Resources Insitute, *World Resources 2008: Roots of Resilience– Growing the Wealth of the Poor*(Washington, DC: World Resources Institute, 2008), p. xi.

45 Mark Duffield, *Development, Security and Unending War: Governing the World of Peoples*(Cambridge: Polity Press, 2007), p. 103.

46 Duffield, *Development, Security and Unending War*, p. 69.

47 C. Folke, S. Carpenter, T. Elmqvist, L. Gunderson, C.S. Holling and B. Walker(2002), 'Resilience and Sustainable Development: Building Adaptive Capacity in a World of Transformations', *Ambio* 31(5), p. 438.

48 Folke et al., 'Resilience and Sustainable Developent', p, 437.

49 United Nations Environment Programme(UNEP), *Exploring the Links: Human Well-Being, Poverty an Ecosystem Services*(Nairobi: UN Publications, 2004), p. 39.

50 Folke et al., 'Resilience and Sustainable Development', p. 439.

51 UNEP, *Exploring the Links*, p. 13.

52 같은 책, p. 15.

53 P. Pingali, L. Alinovi and J. Sutton, 'Food Security in Complex Emergencies: Enhancing Food System Resilience', *Disasaters* 29(Suppl. 1)(2005), p. S18.

54 Pingali et al., 'Food Security in Complex Emergencies,' p. S18.

55 UNEP, *Exploring the Links*, p. 39.

56 같은 책, p. 5.

57 같은 책, p. 20.

58 Nidhi Tandon, 'Biopolitics, Climate Change and Water Security: Impact, Vulnerability and Adaptation Issues for Women', *Agenda* 21(73)(2007), pp. 12~14.

1   Michel Foucault, *The Birth of Biopolitics: Lectures at the Collège de France 1978-1979*(Basingstoke and New York: Palgrave, 2008).

2   Foucault, *The Birth of Biopolitics*, pp. 271~272.

3   Tom Peters, *Thriving on Chaos: Handbook for a Management Revolution*(New York: Knopf, 1987).

4   Zygmunt Bauman, *Liquid Times: Living in an Age of Uncertainty*(Cambridge: Polity, 2007), p. 26.

5   Filippa Lenztos and Nikolas Rose, 'Governing Insecurity: Contingency Planning, Protection, Resistance', *Economy and Society* 38(2)(2009), p. 243.

6   Zygmunt Bauman, *Collateral Damage: Social Inequalities in a Global Age*(Cambridge: Polity, 2011), p. 48.

7   Henry Giroux, *Twilight of the Social*(Boulder, CO: Paradigm, 2012), p. 36.

8   같은 책, p. 46.

9   Bauman, *Collateral Damage*, p. 17.

10 Mark Neocleous, '"Don't Be Scared, Be Prepared": Trauma, Anxiety, Resilience', *Alternatives* 37(3)(2012), pp.188~198.

11 Michel Foucault, *The Order of Things: An Archaeology of Human Sciences*(New York: Pantheon, 1971), p. 387.

12 J. Katz, 'The Digital Citizen', *Wired*(December, 1997).

13 Manuel Castells, "The Network Society: From Knowledge to Policy'. 다음에 수록됨. Manuel Casatells and Gustavo Cardoso(Eds) *The Network Society: From Knoweldge to Policy*(Washington, DC: Center for Transatlantic Relations, 2006), p. 11.

14 James N. Rosenau, 'Information Technologies and the Skills, Networks and Structures that Sustain World Affairs'. 다음에 수록됨. James N. Rosenau and J.P. Singh(eds) *Information Technologies and Global Politics: The Changing Scope of Power and Governance(*Albany, NY: SUNY Press, 2002), p. 278.

15 특히 다음을 참고하라. James N. Rosenau, *Peopele Count! Networked Individuals in Global Politics*(Boulder, CO: Paradigm Press, 2008).

16 Norbert Wiener, *The Human Use of Human Beings: Cybernetics and Society*(Boston, MA; Da Capo Press, 1954), p. 58.

17 Lily E. Kay, *Who Wrote the Book of Life?: A History of the Genetic Code*(Stanford, CA: Stanford University Press, 2000); N. Katherine Hayles, *How We Became Posthuman: Virtual Bodies in Cybernetics, Literature, and Informatics*(Chicago, IL: University of Chicago Press, 1999); Peter Galison, 'The Ontology of the Enemy: Norbert Wiener and the Cybernetic Vision', *Critical Inquiry* 21(1) (1994) pp. 228~266.

18 Wiener, *The Human Use of Human Beings*, p. 64.

19 Galison, 'The Ontology of the Enemy'.

20 Lily E. Kay, *The Molecular Vision of Life: Caltech, The Rockefeller Foundation, and the Rise of New Biology*(Oxford: Oxford University Press, 1993).

21 Donna Haraway, *Simians, Cyborgs and Women: The Reinvention of Nature*(New York: Routeldge, 1991).

22 Anthony Miccoli, *Posthuman Suffering and the Technological Embrace*(Lanham, MD: Lexington Books, 2010), p. x.

23 James Rosenau, 'Governance and Democracy in a Globalization World'. 다음에 수록됨. Daniele Archibugi, David Held and Martin Kholer(eds) *Re-imaging Political Community: Studies in Cosmopolitan Democracy(*Stanford, CA: Stanford University Press, 1998), pp. 28~57.

24 Rosenau, 'Governance and Democracy in a Globalization World,' p. 33.

25 Michel Foucault, *Security, Territory, Population: Lectures at the College de France 1977-78*(basingstoke and New York: Palgrave, 2007), pp. 10~11.

26 Foucault, Security, *Territory, Population*, pp. 16~17.

27 Martin Heidegger, *The Question Concerning Technology and Other Essays(*New York: Harper&Row, 1977). 다음도 참고하라. Michael Dillon, *Politics of Security*(London and New York: Routledge, 1996).

28 Michael Dillon and Julian Reid, *The Liberal Way of War: Killing to Make Life Live*(London and New York: Routledge, 2009); Julian Reid, *The Biopolitics of the War on Terror: Life Struggles, Liberal Modernity and the Defence of Logistical Societies*(Manchester: Manchester University Press, 2006).

29 Miccoli, *Posthuman Suffering*, p. x.

30 Sugata Mitra, 'Self Organizing Systems for Mass Computer Literacy: Findings from the "Hole in the Wall" Experiments,' *International Journal of Development Issues* 4(1)(2005) pp. 71~81; Sugata Mitra and Vivek Rana(2001) 'Children and the Internet: Experiments with Minimally Invasive Education in India,' *British Journal of Educational Technology* 32(2)(2001) pp. 221~232.

31 Thomas P.M. Barnett, *America and the World after Bush*(New York: Putnam, 2009), pp. 429~431.

32 Daniel Kennelley, 'Q&A with Thomas P.M. Barnett,' *Doublethink Summer*(2003), p. 17.

33 Kennelly, 'Q&A with Thomas PM Barnett,' p. 18

34 Elaine Scarry, *The Body in Pain: The Making and Unmaking of the World* (Oxford: Oxford University Press, 1995), p. 152.

35 http://www.independent.co.uk/news/science/human-intelligence-peaked-thousands-of-years-ago-and-weve-been-on-an-intellectual-and-emotional-decline-ever-since-8307101.html.

36 Al Siebert, *The Resiliency Advantage: Master Change, Thrive under Pressure, Bounce Back from Setbacks*(San Francisco, CA: Berrett-Koehler, 2005), pp.

1~2.

37 Isaiah Berlin, 'Two Concepts of Liberty'. 다음에 수록됨. *Four Essays on Liberty*(Oxford: Oxford University Press, 1969), p. 131.

38 Melinda Cooper, *Life as Surplus: Biotechnology and Capitalism in the Neoliberal Era*(Seattle, WA: Washington University Press, 2008), pp. 45~50.

39 Kay, *Who Wrote the Book of Life?*: Hayles, *How We Became Posthuman*.

40 Stuart A. Kauffman, *Investigations(*Oxford: Oxford University Press, 2000), p. 157.

41 W.N. Adger, 'Social and Ecological Resilience: Are They Related?', *Progress in Human Geography* 24(3)(2000), p. 349.

42 Michel Foucault, *The Birth of Biopolitics: Lectures at the Collège de France 1978-1979*(Basingstoke and New York: Palgrave, 2008), p. 66.

43 같은 책, p. 65.

44 Nicholas J. Kiersey, 'Neoliberal Political Economy and the Subjectivity of Crisis: Why Governmentality is Not Hollow', *Global Society* 23(4)(2009), p. 365.

45 Kiersey, 'Neoliberal Political Economy and the Subjectivity of Crisis', p. 381.

46 Philip Buckle, 'Assessing Social Resilience'. 다음에 수록됨. Douglas Patton and David Johnson, *Disaster Resilience: An Integrated Approach*(Springfield, IL: Charles C. Thomas, 2006), p. 101.

제3장 재앙 자본주의 시대

1 Sanjeev Khagram, William C. Clark and Dana Firas Raad, 'From the Environment and Human Security to Sustainable Security and Development', *Journal of Human Development* 4(2)(2003), pp. 289~313; Thomas N. Gladwin, James J. Kennelly and Tara-Shelomith Krause, 'Shifting Paradigms for Sustainable Development: Implications for Management Theory and Research', *The Academy of Management Review* 20(4)(1995), pp. 874~907; Edward B. Barbier and Anil Markandya, 'The Conditions for Achieving Environmentally Sustainable Development', *European Economic Reviews* 34(2-3)(1990), pp. 659~669; C. Folke and N. Kautsky, 'The Role of Ecosystems for a Sustainable Development of Aquaculture', *Ambio* 18(4)(1989), pp. 234~243.

2 United Nations Office for Disaster Risk Reduction(UN/ISDR), *Living with Risk: A Global Review of Disaster Reduction Initiatives*(Geneva: United Nations, 2004), ch. 1, S. 1, p.17.

3 C. Folke, S. Carpenter, T. Elmqvist, L. Gunderson, C.S. Holling and B. Walker(2002), 'Resilience and Sustainable Development: Building Adaptive Capacity in a World of Transformations', *Ambio* 31(5), p. 437.

4 Mark Neocleous, *Critique of Security*(Edinburgh, Edinburgh University Press,

2008), p. 186.

5   World Commission on Environment and Development(WCED), *Our Common Future*(Oxford: Oxford University Press, 1987).

6   Khagram et al., 'From the Envionment and Human Security to Sustainable Security and Development," pp. 296~297.

7   Robert O'Brien, Anne Marie Goetz, Jan Aart Scholte and Marc Williams, *Contesting Global Governance: Multilateral Economic Institutions and Social Movements*(Cambridge: Cambridge University Press, 2000), pp. 109~158.

8   Mark Duffield, *Development, Security and Unending War: Governing the World of Peoples*(Cambridge: Polity Press, 2007), pp. 67~70.

9   Duffield, *Development, Security and Unending War*, p. 67.

10   같은 책, p. 69.

11   같은 쪽.

12   같은 책, p. 93.

13   같은 책, pp. 4~8.

14   David Harvey, 'Neoliberalism as Creative Destruction', *The ANNALS of the American Academy of Political and Social Science* 610(2007), pp. 22~44.

15   Marie-José Mondzain, *Image, Icon, Economy: The Byzantine Origins of the Contemporary Imaginary*(Stanford, CA: Stanford University Press, 2005), p. 19.

16   같은 책, p. 19.

17   Giorgio Agamben, *The Kingdom and the Glory: For a Theological Genealogy of Economy and Government*(Stanford, CA: Stanford University Press, 2011), p. 50.

18   Michael Dillon and Julian Reid, *The Liberal Way of War: Killing to Make Life Live*(London and New York: Routledge, 2009); Duffield, *Development, Security and Unending War*; Melinda Cooper, *Life as Surplus: Biotechnology and Capitalism in the Neoliberal Era*(Seattle, WA: Washington University Press, 2008); Julian Reid, *The Biopolitics of the War on Terror: Life Struggles, Liberal Modernity and the Defence of Logistical Societies*(Manchester: Manchester University Press, 2006).

19   United Nations Environment Programme(UNEP), *Exploring the Links: Human Well-Being, Poverty and Ecosystem Services*(Nairobi: UN Publications, 2004).

20   James N. Rosenau, *People Count! Networked Individuals in Global Politics*(Boulder, CO: Paradigm Press, 2008); James N. Rosenau, 'Information Technologies and the Skills, Networks and Structures that Sustain World Affairs'. 다음에 수록됨. James N. Rosenau and J.P. Singh(eds) *Information Technologies and Global Politics: The Changing Scope of Power and Governance* (Albany, NY: SUNY Press, 2002); James N. Rosenau, 'Citizenship in a Changing Global Order'. 다음에 수록됨. James N, Rosenau and Ernst Otto Czempiel, *Governance Without Government: Order and Change in World*

국가가 조장하는 위험들

Politics(Cambridge: Cambridge University Press, 1992), pp. 272~294.

21 Nidhi Tandon, 'Biopolitics, Cliamate Change and Water Security: Impact, Vulnerability and Adaptation Issues for Women', *Agenda* 21(73)(2007), p. 12.

22 UN/ISDR, *Living with Risk*, Ch. 1, S. 2, p. 18.

23 같은 책, p. 20.

24 UN/ISDR, *Living with Risk*, Ch. 3, S. 4, p. 1.

25 같은 책, S. 4, p. 20.

26 UN/ISDR, *Living with Risk*, Ch. 2, S. 1, p. 4.

27 John W. Handmer and Stephen R, Dovers, 'A Typology of Resilience: Rethinking Institutions for Sustainable Development,' *Organization & Environment* 9(4)(1996), pp. 482~511.

28 Handmer and Dovers, 'A Typology of Resilience'.

29 Barrington Moore, *Injustice: The Social Bases of Obedience and Revolt*(White Plains, NY: M.E. Sharpe, 1978), p. 66.

30 Moore, *Injustice*, p. 459.

31 같은 책, p. 66.

32 Ellen, J. Langer and Hane Roth, 'Heads I Win, Tails It's Chance: The Illusion of Control as a Function of the Sequence of Outcomes in a Purely Chance Task,' *Journal of Personality and Social Psychology* 32(6)(1975), pp. 951~955.

33 Paul Krugman, *The Self-Organizing Economy*(Oxford: Basil Blackwell, 1996).

34 W. Brian Arthur, Steven Durlauf and David Lane(eds), *The Economy as an Evolving Complex System II*(Menlo Park, CA: Addison-Wesley, 1997).

35 Gregoire Nicolis and Ilya Prigogine, *Exploring Complexity: An Introduction*(New York: W.H. Freeman, 1989), p. 238.

36 Naomi Klein, *The Shock Doctrine: The Rise of Disaster Capitalism*(London: Allen Lane, 2007), p. 414.

37 John Walton and Charles Ragin, 'Global and National Sources of Political Protest: Third World Reponses to the Debt Crisis', *American Sociological Review* 55(6)(1990), p. 877.

38 Zygmunt Bauman, *Liquid Fear*(Cambridge: Polity Press, 2006).

39 Henry Giroux, *Stormy Weather: Katrina and the Politics of Disposability*(Boulder, CO: Paradigm, 2006), p. 30.

40 John Leslie, 'After Sandy: Political Storm Coming?' *Socialist Organizer*, 5 November 2012.

41 Alex Koppelman, 'Sandy's Forgotten,' The New Yorker, 1 November 2012. 다음에서 볼 수 있음. http://www.newyorker.com/online/blogs/newsdesk/2012/11/the-baruch-houses-after-sandy-html#ixzz2HZanQKui.

42 Henry A. Giroux, 'Hurricane Sandy in the Age of Disposability and Neoliberal Terror', Truthout, 3 December 2012. 다음에서 볼 수 있음. http://truth-out.org/opinion/item/13025-hurricane-sandy-in-the-age-of-

제4장 위험하게 살다

1 Kathleen Woodward, 'Statistical Panic', *Differences: A Journal of Feminist Cultural Studies* 11(2)(1999), p. 180.

2 Frank Kermode, *The Sense of an Ending: Studies in the Theory of Fiction*, 2nd edn(Oxford: Oxford Univesity Press, 2003), p. 83.

3 Alice Park, 'The Two Faces of Anxiety', *Time Magazine,* 5(December, 2011). 다음에서 볼 수 있음. http://www.time.com/time/magazine/article/0,9171, 2100106,00.html#ixzz2HeiRoQAS

4 Park, 'The Two Faces of Anxiety'.

5 Cathy Caruth(ed), *Trauma: Explorations in Memory(*Baltimore, MD: Johns Hopkins University Press, 1995).

6 Jeffrey Prager, *Presenting The Past: Psychoanalysis and the Sociology of Remembering*(Cambridge, MA: Harvard University Press, 1998).

7 Primo Levi, *The Drowned and the Saved*(New York: Random House, 1989), p. 24.

8 Caruth, *Trauma*, p. 152.

9 Jean Laplanche and Jean-Betrand Pontalis, *The Language of Psychoanalysis(*London: Karnac Books, 1988), pp. 467~468.

10 Ruth Leys, *Trauma: A Genealogy*(Chicago, IL: University of Chicago Press, 2000), pp. 8~9.

11 Leys, *Trauma*, p, 10.

12 Jenny Edkins, *Trauma: Memory, Trauma and World Politics: Reflections on the Relationship between Past and Present*, 2nd edn(Basingstoke: Palgrave Macmillan, 2010), p. 4.

13 Alphonso Lingis, *The Community of Those Who Have Nothing in Common*(Indianapolis, IN: Indianapolis University Press, 1994), p. 12.

14 Susannah Radstone, 'Trauma Theory: Contexts, Politics, Ethics,' *Paragraph* 30(1)(2007), p. 20.

15 Sally Squires, 'Midlife Without a Crisis', *Washington Post*, 19 April 1999. 다음에서 볼 수 있음. http://www.washingtonpost.com/wp-srv/health/seniors/stories/midlife042099.htm.

16 Fiona Macrae, 'Quarter-life Crisis Hits Three in Four of Those Aged 26 to 30', *Mail Online*, 5 May 2011. 다음에서 볼 수 있음. http://www.dailymail.co.uk/news/article-1289659/quarter-life-crisis-hits-26-30-years-olds.html.

17 Sheila Martineau, *Rewriting Resilience: A Critical Discourse Analysis of Childhood Resilience and the Politics of Teaching Resilience to 'Kids at Risk'*(Vancouver:

University of British Columbia Press, 1999).

18 Steven J. Condly, 'Resilience in Children: A Review of Literature with Implications for Education', *Urban Education* 41(3)(2006), p. 214.

19 Sula Wolff, 'The Concept of Resilience', *Australian & New Zealand Jounal of Psychiatry* 29(4)(1995), P. 568.

20 Margaret C. Wang, Geneva D. Haertel and Herbert J. Walberg, 'Educational Resilience in Inner Cities'. 다음에 수록됨. Margaret C. Wang and Edmund W. Gordon(Eds), *Educational Resilience in Inner-City America: Challenges and Prospects*(Mahwah, NJ: Lawrence Erlbaum, 1994), p. 46.

21 특히 다음을 참고하라. Norman Garmezy, 'Vulnerability Research and the Issue of Primary Prevention'. *American Journal of Orthopsychiatry* 41(1)(1971), pp. 101~116; Norman Garmezy, 'Resilience in Children's Adaptation to Negative Life Events and Stressed Environments,' *Pediatric Annals*, 20(9)(1991), pp. 459~466.

22 Condly, 'Resilience in Children', p. 219.

23 Martineau, *Rewriting Resilience*, p. 2.

24 같은 책, p. 9.

25 Henry A. Giroux, *America's Education Deficit and the War on Youth*(Boulder, CO: Paradigm Publishers, 2013), p. xiii.

26 Giroux, *America's Education Deficit*, p. xiv.

27 John Holloway, *Change the World Without Taking Power: The Meaning of Revolution Today*(London: Pluto Press, 2005).

28 Alain Badiou, *In Praise of Love*(London: Serpents Tail, 2012).

29 Judith Butler, *Precarious Life: The Powers of Mourning and Violence*(London and New York: Verso, 2006).

30 Judith Butler, *Frames of War: When Is Life Grievable?*(London: Verso, 2009), pp. 28~29.

31 같은 책, p. 14.

32 Hamilton Bean, Lisa Keränen and Margaret Durfy, '"This Is London": Cosmopolitan Nationalism and the Discourse of Resilience in the Case of the 7/7 Terrorist Attacks', *Rhetoric & Public Affairs* 14(3)(2011), p. 424.

33 Roberto Esposito, *Immunitas: The Protection and Negation of Life*(Cambridge: Polity, 2011).

34 같은 책, p.8.

35 같은 책, p.10.

36 같은 책, p.33.

37 같은 책, p.113.

38 Roberto Esposito, 'Immunization and Violence', p. 7. 다음에서 볼 수 있음. http://aphelis.net/immunization-violence-roberto-esposito-2008/

39 René Girard, *Violence and the Sacred*(London: Continuum, 2005), p. 73.

40 같은 책, p, 73.

41 같은 책, pp. 74, 76.

42 Paul Virilio, *The Futurism of the Instant* (Cambridge: Polity Press, 2010), pp. 74, 75.

43 Virilio, *The Futurism of the Instant*, p. 3.

44 Friedrich Nietzsche, *The Will to Power* (New York: Vintage, 1968), p. 7.

45 Gilles Deleuze, *Niethzsceh and Philosophy* (London: Continuum, 2006), p. xii.

46 Peter Sloterdijk, *Rage and Time* (New York: Columbia University Press, 2012).

47 Drucilla Cornell, 'The Thinker of the Future–Introduction to The Violence of the Masquerade: Law Dressed Up as Justice', *German Law Journal* 6(1) (2005), p. 126.

제5장 재앙의 이미지, 아트모스

1 Gernot Böhme, 'Atmosphere as the Fundamental Concept to a New Aesthetics', *Thesis Eleven* 36(1)(1993), pp. 113~126.

2 다음을 참고하라. Kriss Ravetto, *The Unmaking of Fascist Aesthetics* (Minneapolis, MN: University of Ninnesota Press, 2001).

3 Peter Sloterdijk, *Spheres II: Globes* (New York: Semiotext(e), 2010), p. 353.

4 Nigel Thrift, 'Peter Sloterdijk and the Philosopher's Stone'. 다음에 수록됨. Stuart Elden(Ed). *Sloterdijk Now* (Cambridge: Polity Press, 2012), p. 142.

5 Jacques Rancière, *The Emancipated Spectator* (London: Verso, 2009), p. 102.

6 Jonathan Glanecy, 'Our Last Occupation', *The Guardian*, 19 April 2003. 다음에서 볼 수 있음. http://www.guardian.co.uk/world2003/apr/19/iraq.arts

7 Mark Duffield, 'Total War as Environmental Terror: Linking Liberalism, Resilience, and the Bunker', *South Atlantic Quarterly* 110(3)(2011), pp. 757~769.

8 Duffield, 'Environmental Terror'.

9 Nicolai Rusin and Liia Flit, *Man Versus Climate* (Moscow: Peace Publishers, 1966).

10 Le Thi Nham Tuyet and Annika Johansson, 'Impact of Chemical Warfare with Agent Orange on Women's Productive Lives in Vietnam: A Pilot Study', *Reproductive Health Matters* 9(2011), pp. 156~164.

11 다음에서 볼 수 있음. http://www.un-documents.net/enmod.htm.

12 Michel Chossudovsky,' Weather Warfare: Beware the US Military's Experiments with Climatic Warfare', *The Ecologist* (December 2007).

13 http://www.haarp.alaska.edu/haarp/gen.html

14 Bruno Latour, *Air*. 다음에서 볼 수 있음. http://www.bruno-latour.fr/sites/default/files/P-115-AIR-SENSORIUMpdf.pdf.

15 Latour, *Air*.

16 Böhme, 'Atmosphere as the Fundamental Concept to a New Aesthetics'.

17 Barack Obama, 'Transcript: Obama's Victory Speech'. 다음에서 볼 수 있음. http://politicalticker.blogs.cnn.com/2012/11/07/transcript-obamas-victory-speech/

18 다음을 참고하라. Sergey Gavrilets, *Fitness Landscapes and the Origin of Species*(Princeton, NJ: Princeton University Press, 2004).

19 Martin E.P. Seligman, 'Building Resilience', *Harvard Business Review*(April, 2011). 다음에서 볼 수 있음. http://hbr.org/2011/04/building-resilience/ar/1

20 Mark Neocleous, 'Resisting Resilience', *Radical Philosophy*(April, 2013). 다음에서 볼 수 있음. http://www.radicalphilosophy.com/commentary/resisting-resilience

21 Zygmunt Bauman, *Modernity and the Holocaust*(Cambridge: Polity Press, 1991), p. 21.

22 Brad Evans and Julian Reid, *Deleuze and Fascism: Security, War, Aesthetics*(London: Routledge, 2013).

23 Manuel De Landa, *1000 Years of Non-Linear History*(New York: Zone Books, 1997).

24 Felix Guattari, 'The Three Ecologies', *New Formations* 8(1989), p. 134.

25 같은 책, p. 131.

제6장 위험에 임박한 게임

1   James Hansen, *Storms of My Grandchildren: The Truth about the Coming Climate Catastrophe and Our Last Chance to Save Humanity*(London: Bloomsbury, 2009); Samuel Beckett, *Endgame*(London: Faber & Faber, 2009).

2   Johan Rockström, Will Steffen, Kevin Noone et al., 'Planetary Boundaries: Exploring the Safe Operating Space for Humanity,' *Ecology and Society* 14(2) (2009), Article 32.

3   같은 책.

4   John Bellamy Foster, 'Capitalism and Environmental Catastrophe', *Monthly Review*, 29 October 2011. 다음에서 볼 수 있음. http://mrzine.monthlyreview.org/2011/foster291011.html.

5   Hansen, *Storm of My Grandchildren*, p. 11

6   Foster, 'Capitalism and Environmental Catastrophe'.

7   Hansen, *Storms of My Grandchildren*, p. 144.

8   Al Gore, 'Nobel Lecture', *Oslo*, 10 December 2007.

9   Beckett, *Endgame*, p. 1.

10 예를 들면 다음에서 시도되었다. Patrick J. Michaels, *Meltdown: The Predictable*

Distortion of Global Warming by Scientists, Politicians, and the Media(Washington, DC: Cato Institute, 2004).

11 Michel Foucault, *The Courage of the Truth*(trans. Graham Burchell)(New York: Palgrave Macmillan, 2011), p. 15.

12 Foucault, *The Courage of the Truth*, p. 16.

13 같은 책, p. 29.

14 같은 곳.

15 Dipesh Chakrabarty, 'The Climate History: Four Theses', *Critical Inquiry*(Winter, 2009), p. 218.

16 Rockström et al., 'Planetary Boundaries'.

17 Ray Brassier, *Nihil Unbound: Enlightenment and Extinction*(New York: Palgrave Macmillan, 2007), pp. 49~50.

18 Anthony D. Barnosky, Nicholas Matzke, Susumu Tomiya, Guinevere O.U. Wogan, Brian Swartz, Tiago B. Quental, Charles Marshall, Jenny L. McGuire, Emily L. Lindsey, Kaitlin C. Maguire, Ben Mersey and Elizabeth A. Ferrer, 'Has the Earth' Sixth Mass extinction already arrived?' *Nature* 471(7336), pp. 51~57.

19 Friedrich Nietzsche, *On Truth and Lies in a Nonmoral Sense*(Chicago, IL: Aristeus Books, 2012).

20 Friedrich Nietzsche, *The Will to Power*(New York: Vintage, 1968), p. 15.

21 Nietzsche, *On Truth and Lies in a Nonmoral Sense*.

22 Tim Flannery, 'As Australia Burns, Attitudes Are Changing. But Is It Too Late?' *The Guardian*, 12 January 2013, p. 34.

23 Charles McGrath, 'At World's End, Honing a Father-Son Dynamic', *The New York Times*, 27 May 2008. http://www.nytimes.com/2008/05/27/movies/27road.html?_r=0.

24 Evan Calder Williams, *Combined and Uneven Apocalypse*(Winchester and Washington: Zero Books, 2011), p.4.

25 Barrington Moore, *Injustice: The Social Bases of Obedience and Revolt*(White Plains, NY: M.E. Sharpe, 1978), p. 459.

26 John R. Hall, *Apocalypse: From Antiquity to the Empire of Modernity*(Cambridge: Polity Press, 2009), pp. 1~3.

27 Jacob Taubes, *Occidental Eschatology*(Stanford, CA: Stanford University Press, 2009), p. 43.

28 Erik Swyngedouw, 'Apocalypse Forever? Post-Political Populism and the Spectre of Climate Change', *Theory, Culture & Society* 27(2-3)(2010), pp. 213~232.

29 Taubes, *Occidental Eschatology*, p. 48.

30 Benjamin Noys, 'Apocalyse, Tendency, Crisis', *Mute* 15(2010). 다음에서 볼 수 있음. http://www.eurozine.com/articles/2010-05-26-noys-en.html

31 Julian Reid, 'The Degraded and Politically Debased Neoliberal Subject of Resilience', *Development Dialogue* 58(Spring, 2012) pp. 67~79.

32 다음에 인용됨. '"Grolar" Bears & "Narluga" Whales?-Arctic Warming May Promote Hybrid Animals. 다음에서 볼 수 있음. http://planetsave.com/2011/02/24/grolar-bears-amp-narluga-whales-arctic-warming-may-promote-hybrid-animals-video/#yvMmRpeyKrL1M86B.99(2013년 9월 26일에 접속함)

33 Paul Virilio, *Grey Ecology*(New York: Atropos Press, 2011), p. 35.

제7장 정치의 기예

1 Gaston Bachelard, *The Psychoanalysis of Fire*(Boston, MA: Beacon Press, 1964).

2 다음을 참고하라. Victoria C. Gardner Coates, Kenneth Lapatin and Jon L. Seydl, *The Last Days of Pompeii: Decadence, Apocalypse, Resurrection*(Los Angeles, CA: J. Paul Getty Museum, 2012).

3 페터 슬로터다이크와 스테판 슈미트-울펜(Stephan Schmidt-Wulffen)과의 인터뷰. 다음에 수록됨. Jean Baudrillard, Hans-Georg Gadamer et al., *Art & Philosophy*(Milan: Giancarlo Politi Editore, 1991), pp. 117~118.

4 Friedrich Nietzsche, *The Gay Science(*New York: Vintage Books, 1974), p. 301.

5 Stephen Barker, *Autoaesthetics: Strategies of the Self after Nietzsche*(Atlantic Highlands, NJ: Humanities Press, 1992), p. 5.

6 Michel Foucault, 'On the Genealogy of Ethics'. 다음에 수록됨. *The Essential Works of Michel Foucault, vol. 1: Ethics: Subjectivity and Truth*, ed. Paul Rabinow(New York: The New Press, 1997).

7 Simon Critchley, *The Faith of the Faithless: Experiments in Political Theology*(London: Verso, 2012).

8 Todd May, 'The Meaningfulness of Lives', *The New York Times*, Opinionator, 11 September 2011. 다음에서 볼 수 있음. http://opinionator.blogs.nytimes.com/2011/09/11/the-meaningfulness-of-lives/?ref=opinion

9 Peter Sloterdijk, *Neither Sun Nor Death(*Cambridge, MA: MIT Press, 2011).

10 Gilles Deleuze, 'The Exhausted'. 다음에 수록됨. *Essays Critical and Clinical*(Minneapolis, MN: Minnesota University Press, 1998), p. 162.

11 Deleuze, 'The Exhausted,' p. 153.

12 같은 책, p. 163.

13 Evan Calder Williams, *Combined and Uneven Apocalypse(*Winchester and Washington: Zero Books, 2011).

14 Fredric James, *The Geolpolitical Aesthetic: Cinema and Space in the World System*(Bloomington, IN: Indiana University Press, 1992).

15 Gilles Deleuze, *Cinema 1: The Movement-Image(*London and New York:

Continuum, 2005); Gilles Deleuze, *Cinema 2: The Time-Image*(London: Athlone Press, 1989); Julian reid, 'A People of Seers: The Political Aesthetics of Postwar Cinema Revisited', *Cultural Politics* 7(2)(2011), pp. 219~238.

16 Gilles Deleuze and Feliz Guattari, *A Thousand Plateaus: Capitalism and Schizophrenia*(London: Ahtlone Press, 1988).

17 Judith Butler, *Antigone's Claim: Kinship between Life & Death*(New York: Columbia University Press, 2000).

18 Bonnie Honig, 'Antigone's Laments, Creon's Grief: Mourning, Membership and the Politics of Exception', *Political Theory* 37(1)(2009), pp. 5~43.

19 Honig, 'Antigone's Laments', p. 6.

20 Michel Foucault, *The Courage of the Truth*(Trans. Graham Burchell)(New York: Palgrave Macmillan, 2011), p. 188.

21 William E. Connolly, *A World of Becoming*(Durham: Duke University Press, 2011), pp. 148~175.

22 Deleuze, *Cinema 2*, P. 222.

23 같은 책, pp. 222~223.

24 Foucault, *The Courage of the Truth*, p. 226.

25 푸치는 다음과 같이 언급했다. "이런 면에서 일반적으로 최근의 비평들은 그 신탁이 "예정"을 구성하지 않으며 오이디푸스는 항상 자유로웠다고 본다." Pietro Pucci, *Oedipus and the Fabrication of the Father: Oedipus Tyrannus in Modern Criticism and Philosophy*(Baltimore, MD: The Johns Hopkins University Press, 1992).

26 Marjorie W. Champlin, 'Oedipus Tyrannus and the Problem of Knowledge', *The Classical Journal* 64(8)(1969), p. 339.

27 Mikhail Iampolski, *The Memory of Tiresias: Intertextuality and Film*(Berkeley, CA: University of California Press, 1998), p. 55.

28 다음에 인용됨. Iampolski, *The Memory of Tiresias*, p. 56.

29 Iampolski, *The Memory of Tiresias*, p. 235.

30 Phil Hoad, 'A Prophet Shows Us a Multilingual Future for Cinema', *The Guardian*, 영화 블로그, 28 Juanary 2010. 다음에서 볼 수 있음. http://www.theguardian.com/film/filmblog/2010/jan/28/jacque-audiard-a-prophet

31 Jérôme Segal, 'Film Festivals in the Evolution of a Common Transnational Identity,' The 4th Annual Conference on 'Cultural Production in a Global Context: The Worldwide Film Industries', Grenoble Ecole de Management, Grenoble, France 3-5 June 2010.

32 Hoad, 'A Prophet Shows Us a Multilignual Future for Cinema'.

33 Jacques Derrida, *The Politics of Friendship*(London: Verso, 2006), p. 29.

34 Paulo Freire, *Pedagogy of the Oppressed*(Harmondsworth: Penguin, 1996).

35 Oscar Wilde, *De Profundis*(Ware, Hertfordshire: Wordsworth Classics, 1999).

국가가 조장하는 위험들

- Giorgio Agamben, *Homo Sacer: Sovereign Power & Bare Life*(Stanford CA: Stanford University Press, 1998).
- Giorgio Agamben, *The Kingdom and the Glory: For a Theological Genealogy of Economy and Government*(Stanford, CA: Stanford University Press, 2011).
- W. Brian Arthur, Steven Durlauf and David lane(eds), *The Economy as an Evolving Complex System II*(Menlo Park, CA: Addision-Wesley, 1997).
- Gaston Bachelard, *The Psychoanalysis of Fire*(Boston, MA: Beacon Press, 1964).
- Alain Badiou, *Infinite Thought*(London: Continuum, 2005).
- Alain Badiou, *In Praise of Love*(London: Serpents Tail, 2012).
- Stephen Barker, *Autoaesthetics: Strategies of the Self after Nietzsche*(Atlantic Highlands, NJL Hummanities Press, 1992).
- Thomas P.M. Barnett, *America and the World after Bush*(New York: Putnam, 2009).
- Zygmunt Bauman, *Modernity and the Holocaust*(Cambridge: Polity Press, 1991).
- Zygmunt Bauman, *Liquid Fear*(Cambridge: Polity Press, 2006).
- Zygmunt Bauman, *Liquid Times: Living in an Age of Uncertainty*(Cambridge: Polity, 2007).
- Zygmunt Bauman, *Collateral Damage: Social Inequalities in a Global Age*(Cambridge: Polity, 2011).
- Samuel Beckett, *Endgame*(London: Faber & Faber, 2009).
- Walter Benjamin, Selected Writings: Volume 2 Part 2-1931-34(Cambridge, MA: Harvard University Press, 2005).
- Isaiah Berlin, 'Two Concepts of Liberty'. In *Four Essays on Liberty*(Oxford: Oxford University Press, 1969).
- Ray Brassier, *Nihil Unbound: Enlightenment and Extinction*(New York: Palgrave Macmillan, 2007).
- Philip Buckle, 'Assessing Social Resilience'. In Douglas Patton and David Johnson, *Disaster Resilience: An integrated Approach*(Springfield, IL: Charles C. Thomas. 2006).
- Judith Butler, *Antigone's Claim: Kinship between Life & Death*(New York: Columbia University Press, 2000).
- Judith Butler, *Precarious Life: The Powers of Mourning and Violence*(London and New York: Verso, 2006).

- Judith Butler, *Frames of War: When Is Life Grievable?*(London: Verso, 2009).
- Cathy Caruth(ed), *Trauma: Exploration sin Memory(*Baltimore, MD: Johns Hopkins University Press, 1995).
- Manuel Castells, 'The Network Society: From Knoweldge to Policy'. In Manuel Castells and Gustavo Cardoso(Eds), *The Network Society: From Knoweldge to Policy(*Washington, DC: Center for Transatlantic Relations, 2006).
- William E. Connolly, *A World of Becoming*(Durham: Duke University Press, 2011).
- Melinda Cooper, *Life as Surplus: Biotechnology and Capitalism in the Neoliberal Ear*(Seattle, WA: Washington University Press, 2008).
- Simon Critchley, *The Faith of the Faithless: Experiments in Political Theology*(London: Verso, 2012).
- Manuel De Landa, *1000 Years of Non-Linear History*(New York: Zone Books, 1997).
- Gilles Deleuze, *Cinema 2: The Time-Image*(London: Athlone Press, 1989).
- Gilles Deleuze, '*The Exhausted*' in *Essays Critical and Clinical(*Minneapolis, MN: Minnesota University Press, 1998).
- Gilles Deleuze, *Desert Islands and Other Texts: 1953-1974*(New York: Semiotext(e), 2004).
- Gilles Deleuze, *Cinema 1: The movement-Image(*London and New York: Continuum, 2005).
- Gilles Deleuze, *Nietzsche and Philosophy*(London: Continuum, 2006).
- Gilles Deleuze and Feliz Guattari, *A Thousand Plateaus: Capitalism and Schzophrenia(*London: Athlone Press, 1988).
- Jacques Derrida, *The Politics of Friendship*(London: Verso, 2006).
- Michael Dillon, *Politics of Security*(London and New York: Routledge, 1996).
- Michael Dillon and Julian Reid, *The Liberal Way of War: Killing to Make Life Live*(London: Routledge, 2009).
- Mark Duffield, *Development, Security and Unending War: Governing the World of Peoples(*Cambridge: Polity Press, 2007).
- Jenny Edkins, *Trauma; Memory, Trauma and World Politics: Reflections on the Relationship bewteen Past and Present*, 2nd end(Basingstoke: Palgrave Macmillan, 2010).
- Roberto Esposito, *Immunitas: The Protection and Negation of Life*(Cambridge: Polity, 2011).
- Brad Evans, *Liberal Terror*(Cambridge: Polity Press, 2013).
- Brad Evans, and Mark Duffield, 'Bio-Spheric Security: How the Merger Between Development, Security and the Environment[Desenex] is Retrenching Fortress Europe'. In P. Burgess and S. Gutwirth(eds), *A Threat Against Europe? Security, Migration and Integration*(Brussels: VUB Press, 2011).

국가가 조장하는 위험들

- Brad Evans and Julian Reid, *Deleuze and Fasciam: Security, War, Aesthetics* (London: Routledge, 2013).
- Michel Foucault, *The Order of Things: An Archaelogy of Human Sciences*(New York: Panthenon, 1971).
- Michel Foucault, 'On the Geneology of Ethics', In The *Essential Works of Michel Foucault, vol. 1: Ethics: Subjectivity and Truth* ed. Paul Rabinow(New York: The New Press, 1997).
- Michel Foucault, *Security, Territory, Population: Lectures at the Collège de France 1977-78*(Basingstoke and New York: Palgrave, 2007).
- Michel Foucault, *The Birth of Biopolitics: Lectures at the Collège de France 1978-1979*(Basingstoke and New York: Palgrave, 2008).
- Michel Foucault, *The Courage of the Truth*(trans. Graham Burchell)(New York: Palgrave Macmillan, 2011).
- Paulo Freire, *Pedagogy of the Oppressed*(Harmondsworth: Penguin, 1996).
- Victoria C. Gardner Coates, Kenneth Lapatin and Jon L. Seydl, *The Last Days of Pompeii: Decadence, Apocalypse, Resurrection*(Los Angeles, CA: J. Paul Getty Museum, 2012).
- Sergey Gavrilets, *Fitness Landscapes and the Origin of Species*(Princeton, NJ: Princeton University Press, 2004).
- René Girard, *Violence and the Sacred*(London: Continuum, 2005).
- Henry A. Giroux, *Stormy Weather: Katrina and the Politics of Disposability*(Boudler, CO: Paradigm, 2006).
- Henry A. Giroux, *Twilight of the Social*(Boulder, CO: Paradigm, 2012).
- Henry A. Giroux, *America's Education Deficit and the War on Youth*(Boulder, CO: Paradigm Publishers, 2013).
- Stephen Graham(ed), *Disrupted Cities: When Infrastructure Fails*(Abingdon: Routledge, 2010).
- John R. Hall, *Apocalypse: From Antiquity to the Empire of Modernity*(Cambridge: Polity Press, 2009).
- James Hensen, *Storms of My Grandchildren: The Truth about the Coming Climate Catastrophe and Our Last Chance to Save Humanity*(London: Bloomsbury, 2009).
- Donna Haraway, *Simians, Cyborgs and Women: The Reinvention of Nature*(New York: Routeldge, 1991).
- Katherine Hayles, N. *How We Became Posthuman: Virtual Bodies in Cybernetics, Literature, and Informatics*(Chicago, IL: University of Chicago Press, 1999).
- Martin Heidegger, *The Question Concerning Technology and Other Essays*(New York: Harper & Row, 1977).
- John Holloway, *Change the World Without Taking Power: The Meaning of Revolution Today*(London: Pluto Press, 2005).
- Mikhail Iampolski, *The Memory of Tiresias: Intertextuality and Film*(Berkeley,

CA: University of California Press, 1998).

- Intergovernmental Panel on Climate Change(IPCC), *Managing the Risks of Extreme Events and Disasters to Advance Climate Change Adaptation* (Cambridge: Cambridge Unviersity Press, 2012).
- Fredric Jameson, *The Geopolitical Aesthetic: Cinema and Space in the World System*(Bloomington, IN: Indiana University Press, 1992).
- Stuart A. Kauffman, *Investigations*(Oxford: Oxford University Press, 2000).
- Lily E. Kay, *The Molecular Vision of Life: Caltech, The Rockefeller Foundation, and the Rise of New Biology*(Oxford: Oxford University Press, 1993).
- Lily E. Kay, *Who Wrote the Book of Life?: A History of the Genetic Code*(Stanford, CA: Stanford University Press, 2000).
- Frank Kermode, *The Sense of an Ending: Studies in the Theory of Fiction*, 2nd end(Oxford: Oxford University Press, 2003).
- Naomi Klein, *The Shock Doctrine: The Rise of Disaster Capitalism*(London: Allen Lane, 2007).
- Paul Krugman, *The Self-Organizing Economy*(Oxford: Basil Blackwell, 1996).
- Jean Laplanche and Jean-Bertrand Pontalis, *The Language of Psychoanalysis* (London: Karnac Books, 1988).
- Primo Levi, *The Drowned and the Saved*(New York: Random House, 1989).
- Ruth Leys, *Trauma: A Genealogy*(Chicago: IL: University of Chicago Press, 2000).
- Alphonso Lingis, *The Community of Those Who Have Nothing in Common* (Indianapolis, IN: Indianapolis University Press, 1994).
- Sheila Martineau, *Rewriting Resilience: A Critical Discource Analysis of Childhood Resilience and the Politics of Teaching Resilience to "Kids at Risk"*(Vancouver: University of British Columbia Press, 1999).
- Patrick J. Michaels, *Meltdown: The Predictable Distortion of Global Warming by Scientists, Politicians, and the Media(*Washington, DC: Cato Institute, 2004).
- Anthony Miccoli, *Posthuman Suffering and the Technological Embrace*(Lanham, MD: Lexington Books, 2010).
- *Marie-José Mondzain, Image, Icon, Economy: The Byzantine Origins of the Contemporary Imaginary(*Stanford, CA: Stanford University Press, 2005).
- Barrington Moore, *Injustice: The Social Bases of Obedience and Revolt(*White Plains, NY: M.E. Sharpe, 1978).
- Susan Neiman, *Evil in Modern Thought: An Alternative History*(Princeton, NJ: Princeton University Press, 2002).
- Mark Neocleous, *Critique of Security*(Edinburgh, Edinburgh University Press, 2008).
- Gregoire Nicolis and Ilya Prigogine, *Exploring Complexity: An Introduction*(New York: W.H. Freeman, 1989).

국가가 조장하는 위험들

- Friedrich Nietzsche, *The Will To Power*(New York: Vintage, 1968).
- Friedrich Nietzsche, *The Gay Science*(New York: Vintage Books, 1974).
- Friedrich Nietzsche, *On the Genealogy of Morals*(Indianapolis, In: Hackett Publishing, 1998).
- Friedrich Nietzsche, 'Ecce Homo'. In K. Ansell-Pearson and D. Large(eds) *The Nietzsche Reader*(Oxford: Blackwell Publishers, 2006).
- Friedrich Nietzsche, *On Truth and Lies in a Nonmoral Sense*(Chicago, IL: Aristeus Books, 2012).
- Robert O'Brien, Anne Marie Goetz, Jan Aart Scholte and Marc Williams, *Contesting Global Governance: Multilateral Economic Institutions and Social Movements*(Cambridge: Cambridge University Press, 2000).
- Tom Peters, *Thriving on Chaos: Handbook for a Management Revolution*(New York: Knopf, 1987).
- Jeffrey Prager, *Presenting The Past: Psychoanalysis and the Sociology of Remembering*(Cambridge, MA: Harvard University Press, 1998).
- Pietro Pucci, *Oedipus and the Fabrication of the Father: Oedipus Tyrannus in Modern Criticism and philosophy*(Baltimore, MD: The Johns Hopkins University Press, 1992).
- Jacques Rancière, *The Emancipated Spectator*(London: Verso, 2009).
- Kriss Ravetto, *The Unmaking of Fascist Aesthetics*(Minneapolis, MN: University of Minnesota Press, 2001).
- Julian Reid, *The Biopolitics of the War on Terror: Life Struggles, Liberal Modernity and the Defence of Logistical Societies*(Manchester: Manchester University Press, 2006).
- James N. Rosenau, 'Citizenship in a Changing Glbal Order', In James N. Rosenau and Ernst Otto Czempiel, *Governance Without Government: Order and Change in World Politics*(Cambridge: Cambridge University Press, 1992).
- James N. Rosenau, 'Governance and Democracy in a Globalization World'. In Daniele Archibugi, David Held and Martin Kohler(eds) *Re-imagining Political Community: Studies in Cosmopolitan Democracy*(Stanford, CA: Stanford Universtiy Press, 1998).
- James N. Rosenau, 'Information Technologies and the Skills, Networks and Structures that Sustain World Affairs'. In James N. Rosenau and J.P. Singh(eds) *Information Technologies and Global Politics: The Changing Scope of Power and Governance*(Albany, NY: SUNY Press, 2002).
- James N. Rosenau, *People Count! Networked Individuals in Global Politics*(Boulder, CO: Paradigm Press, 2008).
- Nicolai Rusin and Liia Flit, *Man Versus Climate*(Moscow: Peace Publishers, 1966).
- Elaine Scarry, *The Body in Pain: The Making and Unmaking of the World*(Oxford: Oxford University Press, 1995).

- Al Siebert, *The Resiliency Advantage: Master Change, Thrive under Pressure, Bounce Back from Setbacks*(San Francisco, CA: Berrett-Koehler, 2005).
- Peter Sloterdijk, *Thinker on Stage: Nietzsche's Materialism*(Minneapolis, MN: University of Minnesota Press, 1989).
- Peter Sloterdijk, *Spheres II: Globes*(New York: Semiotext(e), 2010).
- Peter Sloterdijk, *Neither Sun Nor Death*(Cambridge, MA: MIT Press, 2011).
- Peter Sloterdijk, *Rage and Time*(New York: Columbia University Press, 2012).
- Sophocles *Oedipus Rex*(Cambridge: Cambridge University Press, 2006).
- Nicholas Stern, *The Stern Review: The Economics of Climate Change*(Cambridge: Cambridge University Press, 2007).
- Jacob Taubes, *Occidental Eschatology*(Stanford, CA: Stanford University Press, 2009).
- Astra Taylor, *Examined Life*(New York: Zeitgeist Productions, 2008).
- Nigel Thrift, 'Peter Sloterdijk and the Philosopher's Stone'. In Stuart Elden(ed) *Sloterdijk Now*(Cambridge: Polity Press, 2012).
- United Nations Development Programme, United Nations Environment Programme, World Bank and World Resources Institute, *World Resources 2008: Roots of Resilience–Growing the Wealth of the Poor*(Washintgon, DC: World Resources Institute, 2008).
- United Nations Environment Programme(UNEP), *Exploring the Links: Human Well-Being, Poverty and Ecosystem Services*(nairobi: UN Publications, 2004).
- United Nations office for Disaster Risk Reduction(UN/ISDR), *Living with Risk: A Global Review of Disaster Reduction Initiatives*(Geneva: United Nations, 2004).
- Paul Virilio, *The Fururism of the Instant*(Cambridge: Polity Press, 2010).
- Paul Virilio, *Grey Ecology*(New York: Atropos Press, 2011).
- Margaret C. Wang, Geneva D. Haertel and Herbert J. Walberg, 'Educational Resilience in Inner Cities'. In Margaret C. Wang and Edmund W. Gordon(eds) *Educational Resilience in Inner-City America: Challenges and Prospects*(Mahwah, NJ: Lawrence Erlbaum, 1994).
- Alan Weisman, *The World Without Us*(New York: Picador, 2007).
- Norbert Wiener, *The Human Use of Human Beings: Cybernetics and Society* (Boston, MA: Sa Capo Press, 1954).
- Oscar Wilde, *De Profundis*(Ware, Hertfordshire: Wordsworth Classics, 1999).
- Evan Calder Williams, *Combined and Uneven Apocalypse*(Winchester and Washington: Zero Books, 2011).
- World Commission on Environment and Development(WCED), *Our Common Future*(Oxford: Oxford University Press, 1987).
- Slavoj Žižek, *Living in the End Times*(London: Verso, 2011).

국가가 조장하는 위험들

비릴리오, 빌 165, 190, 233

국가가 조장하는 위험들

1판 1쇄 인쇄 2018년 5월 28일
1판 1쇄 발행 2018년 6월 4일

지은이 브래드 에반스 · 줄리언 리드
옮긴이 김승진

발행인 양원석
편집장 김건희
디자인 RHK 디자인팀 마가림, 김미선
해외저작권 황지현
제작 문태일
영업마케팅 최창규, 김용환, 양정길, 정주호, 이은혜, 신우섭,
　　　　　　유가형, 임도진, 김양석, 우정아

펴낸 곳 ㈜알에이치코리아
주소 서울시 금천구 가산디지털2로 53, 20층 (가산동, 한라시그마밸리)
편집문의 02-6443-8859　　**구입문의** 02-6443-8838
홈페이지 http://rhk.co.kr
등록 2004년 1월 15일 제2-3726호

ISBN 978-89-255-6390-9 (03300)